# 신천지 세뇌 방식과 탈세뇌

## 그들은 어떻게 신도들을 길들였나?

**개정판**

**신천지 세뇌 방식과 탈세뇌**

그들은 어떻게 신도들을 길들였나 `개정판`

| | |
|---|---|
| **발행일** | 초판 1쇄 발행 2020년 9월 4일 |
| | 개정판 1쇄 발행 2020년 10월 16일 |
| **저자** | 지영근 |
| **교정** | 명은심 esbright@naver.com |
| **편집 디자인** | 나음과이음 디자인 naumium.com |
| **유통사** | 하늘유통 031-947-7777 |
| **펴낸곳** | 기독교포털뉴스 |
| **신고번호** | 제 2016-000058호(2011년 10월 6일) |
| **주소** | [우 16518] 경기도 수원시 영통구 중부대로 335 삼부리치안 1동 1510호(원천동) |
| **전화** | 010-4879-8651 |
| **가격** | 13,000원 |
| **출판** | unique44@naver.com |
| **홈페이지** | www.kportalnews.co.kr |

이 도서의 국립중앙도서관 출판예정도서목록(CIP)은 서지정보유통지원시스템 홈페이지 http://seoji.nl.go.kr 와 국가자료종합목록 구축시스템 http://kolis-net.nl.go.kr 에서 이용하실 수 있습니다.
CIP제어번호 : CIP2020040202

# 신천지
# 세뇌 방식과
# 탈세뇌

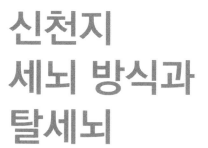

그들은
어떻게
신도들을
길들였나?
**개정판**

저자
지영근

기독교포털뉴스

www.kportalnews.co.kr

# 추천사

박민수 교수

계명대학교 기독교학과

저자와의 만남은 신학교에서부터 시작되었습니다. 저자와 나는 상담에 대해 많은 이야기를 나누며 각자의 꿈을 그려보곤 했습니다. 기독교 상담학이 생경하였던 그 시절, 그는 영혼과 마음 모두를 돌보는 목회상담자로서의 꿈을 안고 있었습니다. 그리고 지금, 저자는 이 소명 안에서 목회자, 그리고 상담자로서의 여정을 인내로 걸어가고 있습니다. 저자는 오랜 기간 목회 현장에 상담을 적용함으로써 목회 상담의 깊이를 더해왔습니다. 이 책은 그의 꿈을 향한 긴 여정의 인내와 사랑의 결실이라고 할 수 있습니다.

이 책「신천지 세뇌방식과 탈세뇌」는 제목부터 독특합니다. 나의 눈은 책 제목을 보면서 세 단어-신천지, 세뇌, 탈세뇌-에 집중되었습니다. 사실, 신천지는 정말 아름다운 소망의 단어입니다. 신천지는 요한계시록 21장과 22장에 나오는 그리스도인들이 소망하고 꿈꾸는 신천신지新天新地 곧 천국을 의미합니다. 그러나 이런 성경적 의미는 이단으로 인해 가려졌습니다. 현재 우리나라에서 '신천지'란 단어는 사회적으로 부정적인 의미로 인식되고 있습니다. 이제

'신천지'라는 단어는 개인과 가정 그리고 사회를 혼란에 빠뜨리는 사회악이라 인식될 뿐입니다.

이 책은 이런 신천지의 '세뇌'에 집중하고 '탈세뇌'를 추구합니다. 기존 연구와는 달리, 신천지가 사용하는 전략의 핵심을 세뇌로 바라보고 세뇌심리학을 기반으로 신천지로부터의 구체적인 구제방안을 모색합니다. 저자는 신천지의 세뇌 과정과 그 세뇌를 깨뜨리는 탈세뇌의 방법에 대해서 자세히 설명하고 있습니다. 저자는 신천지 세뇌의 도구, 세뇌의 기법, 세뇌의 강화 요소 등을 사례와 함께 내부자적 관점과 외부자적 관점으로 상세하게 설명합니다. 그리고 저자는 세뇌를 깨뜨리는 방법으로 교리적인 차원과 심리상담학적인 차원에서 그 과정과 방법을 구체적으로 제시하고 있습니다.

더 나아가 이 책은 목회자들에게 필요한 목회상담학적 방법과 모델을 제시하고 있습니다. 이것이 이 책의 또 다른 독특성입니다. 저자는 신천지 목회상담의 전략 모델과 더불어 행동주의 심리상담의 기법, 인지치료 심리상담의 기법, 외상 후 장애 스트레스 상담의 기법을 다룹니다. 또한 저자는 신천지에 빠진 한 사람뿐 아니라 가족, 교회 공동체의 돌봄과 치료에 관심을 가지고 접근하여 대화 가족상담의 기법, 집단상담의 기법들을 놀랍도록 상세하게 설명하고 있습니다.

독자들이 이 책을 통해 신천지의 핵심 전략인 '세뇌'에 대해 정확히 알고 탈세뇌의 방법을 익혀 하나님께로 돌아오고자 하는 사람들에게 올바른 방향의 빛을 비추어주길 바랍니다. 이단이 들끓는 어두운 이 시대에 바로 당신이 길 잃은 자들에게 한줄기의 빛이 되기를, 그렇게 하나님께서 일하시는 그곳에 당신이 도움 되는 사람들이 더욱더 많아지기를, 그래서 하나님의 나라가 바로 세워지기를 소망하는 마음으로 이 책을 추천합니다.

하재성 교수
고신대학원 실천신학

이 책은 코로나19 사태로 그 정체가 널리 알려진 신천지 집단의 정체와 사상적 배후를 성경적 원리에 따라 철저히 파헤친 매우 스마트한 책입니다. 저자 지영근 목사님은 목회 현장에서의 경험과 신천지에 대한 오랜 기간 집중된 연구의 정수를 이 책에 담았습니다. 이 책은 통쾌하며 위험할 정도로 선명하게 참된 진실을 드러내고 있습니다. 마치 신천지 조직을 엑스레이로 들여다보듯 그 정체를 백일하에 드러내고 있습니다.

말 그대로 신천지 집단은 처음부터 끝까지 모든 가르침이 거짓입니다. 거짓은 마귀의 수단입니다. 그러나 단순한 논리의 반복적인 세뇌가 작용하여 거짓을 진실이라 믿게 만듭니다.

저자의 지적과 같이 신천지가 그토록 바라던 14만 4천 명의 영육합일의 하나님 나라는 신도 수가 30만 명을 넘고 있는 현재까지 여전히 오지 않고 있습니다. 하나님의 나라는 신천지와 무관하며, 말씀대로 주님이 정하신 때에 임할 것이기 때문입니다.

이 책은 성경 진리의 관점에서 신천지의 가르침과 행동의 허구성의 돌들을 하나하나 뒤집어 그 실체를 보여주고 있습니다. 신천지는 처음에는 마치 천국의 구원이 보장되는 것처럼 선전하지만, 정작 들어가서 보면 쉬지 않고 계속 뛰도록, 구원을 잃을 것만 같은 두려움을 자극합니다.

오직 구원은 예수 그리스도를 믿는 믿음으로 얻습니다. 신천지의 거짓된 전도의 열심과 머릿속을 가득 채운 성경 지식으로는 결코 구원받지 못합니다. 그러므로 우리 그리스도인들은 신천지에 속아 잃어버린 영혼들을 구원하기 위하여 기도하며, 단순히 목회자들만이 아니라 모든 성도들이 함께 나서서 진리의 교회를 지켜야 합니다. 이를 위해 신천지 집단의 세뇌전략을 파헤친 이 책을 독자들에게 자신 있게 추천합니다.

## 진용식 목사

한국기독교이단상담소협회장, 한국기독교이단상담사교육원장

신천지 성경교육의 특징은 강력한 세뇌 교육입니다. 누구든지 신천지의 허구로 조작된 교리에 미혹되면 가정도 학업도 직장도 다 버리고 신천지 집단에 올인하여 인생을 바치게 됩니다. 그것은 신천지 집단의 세뇌가 얼마나 심각한지를 보여줍니다. 최근 코로나19 사태로 신천지의 문제가 드러났는데도 신천지 신도들은 흔들리지 않습니다. 신천지 집단의 신도들은 코로나19 사태와 관련한 신천지에 대한 모든 뉴스들이 다 가짜 뉴스라고 믿고 있습니다. 이렇게 세뇌된 신천지 신도들은 세뇌가 깨지기 전에는 정상적인 신앙생활과 사회생활을 할 수가 없습니다.

코로나19 사태 후에 얼마 지나지 않아서 신천지 교주 이만희는 사망하게 될 것이고 신천지 집단의 대다수의 신도들이 이탈하게 될 것입니다. 한국교회는 이때를 위해 준비해야 합니다. 신천지에서 이탈하는 신도들이 신천지 집단에서 받은 세뇌를 깨뜨려 주는 훈련이 필요합니다. 차제에 지영근 목사님의 「신천지 세뇌방식과 탈세뇌」가 발간된 것은 한국교회에 큰 복입니다. 지영근 목사님은 이 책을 통하여 신천지의 세뇌 상태를 명확하게 분석하였고 이 세뇌를 어떻게 깨뜨릴 것인가에 대하여 분명한 대안을 제시하고 있습니다. 이단 신도를 회심시키는 사역을 하는 이단 상담사, 이단 피해를 입고 있는 한국교회 목회자와 성도들의 이단대처 사역에 큰 도움이 될 것이라고 확신하여 이 책을 기쁜 마음으로 추천합니다.

# 들어가는 말


　어느 날 신천지 추수꾼 교육 영상을 보게 되었습니다. 그 속에서 "교회는 우리의 밥이다!", "교회는 우리의 밥이다!"라고 소리치는 신천지 강사와 전도특공대들을 봤습니다. 한편으로는 어처구니가 없어 황당하고 다른 한편으로는 억제되지 못한 분노가 속에서 꿈틀거렸습니다. '아니, 저것들이 도대체 우리를 어떻게 보는 거야?'라는 생각이 들었습니다. 그리고 저들을 그냥 보고만 있어서는 안 되겠다는 마음이 솟구쳐 올랐습니다.

　그런데 그 순간 그들에 대해서 아는 것이 거의 없다는 사실을 발견하게 되었습니다. 저는 알지 못하는 적 앞에 서 있었던 것입니다. 구태여 손자병법을 들먹거리지 않아도 지금 내가 알고 있는 것만으로는 결코 저들을 이길 수 없다는 사실도 알았습니다.

　그래서 신천지를 연구하기 시작했습니다. 저들의 정체는 무엇이고, 저들은 어떻게 훈련을 하고, 어떻게 교회를 공략하는가를 그리고 저곳에서는 어떻게 하기에 한번 접하면 빠져나오지 못하는가를 알고 싶었습니다. 그렇지만 저는 신천지 안으로 들어가서 보고 경험하지 못한 반쪽짜리 연구자였습니다. 그래서 저의 연구는 신천지와 오랫동안 싸워오신 분들과 신천지에서 나오신 분들의 땀과 수고에 많은 부분 도움을 받을 수밖에 없었습니다.

그럼에도 장막 뒤에 가려져 있는 신천지의 전략을 완전히 발가벗겨 공개하고 싶었습니다. 그래서 우리를 향하여 '밥'이라고 외치는 저들과 처지가 바뀌어 오히려 우리가 저들을 '밥'으로 보게 만들고 싶었습니다. 이 책은 바로 이런 동기로 시작되었습니다.

신천지에 빠진 사람들을 향해서 그의 가족이나 친구들이 공통적으로 하는 말이 있습니다. "저 친구가 전에는 이런 사람이 아니었는데 신천지에 들어간 이후에 어떻게 이렇게 변했는지 알 수가 없다"는 말입니다. 이전과는 완전히 다른 사람이 되어버렸다는 겁니다. 그리고 그들은 다시 질문합니다. "어떻게 하면 이 아이를 이전으로 되돌릴 수가 있을까요?"라고 말입니다. 이렇게 신천지에 빠진 사람들의 변화를 설명하는 단어가 있습니다. 그것은 바로 '세뇌'라는 단어입니다. 그것이 그들을 그렇게 변화시킨 것입니다.

신천지는 사람들을 자신의 신도로 세뇌시키기 위한 완벽한 조직과 전략을 가지고 있습니다. 그것은 오랜 세월 동안의 실전 경험을 통해서 고도화된 것입니다. 그래서 어떤 사람이라도 신천지에 발을 딛는 순간 세뇌의 과정을 밟아가게 됩니다. 교육 도중에 눈치를 채고 도망을 나오거나 가족들이 억지로 빼내지 않는 한 세뇌의 늪에 계속해서 더 깊이 빠져 들어갈 수밖에 없습니다.

신천지에서 오래 사역한 청년들의 상당수가 영양실조에 걸려 있습니다. 구원받는 144,000명에 들어가기 위해 하루에 김밥 한 줄로 몇 년씩을 견디다가 그렇게 되었습니다. 이 현실이 제 마음을 찔러왔습니다. '저 아이들이 저렇게 노략질을 당하고 있는데 나는 그동안 무엇을 하고 있었는가'하는 자책으로 마음이 시리고 아팠습니다. 이 사실을 알고 난 이후로 그들을 보는 저의 관점에 변화가 시작되었습니다. 신천지인들은 전염병처럼 피하고 꺼려할 대상이 아니고 그들도 하나님의 잃어버린 양이라는 사실을 새삼 깨닫게 된 것입니다.

그런데 문제는 보통의 방식으로는 저들을 이전으로 되돌릴 수 없다는 것입니다. 그래서 어떻게 하면 저들을 도울 수 있을까를 생각해봤습니다. 그러던 중에 도마베치 히데토의 「세뇌의 법칙」이라는 책을 읽다가 불현듯 신천지의 특성들이 이해가 되기 시작했습니다. 왜 저들이 저렇게 하는지를 알게 된 것입니다. 어둠 속에 숨어 있던 녀석들의 정체가 서서히 보이기 시작한 것입니다. 이 책은 바로 신천지의 '세뇌 기법'에 대한 깨달음과 발견으로 인해 쓸 수 있었습니다.

신천지인들을 다시 돌아오게 하는 가장 큰 힘은 '세뇌를 풀어내는 디프로그래밍'이 아니라 가족들의 사랑에 있습니다. 몇 달 몇 년을 끈질기게 기다려온 그 사랑 말입니다. 이것을 대신할 것은 없습니다.

그 다음에는 두 종류의 전문가들의 도움이 필요합니다. 한 부류는 이단 상담자들입니다. 이분들은 신천지의 교리에 능통할 뿐만 아니라 신천지와의 오랜 영적 싸움을 통해서 어떻게 하면 신천지의 세뇌 프로그램을 깨뜨리는가를 아는 전문사역자들입니다. 신천지의 교리를 깨뜨리지 않으면 돌아올 수가 없습니다.

다른 부류는 목회상담자들입니다. 신천지에 빠진 사람들은 세뇌로 인한 심리 정서적인 문제들을 가지게 됩니다. 이런 문제들은 탈신천지가 된 이후에 본격적으로 드러나게 됩니다. 세뇌의 정도에 따라서 외상 후 스트레스 장애나 우울증의 증상을 보이기도 합니다. 이런 것들을 상담 심리학적인 관점에서 도와주어야 합니다. 그렇지 않으면 일상의 삶에 적응하는 데 많은 어려움을 겪게 될 것입니다. 마음의 상처가 회복되지 않으면 몸은 신천지에서 나왔지만 마음은 여전히 신천지에 묶여 있거나 신천지가 아닌 또 다른 것에 묶이게 될 수 있습니다. 따라서 상담학 또는 상담심리학을 전공한 목회자의 도움이 필요합니다.

이 책은 일선 목회자나 목회를 준비하는 사역자들을 생각하고 쓰게 되었습니다. 왜냐하면 우리가 맞아야 하는 미래는 이전과 다르기 때문입니다. 이전에는 탈신천지 사역은 몇몇의 소명을 받은 목회자들의 문제였지만 이제는 탈신천지 사역이 모든 목회자들이 다루어야 할 문제가 되었기 때문입니다. 아는 사람 두세 사람만 건너면 어김없이 그들의 존재와 만나야 하는 게 목회 현장의 현실이 되었습니다.

또한 이 책은 신천지인을 가족이나 친구로 두고 있는 분들을 생각하고 썼습니다. 신천지에 빠진 그들을 이해하는 도구로 사용되리라고 믿습니다.

이 책의 전반부는 신천지에서 어떤 방식과 어떤 과정으로 사람들을 세뇌시키는가를 다루었습니다. 그리고 후반부는 어떻게 탈세뇌의 과정이 진행되는가를 다루었습니다. 그래서 신천지의 세뇌와 탈세뇌의 전반적인 과정을 보게 될 것입니다.

# 차례

# 1부

## 신천지 세뇌의
## 세 가지 요소

# 1부

## 신천지 세뇌의
## 세 가지 요소

세뇌란 사전적인 의미로 개인의 사상이나 가치관 등을 다른 방향으로 바꾸게 하거나, 새로운 사상·주의·교리 등을 받아들이도록 설득하는 체계적인 노력을 말합니다. 세뇌가 어떤 것인지는 영어로 직역하면 더 선명하게 느껴집니다. 'brain washing' 즉 뇌를 씻는다, 뇌를 세탁한다는 의미입니다. 이 얼마나 무서운 말입니까? 인간을 개조해버리는 것 그것이 바로 세뇌입니다.

신천지의 세뇌의 방식은 체계적이고 전략적입니다. 그 방식이 얼마나 교묘한지 신천지에 빠진 자녀를 빼내기 위해서 신천지에 접근했다가 오히려 현혹당하여 빠져 들어간 사람들도 있습니다. 그래서 어떤 분은 신천지의 방식을 교회에 도입하면 교회 성장에 도움이 되지 않겠냐고 말하기도 합니다. 이 말을 듣는 순간 '그래, 그것도 좋겠는데'라는 생각이 들기도 하지만 그것은 착각에 지나지 않습니다.

신천지의 세뇌를 공부하다가 발견하게 된 사실은 세뇌는 거짓에만 적용이 된다는 것입니다. 성경의 진리는 세뇌라는 방식을 허용하지 않습니다. 성경의 진리는 세뇌할 이유가 없을 뿐만 아니라 해서도 안 됩니다. 왜냐하면 오직 성령의 깨닫게 하심으로만 깨달아 알게 되기 때문입니다. 세뇌는 진리를 믿게 하는 기술이 아니라 거짓을 믿게 하는 기술입니다.

세뇌라는 단어로 신천지의 실체를 설명할 수 있다는 사실은 신천지의 가르침과 체계가 거짓이라는 것을 증명하는 것입니다.

"1995년 3월 20일 오전 6시경. 5명의 남자가 도쿄의 아지트를 떠나, 치요다 선의 한 차량, 마루노우치 선의 두 차량, 히바야 선의 두 차량에 탑승한다. 도쿄를 포함한 일본의 수도권에 거주하는 사람들이라면 하루 이틀 사이에 한 번은 반드시 탑승할 지하철들이다. 목표로 한 역에 도착한 5명의 남자는 신문지로 싼 비닐봉투를 지하철 바닥에 떨어뜨린 뒤, 날카롭게 간 우산 끝으로 찌르고 도주한다. 이들이 도주한 직후부터 각 지하철의 차량에 사린가스가 퍼져나가기 시작한다. '옴진리교 사건'의 시작이었다.

시간을 '옴진리교 사건' 발생 이틀 전으로 거슬러 1995년 3월 18일 새벽 2시. 1995년 새해 벽두, 옴진리교 후지산 부근 시설 주변에서 사린 잔류물이 검출되었다는 '요미우리신문'의 특종으로 경시청의 강제 수사가 임박했던 옴진리교 교주 아사하라 쇼코와 간부들은 리무진 안에서 강제 수사에 대한 대응책을 논의한다. 그러던 중 그해 1월 17일 일어난 한신 아와지 대지진과 같은 미증유의 재난이 벌어지면 경찰도 강제 수사에 돌입할 여력이 없을 것이라는 아이디어를 떠올리고, 그 방법으로 지하철에 사린가스를 살포하자는 안이 제시된다. 아이디어 제안부터 실행 방법, 실행범의 인선까지 모두 결정되고 이들을 태운 리무진이 도착한 시각은 3월 18일 오전 4시. 일본 현대사를 뒤흔든 끔찍한 범행의 구체적인 계획을 논의하는 데 소요된 시간은 겨우 두 시간 남짓. 그리고 불과 이틀 후 옴진리교는 도쿄 지하철 핵심부에 사린가스를 살포하는 데 성공하여 13명의 사망자와 6,300명의 부상자를 낳는다"(네티즌 나인 일본&옴진리교 박하, 2018 서평).

옴진리교가 이런 범죄를 저지르게 된 것은 대체 어떤 이유에서 시작된 걸까요? 그리고 왜 이런 일에 옴진리교 간부들이 동참하게 된 걸까요? 이 사건을 계기로 그동안 숨겨진 옴진리교의 진면목이 드러나게 되었습니다. 나중에 밝혀진 대로 이들은 단순히 테러를 일삼는 단체가 아니라, 최종적으로는 일본 정부를 전복시킨 다음 천황을 폐위시키고 교주인 아사하라 쇼코를 신성법황으로 세우려고 했던 엽기적인 종교 단체였던 것입니다.

그리고 옴진리교는 이 목적의 달성을 위해서 신도들을 적극적으로 세뇌시켰습니다. 이들이 사용한 세뇌의 방식은 약물을 이용한 가장 악랄한 방법이었습니다. 아사하라 쇼코는 "그리스도 이니시에이션(통과제의)"이라면서 신자들에게 LSD(환각제)가 든 음료를 마시게 했습니다. 그리고 신도들이 환각에 빠지면 깊은 트랜스(정상적인 의식이 아닌 최면 등의 상태)의 세계로 들어가도록 강화하여 신비체험을 하게 함으로써 교주의 말에 세뇌가 되도록 했습니다. 그래서 세뇌가 된 상태에서 그들은 주어진 명령을 거스를 수가 없었던 것입니다.

그리고 이렇게 세뇌가 된 신도들은 옴진리교가 해체된 이후에도 일상의 삶으로 돌아가지 못하고 옴진리교 아류나 다른 사이비 등으로 전전하게 됩니다.

그런데 신천지는 옴진리교보다 더 조직적이며 숙련된 세뇌의 기술을 사용하고 있습니다. 신도를 만드는 첫걸음인 전도에서부터 시작하여 신천지인이 되게 하는 모든 교육 과정에 세뇌의 공식이 적용되고 있습니다.

신천지의 세뇌 방식을 이해하기 위해서는 다음의 세 가지의 요소들을 살펴보는 것으로 시작해야 합니다. 그것은 신천지의 다단계적인 구조, 주사파적인 교육 방식 그리고 교주의 신격화인데 이것들이 유기적으로 결합되어 있습니다. 바로 이것이 신천지가 지금까지 한국에 등장한 다른 이단들과 차별이 되는 부분이며 다른 이단들이 신천지를 따라올 수 없는 독특하고 특별한 요소이기도 합니다.

신천지를 구성하는 세 가지 요소들을 보면서 계시록의 다음의 말씀이 생각이 납니다. "또 내가 보매 개구리 같은 세 더러운 영이 용의 입과 짐승의 입과 거짓 선지자의 입에서 나오니"(계 16:13).

종말의 날에 등장하는 악의 삼위일체와 같이 신천지는 바로 그런 영과 구조와 교육 시스템을 가지고 있음을 발견하게 됩니다.

# 1장.
## 신천지의 조직
## - 종교 다단계

신천지의 조직은 여느 이단의 단체와 구별되는 점이 있습니다. 다른 이단들이 교주 중심의 단일 체제라고 하면 신천지는 교주를 중심으로 7강사와 12지파가 있고 24장로로 구성된 단일적이면서도 복합적인 집단 체제라는 것입니다. 신천지는 자신들의 이런 조직이 계시록 4장의 하늘나라의 보좌의 조직과 같다고 자랑합니다.

그런데 다단계를 연구하는 사람들은 신천지의 조직을 불법 다단계 조직과 같다고 말합니다. 그 이유는 신천지 안에서 불법 다단계적인 요소가 여실히 드러나고 있기 때문입니다.

일반적인 다단계의 판매 방식은 전통적인 유통망인 도소매단계를 거치지 않고 소비자들이 판매원이 되어 시장을 넓혀가는 판매방식을 말합니다. 그래서 다단계 판매의 특징은 첫째, 어떤 상품이나 서비스를 구매한 고객이 동시에 판매조직원이 되고, 둘째, 자신이 판매한 판매가액 및 자기예하 판매조직의 판매가액에 따라 일정률의 보상금을 보장받으며, 셋째, 예하조직이 일정 이상 확대되면 승진이 됨으로써 다시 제품 판매와 유통망을 확대, 계속적인 상품 거래가 이루어지도록 하는 구조로 되어있습니다. 따라서 다단계는 인간의 욕구를 최대한 이용한 아주 획기적인 판매방법인 것입니다.

그런데 신천지는 정상적이고 건강한 다단계 회사들의 방식이 아니라 금융 사기의 온상인 불법 다단계 회사들과 닮았습니다. 불법 다단계 회사에 종교적 특색만 입히면 신천지와 완벽한 쌍둥이로 변신을 하게 됩니다. 왜냐하면 이 둘은 판매자를 모으는 방식이나 세뇌하는 방식이나 판매자를 이용하여 사기를 치는 방식이 같기 때문입니다. 그래서 신천지를 불법 종교다단계라고 부르는 것입니다(이후 '다단계'라는 단어는 별도의 표기가 없더라도 모두 불법 다단계 조직을 의미함을 밝힙니다).

## 1. 한국 불법 다단계의 역사

1990년대 말부터 2000년대 초반에 대학생들을 끌어들여 사회문제를 일으켰던 숭민코리아smk 라는 전설적인 회사가 있었습니다. 이곳은 다단계 사관학교라는 칭호를 들을 만큼 이곳 출신들이 각종 사기 사건의 주범이기도 했습니다. 대표적인 인물은 이곳 숭민코리아smk 출신으로 2006년 2조 원대 대국민 사기극을 벌이고 구속된 제이유의 주수도 회장입니다. 그리고 '마스터'(2016년 개봉)와 '꾼'(2017년 개봉)이라는 제목으로 만들어진 영화의 실제 인물인 조희팔도 주수도 회장 라인의 중간 관리자였습니다. 불법 다단계 회사의 구조상 피라미드 최상위 라인의 몇 명만 수익을 얻을 수 있다는 점을 생각하면 조희팔 역시 숭민코리아smk 혹은 제이유의 피해자였을 것이라는 유추가 가능해집니다.

그런데 이들 집단으로 인해 1980년대부터 현재까지 40년 동안 수많은 피해자들이 발생했고 주범들이 법으로 심판을 받았지만 이 집단이 사라지지 않는 이유는 무엇일까요? 그것은 중간 관리자들뿐만 아니라 금융 피해자들이 다른 업체를 차리면서 지금까지 이어져 오기 때문입니다. 불법 다단계의 바로 이런 부분이 무서운 점입니다. 다단계 피해자들이 다시 사기꾼으로 변해가는 구조인 것입니다.

2011년도에 거마대학생이라 불리는 사람들이 있었습니다. 서울 송파구 거여동 마천동 일대에서 합숙하며 불법 다단계 판매에 빠져있던 대학생들을 지칭하는 말입니다. 2011년 당시 약 5,000여 명의 대학생들이 이 지역에 모여 살았고 금융사기 다단계로 250억 원의 피해를 본 것으로 조사됐습니다. 이들의 수법에 넘어간 대학생들이 엄청난 빚에 짓눌리게 되면서 사회문제화가 되기도 했습니다.

그런데 지금도 그때와 유사한 수법의 다단계 회사들이 사회의 전반에 있습니다. 아마도 이들의 대부분은 2011년에 거마대학생들이거나 그 회사와 연관된 사람들일 것입니다. 왜 이런 일들이 반복될까요? 자신들의 손해를 되찾으려는 것뿐일까요? 아닙니다. 그들이 불법 다단계 회사에서 세뇌를 받았기 때문입니다. 그리고 아직도 세뇌에서 깨어나지 못했기 때문입니다. 그래서 다시 새로운 다단계의 피라미드를 세워가고 있기 때문입니다.

이런 다단계의 역사를 보면 앞으로 이만희가 죽고 나면 신천지가 어떻게 될지를 예측할 수 있게 됩니다. 신천지의 교리를 변경한 새로운 교주들이 등장하게 될 것입니다. 그래서 수십 개 이상의 중소 이단 단체로 난립하게 될 것입니다. 그 증거가 바로 새천지입니다. 이것이 우리가 몇 년 후에 보게 될 한국 교회의 상황입니다. 작은 이만희들이 활보할 세상을 생각만 해도 답답해집니다.

## 2. 불법 다단계의 세뇌 전략

불법 다단계 회사들의 세뇌전략을 보면 이들이 가장 기본적인 수준의 세뇌 전략을 사용하고 있다는 사실을 알게 됩니다. 얼마 전까지 멀쩡하던 녀석이 어떻게 저런 거짓말에 속아서 저렇게 변했는가 하고 의아해하는 이면에 바로 세뇌 전략이 숨어 있습니다. 그런데 이들의 세뇌 전략을 살펴보면 신천지가 어떻게 세뇌를 하는가를 이해할 수가 있습니다.

1) 모든 다단계의 시작은 다단계의 시스템과 운영방식 그리고 세뇌의 과정을 아는 몇 사람의 기획으로 시작됩니다. 그리고 첫 번째의 미션은 사람들을 다단계의 강좌에 참석하게 하는 것입니다. 사람들을 강좌에 불러 모으는 가장 쉬운 방식은 지인 초대입니다. 특히 경제적으로 어려움을 겪는 사람이나 직장을 필요로 하는 사람 그리고 단번에 큰돈을 벌고 싶은 사람이 그 대상이 됩니다. 그런데 사실은 모든 사람이 대상이 됩니다. 그것은 다단계의 구조의 특성상 계속해서 사람이 유입되지 못하면 무너지기 때문입니다. 그래서 모든 다단계는 어떻게 사람들을 데려다가 강좌를 듣게 하는가에 목숨을 걸게 됩니다.

　　다단계에 속한 사람들은 자신이 조직에서 살아남기 위해서는 물건을 많이 팔거나 자신 밑으로 사람들을 끌어들여야 합니다. 그런데 그들이 팔고자 하는 제품으로 직급을 올리는 것은 현실적으로 가능하지 않기에 결국에는 사람을 끌어들이는 일에 총력을 기울이게 됩니다. 다단계에 속한 사람들의 숙명은 자신이 살기 위해서 다른 사람을 죽음의 자리로 끌어넣는 것입니다. 그런데 문제는 이미 다단계가 나쁘다는 인식이 사회 전반에 퍼져있기 때문에 다단계 강좌에 사람을 데리고 가기 위해서는 수단과 방법을 가리지 않을 수밖에 없고 거짓말을 할 수밖에 없다는 것입니다. 근래에는 다단계 회사가 정상적인 회사인 양 인터넷에 계획적으로 거짓된 구인 광고를 올리고 다단계 회원들과의 연합 전략을 사용하여 사람들을 모으기도 합니다.

〈사례〉

지방소재 대학에 다니던 남 씨는 군대동기인 김 씨로부터 3일에 1회 정도씩 안부전화를 받게 됩니다. 그런데 어느 날 김 씨는 남 씨에게 자신이 서울의 의류회사에서 월 180만 원을 받는다며 빈자리가 있으니 일할 의향이 있으면 이력서를 보내달라는 연락을 합니다. 그리고 김 씨는 남 씨가 이력서를 보낸 후 3일 만에 취직이 되었으니 서울 고속터미널에서 만나자고 합니다. 그런데 김 씨는 남 씨를 만난 후 갑자기 일자리가 네트워크회사로 바뀌었다며, 이왕 올라왔으니 회사에서 일주일만 교육을 받아보자고 권유하여 어쩔 수가 없이 남 씨는 김 씨를 따라 다단계 회사가 운영하는 합숙소로 동행하게 되었습니다(https://blog.naver.com/jit7773/140197854039 2013. 9. 26.).

2) 불법 다단계의 두 번째 단계는 그들의 강의를 듣게 하는 것입니다. 강의의 내용은 크게 세 가지입니다. 제품 소개와 회사 소개, 네트워크 마케팅의 이해, 그리고 나는 어떻게 성공했는가를 말하는 일종의 성공 스토리입니다. 이 세 가지 내용의 교육이 하루 종일 꼬리를 물고 이어집니다.

강의는 보통 1주일 정도 합숙하면서 진행되는데 각 프로그램은 두 시간씩입니다. 아침 먹고 오전 교육 두 개, 점심 먹고 오후 교육 두 개를 들어야 합니다. 그리고 저녁을 먹고 숙소에 들어가면 역시 두 시간 동안 교육이 진행됩니다. 하루에 모두 10시간의 강의를 듣는 것입니다. 교육생 중에는 눈치를 채고 교육장에서 벗어나려고 하지만 교육장 뒤에는 얼굴이 험상궂은 어깨들이 진을 치고 있어서 나갈 수 없습니다. 그들은 어떤 이유로도 교육생들을 내보내지 않습니다. 거기에 자신들의 모든 것이 걸려있는데 보내주겠습니까? 그리고 강의실로 들어가기 전에 핸드폰과 모든 짐을 맡기게 하기 때문에 외부로 연락할 방법도 없습니다. 그래서 어쩔 수 없이 모든 강의를 듣게 됩니다. '이곳에서 나가면 속여서 데리고 온 사람을 죽여버리겠다'고 속으로 욕하면서 말입니다. 하루 이상이 지나면 제품 소개와 네트워크 마케팅의 강의는 동일한 내용이라 강사가 무슨 말을 할지를 알기 때문에 강의가 시작되면 듣기 싫고 지겨워 죽으려고 합니다. 그렇지만 강사들은 그것에 아랑곳하지 않고 동일한 내용의 강의를 시간을 꽉 채워서 합니다.

그 이유는 무엇일까요? 그렇습니다. 이것이 다단계 세뇌의 기본방법이기 때문입니다. 교육생들을 일주일 동안 합숙시키면서 같은 내용을 계속해서 많이 듣게 하는데 그렇게 되면 교육생들은 그 강의를 수없이 듣는 동안 그 시간이 되면 정신줄을 놓아버립니다. 즉 멍한 상태가 되는데 이것이 바로 변성의식(일반적이지 않은 약물복용상태부터 임사상태, 명상상태까지 포괄하는 모든 비일상적인 의식)의 상태가 되는 것입니다. 그런 상태가 되면 교육생들은 강사들의 강의를 의식적으로 걸러내지 못하고 무방비로 받아들이게 됩니다. 그리고 세뇌가 되는 것입니다. 이것이 다단계 세뇌의 전형적인 방법입니다.

그런데 이 교육시간 중에 제일 인기 있는 강의가 있습니다. 강사들의 성공 스토리입니다. 제품 소개와 네트워크 마케팅에 대한 강좌에 질려있던 교육생들은 강사마다의 특색 있는 성공 스토리에 귀를 기울이게 됩니다. 그리고 귀를 기울인 만큼 세뇌가 되는 것입니다. 세뇌는 한 방향에서만 행해지면 효과가 반감이 됩니다. 제품 소개와 마케팅 전략 교육이 수동적인 세뇌 방식이라면 성공 스토리는 능동적인 세뇌 방식입니다. 제품소개와 마케팅 강좌가 지겨운 만큼 성공 스토리 간증은 효과적으로 사람들의 마음에 영향을 미치게 됩니다. 성공 스토리는 높은 계급의 강사가 진행을 합니다. 이들은 간증을 하기 전에 먼저 자신들의 이름의 통장에 1,000만 원 이상의 수수료가 찍힌 것을 빔 프로젝트 화면으로 수강생들에게 보여주면서 시작합니다. 스토리의 시작은 대체로 자신의 어린 시절 힘겹게 살아온 이야기들입니다. 그리고 어느 날 지인의 소개로 이 사업을 접하게 된 이야기로 들어갑니다. 자기도 처음에는 배신감을 느끼고 화가 났지만 속는 셈 치고 제품과 교육 프로그램을 믿고 사업을 시작했더니 결국에는 성공하게 되었다는 뻔한 스토리입니다.

강사의 스토리는 교육생 대부분의 상황과 다를 바가 없습니다. 그래서 이런 이야기를 통해서 강사와 공감하는 동일시 현상들이 나타나게 됩니다. 강사의 고통이 바로 자신의 고통이고 강사의 성공이 바로 자신의 성공인 것처럼 동일시하게 되는 것입니다.

누구의 강의를 막론하고 강의 마지막에는 반드시 들려주는 이야기가 있었다. 어린 코끼리가 하나 있었다. 이 코끼리의 목에는 쇠사슬이 묶여 있고 쇠사슬은 땅에 박아놓은 말뚝에 연결되어 있었다. 코끼리가 탈출을 하려고 해도 말뚝이 단단하게 박혀 있어서 코끼리는 목만 아플 뿐 탈출을 하지 못했다. 그 뒤로도 몇 번 시도했지만 번번이 실패하면서 코끼리는 탈출을 포기하고 살아갔다. 그러다가 점점 코끼리가 성장하고 힘이 세지면서 이렇게 묶여 있는 생활이 끔찍하게 싫었고 어느날은 사력을 다해 말뚝을 뽑으려 했다. 그리고 말뚝도 조금씩 빠지기 시작했다. 그러나 코끼리는 사슬로 묶어놓은 목이 너무 아파서 결국 또다시 포기하고 말았다. 그렇게 코끼리는 묶인 채로 살아가다가 나이가 들어 죽음을 맞이하게 되었다. 그런데 그 거대한 몸이 쿵 쓰러지자 절대로 빠질 것 같지 않던 말뚝이 쏙 뽑혀버렸다. 젊었을 때 마지막 한 번만 힘을 썼다면 말뚝이 뽑혔을 텐데 그 마지막에서 포기한 탓에 평생을 묶여 있었다는 후회를 하면서 코끼리는 눈물을 흘리며 죽음을 맞이했다. 이런 내용의 이야기였다.

전달하고자 하는 의도가 지극히 뻔한 우화를 강사들은 80년대 웅변대회 연사 내지는 아이들 앞에서 구연 동화 시연하는 유치원 선생님처럼 느리고 감상적인 목소리로 과장된 몸짓을 동원하고 결정적인 부분에서는 적절한 침묵까지 이용하며 감정 과잉의 극치를 선보였다. 모든 강의 말미에 코끼리 이야기가 등장하다보니 하루에만 네 번 이상 코끼리 이야기를 들어야 했고 나중에는 강사가 '여러분, 어린 코끼리가 한 마리 있었습니다.'라고 말을 꺼내면 여기저기서 '아, 또 코끼리.'하면서 한숨을 쉬는 소리가 들렸다. 그러든가 말든가 그들은 개의치 않고 이야기를 진행했다. 그런데 사람 심리라는 게 묘한 것이어서 처음에는, 뻔한 스토리라고 비웃다가 어느 시점이 되자 혹시 나도 내 마지막 힘을 써보지도 않고 지레 포기하고 사회에 굴복한 것은 아닐까 하는 생각이 잠깐 들 때도 있었다."

윗 글은 자석요를 판매하는 다단계를 경험한 블로거의 체험담(https://blog.naver.com/scaff-eng/221875966694)입니다. 자석요를 판매하는 다단계 업체에 대한 경험담이지만 이 글에는 세뇌의 핵심이 담겨 있습니다. 이것이 바로 심리적인 앵커(닻, 언제라도 꺼낼 수 있도록 인간의 뇌 속에 붙여놓는 일종의 심리상태를 의미한다. 5부 3장 참고)입니다. 그래서 이 이야기를 잊지 않는 한 세뇌의 틀은 흐트러지지 않게 됩니다. 즉 세뇌가 풀리지 않도록 박아놓은 말뚝인 셈입니다. 아마도 신천지인들에게도 이러한 앵커가 있을 것입니다. 하도 많이 들어서 완전히 외워버린 동화와 같이 뇌리 속에 새겨진 이야기 말입니다. 세뇌에서 깨어나기 위해서는 바로 이것들이 깨트려지고 지워져야 합니다.

### 3) 교육을 받은 이후

다단계의 7일간의 교육이 끝나면 이들에게 어떤 변화가 생길까요? 첫 번째로 눈빛에 변화가 나타납니다. 그들의 눈 속에 성공에 대한 이전과 비교할 수 없는 야망이 번쩍이는 것입니다. 그리고 다단계는 그들이 그 성공이라는 목표를 향해 올라갈 수 있는 사다리로 보이기 시작합니다. 그래서 오직 한 가지 목표에 집중하게 됩니다. 그것은 다단계 피라미드의 꼭대기로 올라가는 것입니다. 그곳으로 올라갈 수만 있으면 어떤 일도 할 수 있고, 할 것입니다.

둘째로 그가 가진 모든 상황의 인간적인 한계는 코끼리에 묶여 있는 사슬에 지나지 않는다고 여기는 것입니다. 이것을 끊고 나아가야 성공의 문에 들어서게 됩니다. 그래서 이전에 아무리 친했던 사람도 자신의 직급 상승을 위한 발판으로밖에 보이지 않게 됩니다. 그들을 밟고 올라서야 성공이라는 목표에 한걸음이라도 가까워지기 때문입니다.

이런 불법 다단계를 접하고 붙들리는 순간 그 사람은 빠져나올 수 없는 끈에 묶이게 됩니다. 마약 중독과 같은 것입니다. 자신이 작정만 하면 나중에라도 스스로의 힘으로 나올 수 있다고 착각하지만 결코 그런 일은 없습니다. 이미 결정된 길로 나아가게 되는 것입니다. 그들이 도착하게 되는 종착역은 감당할 수 없는 채무와 망가진 인생뿐입니다. 설혹 누군가는 새로운 다단계를 만들어서 물질적으로 성공한다고 해도 다른 사람들을 착취한 범죄자의 인생이 되고 스스로의 죄악으로 인해 비참한 인생의 끝을 보게 될 것입니다.

그런데 문제는 다단계 안에서 세뇌가 되면 그 길밖에는 보이지 않게 된다는 겁니다. 이것이 세뇌의 무서움입니다. 눈을 가려버리고 다른 사람들의 말에는 귀를 막아버리는 것 말입니다. 이런 다단계의 세뇌에서 풀려나는 길은 세 가지가 있습니다. 하나는 죽을 만큼의 충격을 받는 것입니다. 그런 충격을 경험하면 세뇌가 풀어집니다. 그리고 다른 길은 탈세뇌 전문가를 만나서 치료를 받는 것입니다. 마지막으로는 예수님을 만나서 새로운 눈이 열리고 새로운 길을 보는 것입니다. 그것 이외에 다른 길은 없습니다. "예수께서 이르시되 내가 곧 길이요 진리요 생명이니 나로 말미암지 않고는 아버지께로 올 자가 없느니라"(요 14:6).

# 2장.
## 신천지의 전술전략
## – 주사파의 전략

　　신천지의 세뇌방식을 연구하다가 신천지가 학생 운동권과 연관성이 있다는 사실을 발견하게 되었습니다. 이 사실을 알고 나서야 비로소 신천지가 이전에 어떤 이단들도 도달하지 못한 광범위하고 강력한 조직의 틀을 형성하게 된 배경을 이해하게 되었습니다.

　　신천지의 하늘문화체전 행사 동영상을 보면서 문득 중학생 시절에 소년 체전을 위해서 매스게임을 준비했던 날들이 생각났습니다. 몇 달 동안 운동장에서 수없이 훈련했던 그날들이 말입니다. 신천지인들이 이날을 위해서 얼마나 많은 시간을 준비했을까 짐작할 수 있었습니다. 그런데 대규모 매스게임과 카드섹션 그리고 일사불란한 장면들을 보면서 북한을 떠올리는 것은 저뿐일까요? 이 장면을 본 한 탈북자는 여기가 북한인지 아니면 남한인지 구별이 되지 않아서 소름이 끼쳤다고 했습니다. 신천지의 다른 동영상에서 어린아이들이 이만희 교주 앞에서 율동하며 노래하고 또한 신천지와 교주를 위해서 살겠다고 맹세하는 장면은 김정은 앞에서 충성 맹세하는 북한 어린아이들의 모습을 연상케 합니다.

　　신천지는 왜 북한과 이렇게 닮은 걸까요? 그것은 세 가지 뿌리가 같기 때문입니다. 첫 번째는 지도자에 대한 신격화, 두 번째는 피라미드식의 통치 구조, 세 번째는 주체사상식의 학습 방법이 비슷하기 때문입니다.

## 1. 주사파란?

"주사파는 주체사상파의 줄임말로써 김일성주의를 신봉하고 조선로동당을 전체 조선혁명의 영도조직으로, 한국민족민주전선을 한국혁명의 영도조직이며 전위조직으로 굳게 믿고 활동하는 세력"으로 정의할 수 있습니다. 주사파는 자신들과 다른 노선의 구분을 '혁명적 수령관'에서 찾습니다. "민중에 대한 충실성과 수령에 대한 충실성을 따로 떼어 놓고 생각하고, 수령과 지도자에 대한 민중의 끝없는 존경과 흠모를 역겨워하는 것은 부르주아적 개인주의에 사로잡힌 결과"라거나 진정한 전사는 "수령을 진심으로 높이 모시고 수령의 사상과 영도를 받드는 자세와 입장을 갖는 것이며, 또 당대에 끝나는 것이 아니라 수령에 대한 충실성은 대를 이어 계승해나가야 하는 것"등의 내부 문헌에서 이들의 특징을 확인할 수 있습니다.

주사파 조직의 형성에는 자생적으로 출현했다는 입장과 북한의 지도로 출현했다는 두 가지 입장이 있습니다. 이는 북한의 대남공작사업의 직접적인 결과로 세워졌거나 아니면 자체적인 학습과 실천을 통해 주사파가 되는 것입니다.

1980년대에도 북한의 직파공작 시도가 없었던 것은 아니었겠지만, 최소한 1980년대 학생운동권의 주체사상 보급과 확산 및 주사파 형성과정은 '북한방송'이었던 것으로 보입니다. 왜냐하면 과거 주사파는 조직 내 '북한 방송 청취팀'을 두어 북의 방침을 학습하고 전파해왔기 때문입니다. 지금은 인터넷이 발달하면서 웹을 통해 정보와 방침을 공유하기도 합니다. 최근에는 북한의 '반제민족민주전선'이 운영하는 웹사이트인 구국전선을 주로 활용하는 것으로 보입니다. 참고로 반제민전은 북한이 남한 내 지하당으로 주장하고 있으나 실제로는 노동당 통일전선부 소속으로 알려져 있습니다. 이 기구는 자신들을 1968년 8월 남한에서 조직된 통일혁명당의 후신으로 주장하고 있으며, 1985년 7월 한국민족민주전선으로 간판을 바꿔 활동하다가 2005년 3월 현재의 이름으로 고쳤습니다(前 통혁당, 現 반제민전, http://www.redian.org/archive/5287, 2012. 06. 04. 이창언).

## 2. 주사파와 신천지와의 관계

그런데 주사파와 신천지가 어떻게 연결이 된 걸까요? 이 연결 코드를 페이스북에 올라온 김동규 씨의 글에서 발견하게 됩니다. 김동규 씨는 젊은 시절 운동권에 있다가 이제는 목회자의 길을 걷고 있는 분인데 그는 다음과 같이 증언하고 있습니다.

"광주는 오래도록 아픔과 소외감, '차별'의 서러움을 겪어왔다. 특히 1980년대의 그것은 차라리 뼛속에 사무치는 추위였다. 사회적으로 가난하고 소득 수준이 낮은 지역일수록 종교에 귀의하는 사람들이 늘어난다. 사람들에게는 메워지지 않는 마음의 구멍을 채워줄 것이 필요하다. 1980년 9월 14일, 이만희가 '신천지' 설립을 시작했다. 정식 설립은 1984년 3월 14일이지만, 실질적인 시작은 그로부터 3년 6개월 이전으로, 이만희는 1987년 9월 14일까지의 7년을 반반으로 나누어 '인치는 역사'와 '14만 4천을 모으는 역사'로 구분했다. 따라서 '신천지'는 1980년에 시작되었고 1984년에 선포되었다. 그러나 분명히 하건대, 신천지는 1987년 시점에도 별 볼일 없는 소수 종파에 지나지 않았다. 1987년 종말론이 불발되자 많은 이들이 신천지를 떠났다.

그러나 그 시점에 신천지 조직의 성장을 완전히 책임지는 인물이 등장했다. 그의 이름은 지재섭, 일흔을 넘긴 2020년 현재까지 신천지 베드로 (광주전남) 지파장이다. 그는 결혼 직후 장모를 통해 신천지에 들어왔고, 광주에 내려와 조직 활동을 시작했다. 그는 평소 알고 지내던

'학생운동가'들을 조직에 끌어들였다. 1987년 6월 항쟁 직후 많은 청년들이 자연스럽게 '운동권' 대오에서 이탈했는데 지재섭은 그중 일부를 포섭하는 데 성공했던 것이다.

신천지 호남지부에 해당하는 베드로 지파는 1987년 광주 동구 산수동에 위치한 작은 골방에서 활동을 시작했다. 다른 지파가 주로 장년층이었던 데에 비해, 베드로 지파는 대부분 청년, 대학생들로 구성되어있었다. 이를 두고, 다른 지파로부터 속된 말로 '애기들 데리고 뭘하냐'고 비아냥을 듣기도 했다. 그러나 이들은 평범한 청년이면서 동시에 학생운동의 경험을 가지고 있던 전직 대중 운동가들이었다. 이들은 새로운 신도를 모집하기 위해 최선을 다해 전도했다. 이 과정에서 마치 학내 서클처럼 새롭게 포섭된 이들을 대상으로 '주기적인 학습'을 실시했다. 이들은 마치 '주사파'들처럼, 이만희가 교주라는 사실을 6개월간 알려주지 않고 '바보 과대표'로 행동한다. 이들이 '품성'을 갖추고 있었음은 물론이다.

이렇듯, 대중운동의 경험을 가지고 있던 자들의 활약에 힘입어 베드로 지파는 전국에서 가장 빠른 속도로 급성장했다. 후발 주자에 불과했던 지파가 본부 신도수를 추월했다. 그보다 더욱 중요한 것은, 이들이 '전도수법'을 개발하여 전국에 전파했다는 것이다. 이것으로 이들은 신천지 세력을 주도하게 되었다"(김동규 페이스 북 참고 https://www.facebook.com/photo.php?fbid=2496177467262182&set=a.1382239348656005&type=3&theater , 김동규 외 공저, 「나는 신천지에서 20대, 5년을 보냈다」 166~167페이지에도 유사한 내용이 나옵니다).

김동규 씨의 글에서 신천지와 일부 주사파가 어떻게 연결되었는지를 그리고 어떻게 신천지가 북한과 그렇게 비슷할 수 있었는지를 이해하게 됩니다. 그런데 일부 주사파의 사람들이 신천지로 전환되는 데 큰 문제가 없었을 것으로 여겨지는 부분은 바로 그들이 가진 수령관 때문입니다. 주사파의 수령관을 신천지의 교주관으로만 바꾸면, 나머지의 모든 교리들은 자연스럽게 맞춰집니다. 이와 같은 사실을 볼 때, 주사파(NL)와 경쟁관계였던 자주파(PD)에는 수령관이 존재하지 않기 때문에 같은 운동권이라도 자주파의 사람들은 신천지에 들어가기도 어렵고 들어간다고 해도 적응하기가 어려웠을 것입니다.

### 3. 주사파는 사람을 어떻게 변화시키는가?

1980년 필자의 친척이 서울의 유수의 대학에 장학생으로 입학하자 집안뿐만 아니라 교회 전체가 기뻐했습니다. 평소에 교회에 열심히 봉사하고 기도도 많이 하더니 하나님께서 축복하셨다고 생각했습니다. 그런데 서울에서 2학년을 마치고 방학에 내려온 그의 눈빛은 변해 있었습니다. 그리고 청년회의 모임에서 다른 청년들과 함께 사회과학 공부를 시작했습니다. 정치 경제학, 유물론 철학, 민중사학 등 말입니다. 그러다가 당회에서 이 사실을 알게 되어 교회에서 내쫓기게 된 이후에는 교회와는 영영 인연을 끊고 말았습니다.

무엇이 그를 변화시킨 걸까요? 그는 대학의 동아리에서 그 전에는 한 번도 접해보지 못했던 방식의 공부들을 접하였습니다. 아니 전혀 다른 관점의 공부를 하게 된 것입니다. 그리고 그것은 그의 세계관을 변화시켰습니다. 보수 신앙적이던 그의 가치관이 유물론적인 세계관으로 변해버린 것입니다. 그래서 그는 더 이상 예전의 그가 아니었습니다.

"학기 초에 읽는 커리 주제는 주로 철학과 역사인데 얇고 가벼운 책부터 시작한다. 철학은 「철학 에세이」나 「철학의 기초이론」, 역사는 유시민이 쓴 「내 머리로 생각하는 역사 이야기」 등을 주로 본다. 이런 책들을 보면서 사회문제에 대한 기본적인 시각을 갖추게 된다. 시작은 아주 건전하다. 고등학생 시절까지는 보지 못했던 사회문제들에 대해 깊이 생각해 보는 의미 있는 시간들이다. 이때 따로 권유되는 책들 중의 하나가 「껍데기를 벗고서」 시리즈다. 이 책에는 사회문제의 여러 사례들이 신입생 수준에 맞게끔 정리되어있다. 여기까지는 굳이 운동과 관련한 내용들이 아니다. 이게 끝나면 박세길이 쓴 「다시 쓰는 한국현대사」로 역사 공부를 하고 「한국경제의 뿌리와 열매」로 경제 공부를 한다. 물론 이 책들 외에도 여러 가지가 있지만 이 두 권이 대표적인 커리라고 할 수 있다. 박세길의 책들은 NL 입문서라고 볼 수 있다"(이명준. 「그들은 어떻게 주사파가 되었는가」. 바오, 2012, p.30).

세상을 보는 눈이 바뀌면 사람도 바뀌고 또한 그의 세상이 변하게 됩니다. 주사파가 교회를 적폐라고 부르는 이유는 바로 여기에 있습니다. 세상을 보는 관점이 다르기 때문입니다. 그래서 자신들이 추구하고 세우려는 나라를 방해하는 세력으로 보기 때문입니다.

신천지는 주사파와 매우 유사한 시각으로 교회를 바라보고 있습니다. 지구상에서 없애야 할 적폐로 보는 것입니다. 만일 이것이 사실이라면 신천지의 그 끝은 어디일까요? 공산주의일까요, 아니면 천국일까요? 이것을 그들에게 물어봐야 할 것입니다. 그들이 어떤 대답을 할지를 우리는 들어봐야 합니다.

## 4. 주사파와 유사한 신천지의 전략

1) 신입생 포섭 전략

"학생권 운동가들에게 가장 중요한 사업은 신입생 사업이다. 여기에 학생 운동의 알파와 오메가가 있기 때문이다. 신입생 OT가 다가오면 선배들은 조직적으로 움직인다. 운동가 선배들은 각 조마다 골고루 배치가 된다. 그리고 OT가 끝날 때마다 모여 기간 중에 신입생들의 성향을 총화한다. NL은 총화라는 말을 많이 쓰는데 정보의 교환, 정리, 상담, 보고 등을 통틀어 총화라고 한다. 그리고 OT가 끝나면 단위 운동가들끼리 날을 잡아 제대로 된 총화를 다시 한다. 여기서 논의 되는 것들은 단위 신입생들에 대한 모든 것이라고 보면 된다"(이명준. 「그들은 어떻게 주사파가 되었는가」. 바오, 2012, p.23).

이런 논의의 과정을 통해서 운동원으로서 자질이 보이는 신입생이 선택되면 접근하여 함께 술도 먹고 대화도 하면서 친분관계를 형성하게 되는데 물론 이때에는 사상이나 시국에 대한 노골적인 대화를 삼가합니다.

"학기가 시작되면 선배들은 적극적으로 자신의 동아리에 가입을 하도록 요청하는데 대부분의 신입생들은 선배들의 요청을 거절하지 못하고 동아리에 들 수밖에 없다. 운동권의 운동가들에게 동아리는 핵심 고리이며 산실이기도 한데 그것은 바로 여기서 사상 교육과 인간관계를 굳건하게 할 수 있기 때문이다. 동아리 내에서 이루어지는 운동권의 교육은 주로 혁명의 역사와 자본주의 경제를 비판하는 것들이고 그 내용을 공부하고 토론을 통해서 학습이 이루어진다.

그리고 이러한 과정에서 제일 중요한 행사는 한총련 출범식이다. 한총련 출범식은 2박 3일간 계속되는데 마지막 날의 문화공연은 그들에게 아주 큰 의미가 있다. 총학생회 의장 옹립식은 문화공연의 마지막 날 치러지게 되는데 행사의 클라이맥스의 순간에 한총련의 의장이 무대 위로 오르면 이때 모두가 일어나서 '불패의 한 길 달려온 백만 청년아'로 시작하는 '한총련의 진군가'를 부르며 의장님을 맞이하는데 직접 경험해보지 않고서는 느낄 수 없는 장엄한 장면들이다. 이런 과정을 통해 신입생들을 비롯한 참가단 전체가 의장님을 중심으로 하나 되는 경험을 공유하게 된다"(이명준, 「그들은 어떻게 주사파가 되었는가」, 바오, 2012, pp.33~34).

신천지의 전도방식은 운동권의 신입생 전략과 놀랍도록 닮았습니다. 신천지에서 신도를 택하고, 그에게 접근하여 복음방으로 들어가게 하고, 결국에는 신천지로 들어가게 하는 과정과 크게 다르지 않다는 사실을 발견하게 됩니다. 특히 마지막 문화행사에서 한총련 의장이 등장하는 장면이나 이만희 총회장이 등장하는 모습이 똑같은 구성과 연출인 것도 발견할 수 있습니다. 다른 점이라면 민주화의 투사가 전도의 투사로, 주체사상이 이만희 신격화로 얼굴만 바뀐 게 아닌가 싶을 정도입니다.

## 2) 추수꾼 전도 전략 – 교회 안에 침투하고 포섭하기

추수꾼은 신천지 교리에 따라 신천지 신도라는 신분을 감추고 기성 교회에 들어가서 교회 성도들을 빼내오거나 교회 내에서 세력을 형성해 집단으로 교회에서 탈퇴하게 하는 사람들을 지칭합니다. 저는 처음 추수꾼에 대한 소식을 접했을 때 섬뜩한 느낌을 받았습니다. 우리랑은 다른 부류라는 느낌말입니다. 마치 무장공비가 강원도에 출현했다는 뉴스를 들었을 때와 다르지 않은 느낌이었습니다. 그때는 왜 그런 느낌이 들었는지 잘 몰랐습니다. 그러나 이제는 이해가 됩니다. 그들은 같은 부류이기 때문입니다.

"신천지 측 추수꾼 교육과 관련한 동영상을 필자가 입수한 건 2008년경 이었다. 2006년 7월 말경 신천지 맛디아 지파 제 3회 전국 전도사 하계 수련회에서 박○○ 교관이 '가나안 정복 7단계 추수 전략'이란 주제로 강연한 내용이었다. 이 동영상은 '산 옮기기'보다 좀 더 디테일한 자료다. 산 옮기기 동영상이 교회를 통째로 먹어버리는 신천지 측의 새 수법으로써 큰 충격을 안겨줬다면 이 동영상은 신천지 측이 정통교회 안으로 들어가는 추수꾼 포교전략을 구체적으로 어떻게 하는지를 보여주는 최초의 자료였다는 점에서 당시 큰 충격을 줬다. 특히 '저들은 우리의 밥이다'라며 정통교회를 향해 외치는 부분에 이르면 아연실색하게 된다"(정윤석.「신천지 왜 종교 사기인가?」. 기독교포털뉴스, 2019, p.363).

이 동영상에는 추수꾼 포교법이 소개되는데 이리 옷 가장하기, 정탐하기, 성 돌기, 알곡선정하기, 목자 되기, 정복하기, 추수하기의 순으로 구성되어 있습니다. 만약 지금까지 이 동영상을 보지 않으셨다면 꼭 보셔야 합니다. 왜냐하면 신천지 포교의 핵심을 담고 있기 때문입니다.

추수꾼 포교전략을 살펴보면 이것이 대충 만들어진 것이 아님을 발견하게 됩니다. 예를 들어서 추수꾼들이 처음 교회 안으로 들어가는 단계를 '이리 옷 가장하기'라고 부르는데 가장 대표적인 방법이 '전도당하기'입니다. 일반교회의 행사 특히 총동원 전도 주일 등을 이용해 전도당해서 교회 안으로 들어가는 것입니다. 이렇게 교회로 들어가면 의심받을 일 없이 안전하게 정착할 수 있기 때문입니다. 그런데 이때도 아무에게나 전도를 당하는 것이 아니라 교회에서 입김이 센 장로나 목사와 같은 사람들에게 전도를 당하는 것이 더 좋다고 합니다. 그래야 그들로 인하여 교회에 안착할 때 도움이 되고 그들이 방패막이가 된다는 것입니다. 이런 전략을 몰랐던 교회들은 이들에게 속절없이 당할 수밖에 없었습니다. 그리고 지금도 많은 교회 안에 여전히 추수꾼들이 들어와 암약하고 있음을 잊지 말아야 합니다.

그런데 추수꾼의 사역이 신천지에서 제일 처음 시작된 곳은 어디일까요? 베드로 지파라고 알려져 있습니다. 그렇다면 베드로 지파는 어디서 이 추수꾼 사역을 배운 걸까요? 그들 스스로 공부하여 깨달았다고 믿기가 어렵습니다. 오히려 베드로 지파에서 시작된 추수꾼 전도전략은 북한의 남한 적화통일 전략과 너무나 닮았습니다. 북한에서 간첩을 파송하여 남한의 사람을 포섭해서 교육하고 그 사람을 통해서 반국가적인 일을 하거나 아니면 그를 통해서 다른 사람을 포섭하고 교육하게 만드는 것과 유사합니다.

3) 산 옮기기 전략 – 교회를 통째로 삼키기

신천지의 산 옮기기는 소수의 주사파가 다수를 이기는 전략에서 나왔을 것으로 보입니다. 일반적으로 산 옮기기는 다음과 같은 과정으로 이루어집니다.

"'신천지 측의 산 옮기기 대상은 보통 신도 50명 이하의 소형 교회다. 소형 교회라 해도 조건이 있다. 목회자가 직접 개척한 교회보다는 교회가 세워진 후 다른 목사님이 청빙돼 온 교회를 선호한다. 대표적인 방법은 전도사 자격이 있는 신천지 측 신도가 정통교회의 구직 광고 등 정보를 보고 들어가서 일하겠다고 하는 것이다. 개신교 관계자들에 따르면 '전도사' 추천은 이렇게도 이뤄진다. 교회에 미리 파견돼 활동 중이던 '추수꾼'이 목사에게 가서 '제가 아는 분 중에 전도사님이 있는데요, 아주 대단하신 분이에요. 그런데 요즘 몸이 아파서 쉬다가 이제는 다 회복이 됐어요. 그런데 그 전도사님이 우리 교회에 와서 일하시면 참 좋겠습니다. 게다가 그 전도사님이 사례비도 안 받고 봉사를 하겠대요'라고 말한다는 것이다. 한 신천지 탈퇴자는 '성도로 들어갔을 때 교회의 요직을 차지하기가 쉽지 않아 선교에 애를 먹던 시절이 있었지만 이제 세월이 바뀌었다. 신천지 측 교육을 수료하는 사람 중에 신학생이 많아지고 있다. 이들을 활용해서 한 교회를 통째로 신천지화하는 것이 가능해지고 있다'고 말했다"(문화일보. 2020. 02. 27).

교회 안으로 들어간 추수꾼들이 어느 정도 교회의 상황이 파악이 되면 교회의 문제점과 목사의 문제점에 대해서 이슈를 제기하고 내부 동조자들을 모읍니다. 그리고 어느 정도 숫자가 만들어져서 힘을 가지게 되면 외부의 다른 신천지 신도들을 교회 안으로 불러들입니다. 그렇게 하여 어느 순간에 전력으로 힘을 발휘하여 교회를 넘어뜨리는 것입니다. 그들의 싸움의 목표는 목사와 그 주변의 사람들입니다. 이들만 무너지면 그 다음은 쉽게 교회를 정복하게 됩니다. 왜냐하면 교회 안에 있는 대다수의 중도파들은 이 싸움을 관망하며 구경만 하기 때문입니다. 그래서 신천지 추수꾼들은 중도파에 대해서는 선전 선동 전략으로 혼란하게 만들어 구경하게 하고 교회를 주도하게 됩니다. 이런 방식으로 소수의 추수꾼이 교회를 장악하는 것입니다.

그런데 신천지가 소형 교회가 아니라 대형 교회를 표적으로 삼아서 공격하려 했던 일도 있었습니다.

"서울 ○○ 지역의 대표적 교회 가운데 하나인 ○○교회를 이단 신천지가 장악하려 한다는 주장이 제기돼 파문이 일고 있다. 최근 신천지에서 탈퇴한 신도들이 교회 일부 집사들을 신천지 내부에서 목격했다고 증언하고 나선 것인데, 지목된 당사자들은 교회 갈등 상황에서 주도권을 노린 세력의 음모라고 맞서고 있다.

한국기독교이단상담소 신현욱 전도사, 예장 합신 이단상담연구소 소장 박형택 목사 등은 지난달 21일 기자회견을 열고 이단 신천지 세력이 교회를 상대로 '산 옮기기'를 진행하고 있다고 주장했다. '산 옮기기'란 이단 신천지가 정통 교회에 침투해 통째로 교회를 빼앗는 것을 말한다. 신현욱 전도사는 '○○교회가 위치한 서울 ○○지역은 신천지 야고보 지파가 있는 지역이다'면서 '신천지 야고보 지파 내부에서 최근 교회를 장악했다는 이야기가 들려와 신천지 탈퇴자들을 상대로 확인 작업을 진행했다'고 밝혔다.

신현욱 전도사는 '신천지 야고보 지파에서 탈퇴한 이들 중 여러 사람들이 교회에 신천지가 침투해있다고 분명히 증언하고 있다'면서 '(신천지에 몸담았던) 저의 경험으로 볼 때 이것은 의심의 여지가 없다고 판단이 돼 기자회견을 열었다'고 말했다. 기자회견 이후 신 전도사 등을 통해 증언자들을 만날 수 있었다. 3명의 증언자들은 모두 최근 신천지 야고보 지파에서 탈퇴했다고 자신을 소개했다. 이들은 신천지 야고보 지파가 교회에 신도들을 침투시켰다고 주장했다"(CBS, 2012.11.02).

신천지의 전략은 이렇게 날로 변화되고 있습니다. 앞으로 어떻게 변할지를 예측하기가 어렵습니다. 그래서 이제는 교회도 전략적으로 변화되어야 합니다.

"그 때로부터 내 수하 사람들의 절반은 일하고 절반은 갑옷을 입고 창과 방패와 활을 가졌고 민장은 유다 온 족속의 뒤에 있었으며 성을 건축하는 자와 짐을 나르는 자는 다 각각 한 손으로 일을 하며 한 손에는 병기를 잡았는데 건축하는 자는 각각 허리에 칼을 차고 건축하며 나팔 부는 자는 내 곁에 섰었느니라"(느 4:16-18).

이제는 교회도 느헤미야서의 기록과 같이 한 손에는 삽을 들고 다른 한 손에는 무기를 들어야 합니다. 즉 교회만 개척하고 성장하게 하는 것이 아니라 영적으로 무장하여 이단들과 치열한 싸움을 시작해야 한다는 것입니다.

## 5. 주사파와 유사한 조직

### 1) 신천지 섭외부

신천지에는 교회분만 아니라 어떤 이단에도 없는 오직 신천지에만 존재하는 부서가 있습니다. 그 부서의 이름은 섭외부입니다. 이름만 보면 신천지의 대외 사무를 돕는 섭외 부서로 보입니다. 그러나 신천지의 각 지파마다 있는 이 부서는 북한의 대남공작부와 같은 일들을 합니다. 대남공작부는 대남 간첩에 대한 모든 전략과 조직을 운영하고, 비선들을 감시하고 그들의 정체가 드러났을 때의 대비책들을 강구하는 일을 하는데 바로 신천지의 섭외부에서도 이런 일들을 합니다.

신천지 섭외부는 신천지의 전도 전략과 조직을 운영하고, 신도들을 감시하고 조종할 분만 아니라 교회에 추수꾼을 파송하고 산 옮기기와 같은 전략을 짜고 실행합니다. 분만 아니라 일반교회를 정탐하는 바벨 탐방을 기획하고 관리까지 하고 있습니다.

또한 이 부서에서는 신천지 교인의 신분이 노출됐을 때 구체적으로 어떻게 해야 하는지 등을 가르치고 지시합니다. 부모나 가족들의 반응 강도에 따라서 자해를 하거나 가출을 하거나 심지어는 싸움을 걸어서 맞도록 하고 그 다음에 경찰에 고발하도록 지시하고 조종합니다.

"신천지 교인들이 가족들에게 신천지 교인임이 노출됐을 때 가출, 이혼 등으로 가정이 붕괴하는 경우가 발생하는데 이러한 일들은 개인의 의지에서 비롯된 것이 아닌 신천지 내부에서 발각이 됐을 경우의 대처 방식이 있다는 것이다. 특정한 행동을 지시하는 신천지 '섭외부' 팀이 존재했다. 가출, 폭력, 자해 등이 이들의 지시에 의해 이뤄진다는 것이다"(뉴스1, 2020. 3. 19).

〈사례〉

"사랑하는 아내와 자녀 둘, 단란한 가정을 꾸려갔던 박찬주(가명) 씨는 7년 전 처제로부터 아내가 신천지에 다니는 것 같다는 이야기를 전해 들었다. 정통 교회에서 신앙생활을 하던 박 씨는 아내와의 대화에서 다시는 신천지에 가지 않겠다는 확답을 받았다. 하지만 6개월 뒤 교회 목사님을 통해 아내가 여전히 신천지 생활을 하고 있단 사실을 알게 됐다. 박 씨는 '두 번째로 발각된 이후, 분노가 치밀었고, 아내를 설득하는 과정에서 몸싸움도 일어났다'며 '그 때 신천지 측에서 경찰에 신고를 했고 아내를 데려갔다'고 회상했다. 보름 뒤 그녀는 '신천지 활동을 간섭하면 이혼하겠다', '이를 어길 시 이혼하고 양육·재산권을 가져가겠다'는 등 7~8가지 항목의 각서를 박 씨에게 건넸다. 각서를 써야만 집에 들어오겠다는 아내를 두고 박 씨는 가정을 지키기 위해 서명할 수밖에 없었다. 당시 이들 부부의 자녀는 1살과 3살로 엄마의 손길이 한창 필요한 때였다"(차진환. "각서에서 이혼까지…신천지, 가정불화 조장." 데일리 굿뉴스. 2020년 4월 17일).

섭외부에서는 신천지 신도가 이단 상담소에 가게 될 경우를 대비하여 이단 상담소에 가면 어떻게 해야 하는가 행동요령을 숙지하게 하고 예행연습까지 시키며 특별히 관리합니다. 그래서 신분이 드러나서 부모들이 이단 상담소에 끌고 가려고 하면 수단과 방법을 가리지 말고 반항하라고 합니다. 힘으로 안 되면 창밖으로 몸을 던져서라도 거부하라는 것입니다. 섭외부는 혹시 모를 일을 대비하기 위해서 신변보호 요청서와 실종신고 청원서 위임장을 미리 쓰게 하고 본인의 영상까지 찍어서 관리하고 있습니다. 그래서 신천지 신도가 연락이 되지 않으면 바로 경찰서에 가서 실종신고를 하고 연락망을 가동하여 결국에는 찾아서 데리고 가는 것도 바로 이들이 하는 일들입니다.

이렇게 놀랍고 치밀한 부서가 신천지 내에 존재한다는 사실은 무엇을 의미하는 걸까요? 이들이 일반 종교인이 아니라는 증거입니다. 종교의 탈을 쓴 범죄조직이 아니라면 존재할 수가 없는 부서입니다.

## 2) 전도 특전대

　신천지에는 섭외부와 함께 존재하는 특별한 조직이 있습니다. 전도특전대라고 불리는 조직입니다. 이들은 종일 전도를 하는 조직인데 '전특'이라고도 부릅니다. 전특들은 1~3개월 정도 오전 6시부터 오후 11~12시까지 개인적으로 또는 팀으로 움직이며 전도에 전념합니다.

　전특 대원이 되려면 스스로 자원하는 사람도 있지만 대부분은 구역장 추천을 받은 주로 외모가 깔끔한 사람들로 선발이 됩니다. 전특들은 소위 빡빡한 정신교육과 전도훈련을 받고 현장에 투입이 됩니다. 전특들에게 주어진 전도 할당량은 하루에 한 명 이상 전화번호를 받아오는 것입니다. 전특들이 대상자와 접촉하는 건 '찾기', 전화번호 등을 받는 건 '따기'라고 하는데 이 용어들은 원래 소매치기들이 사용하는 단어들입니다.

　그런데 하루에 한 명 전화번호를 받는 것이 예상보다 쉽지 않습니다. 왜냐하면 이미 선배 전특들이 다 쓸고 지나간 지역들이라 이삭줍기를 해야 하는데 그것도 전략이 많이 드러난 상태이기 때문에 어려울 수밖에 없습니다. 그리고 전특들은 하루의 할당량을 채우지 못하면 벌칙을 받거나 벌금을 내야 하기 때문에 새벽부터 죽기 살기로 뛰어 다닐 수밖에 없습니다. 할당량을 채우지 못한 전특들에게는 지파장으로부터 언제, 어디로 오라는 문자 메시지가 날아옵니다. 그곳으로 가면 지파장에게 3~4시간 동안 여러 가지 종류의 얼차려를 받습니다. 그럼에도 전특들은 이같은 벌칙들을 묵묵하게 숙명처럼 받아들입니다.

　이렇게까지 하는 이유는 무엇일까요? 남보다 먼저 144,000의 수에 들어가려는 것입니다. 그래서 영계의 순교자의 영혼들과 신인합일하여 제사장이 되고 왕이 되어 영원히 살고자 하는 목적 때문입니다. 그래서 죽기 살기로 전도에 올인하는 겁니다.

　〈탈퇴자 간증〉

　"광주역에서의 두 달은 정말 죽을 것 같이 힘들고 괴로운 나날이었습니다. 하루에 40~50개의 성구를 외워야 했고 전도 특공대 교재 설명을 들고 그날그날 2~3과씩 외우고 완벽히 스피치할 수 있어야 했습니다. 그것을 소화하지 못하면 그 다음날 어김없이 한두 시간의 얼차려를 받았습니다. 얼차려를 받는 것은 나이와 전혀 상관이 없었습니다. 전도특공대에는 청년들만 있는 것이 아니었습니다. 40~50대 되는 집사님들도 계셨지만 성적이 나쁘면 청년들과 함께 한두 시간을 똑같이 얼차려를 받았던, 그곳은 말 그대로 군대였습니다. 그래서 언젠가는 이웃의 신고로 경찰이 찾아온 적도 있었습니다.

저는 얼차려를 받지 않기 위해서 열심히 공부했고 하루에 많이 자면 1시간, 평균 30~40분을 자면서 공부해 그 결과 얼차려를 거의 받지 않았습니다. 강사는 잠을 자라고 하면서도 밤이 되면 저희가 공부하는 곳에 와서 저희를 체크해 갔고, 그 때문에 저희는 더욱 잠을 잘 수가 없었습니다. 수요예배와 주일예배 때 졸게 되었으며, 항상 강사에게 '예배 때 졸지 말라'는 질책과 정신교육을 받게 되었습니다. 저희가 해이해질 것 같으면 지파장이 와서 정신교육을 했고, 교육 때마다 조는 저희를 보고 신천지 측에서는 116명의 전도특공대원 모두에게 영양제를 놔주었습니다.

그렇게 두 달의 시간은 흘러갔고 잠을 자지 못함으로 간이 붓고 온몸이 붓게 되었습니다. 교육이 끝나고 저는 50명의 다른 대원들과 실전교육을 위해 군산으로 보내졌습니다. 거기에서도 비슷한 생활은 이어졌습니다. 저는 전체 서기 일을 맡았고, 60명에 대한 섭외자 600명가량의 리스트를 정리하면서 또다시 밤을 새우면서 컴퓨터 앞에 앉아 있어야 했습니다. 그러다 일이 많아지자 서기 일을 분배하여 각 조별로 서기를 두었지만, 늘어나는 섭외자들을 정리하는 일은 여전히 많았습니다. 여전히 하루에 1시간 정도를 자면서 섭외자를 확보하기 위해 군산 시내 곳곳을 돌아다녔습니다. 하루 종일 구두를 신고 걸어 다니다 밤에 복귀를 하면 다리는 부어있었고, 몸에 힘이 하나도 없었습니다. 그리고 잠을 못자서 얼굴색은 점점 어두워져만 갔습니다. 두 주 정도 그렇게 살다보니 몸이 적응을 했고 정신력으로 버티다 보니 살만했습니다. 그리고 토요일은 해이해진 정신을 바로잡아야 한다는 명목 하에 새벽 6시에 근처 학교 운동장에 가서 1~2시간씩 정신훈련을 받았습니다"(안산 상록교회 신천지 전특 체험자 간증).

지금도 우리의 아이들이 신천지에 속아서 길거리에서 뛰고 있습니다. 이들이 처한 상황들을 이해해야 합니다. 그러니 이들을 마냥 미워할 수 없습니다. 어떤 대가를 치르고서라도 이들을 그곳에서 빼내야 합니다. 신천지에서 개인으로 이들을 빼내는 일은 너무나 힘들고 어렵습니다. 그래서 신천지가 법적으로 제재를 받을 수 있도록 끊임없이 민원과 할 수 있는 모든 자원을 동원해야 합니다.

북한에도 신천지의 전도특전대와 유사한 집단이 있습니다. 돌격대입니다. 북한의 돌격대는 주로 20~30대의 청년층으로 구성된 준군사집단인데 주로 국가건설에 동원됩니다. 돌격대의 목표는 "당과 수령을 정치 사상적으로, 목숨으로 옹호보위하며 수령이 내놓은 혁명사상과 그 구현인 당 정책을 무조건 옹호, 관철하기 위하여 몸 바쳐 투쟁해나가는 혁명적이며 전투적인 대오"라고 명시되어있습니다. 돌격대의 목표를 신천지의 언어로 번역하면 다음과 같이 되지 않을까요?

"우리의 목표는 신천지와 이만희 교주를 교리적으로 목숨으로 옹호보위하며 이만희가 내놓은 신인합일 사상과 그 구현인 144,000명의 제사장 나라를 관철하게 위해서 몸 바쳐 헌신하는 것이다."

신천지 전특 대원들은 자신들이 목표로 하는 육체영생 구원이 완전히 거짓임을 알게 되는 순간 어떤 느낌이 들까요? 그리고 만약 어떤 순간에 그것을 집단적으로 깨닫게 되면 어떻게 될까요? 미국의 인민사원에서 일어난 집단 자살은 아닐지라도 엄청난 사회적인 문제가 발생하게 될 것입니다. 그래서 한국교회는 이만희 교주의 사후를 예의 주시하고 그 이후를 대비하고 있어야 합니다.

# 3장.
## 신천지의 교리
## - 교주 신격화 프로세스

신천지 세뇌의 핵심은 이만희 교주의 신격화입니다. 신천지의 집회에서 이만희 교주가 등장하면 다음과 같은 멘트가 나옵니다.

"오늘날 약속의 목자이며 이 시대의 구원자이자 만유의 대주재이신 이만희 총회장님을 소개합니다."

그러면 신자들은 환호하고 우레와 같은 박수를 치면서 그를 맞이합니다. 최소한 그들의 세계에서는 이만희 교주는 신이 되어있습니다.

이만희 교주는 자신이 하나님의 말씀을 대언한다고 하지만 사실은 이만희 교주의 말이 하나님의 말이라는 의미입니다. 그래서 신천지에서는 이만희 교주는 절대의 '갑'이 되고 신도들은 절대적인 '을'의 관계가 형성이 됩니다. 바로 이것이 세뇌의 핵심 요소입니다.

신천지에서는 새 신도에게 처음부터 이만희 교주를 이 시대의 구원자라고 가르치지 않습니다. 그렇지만 그들의 교육 과정을 따라가면 결국에는 이만희 교주가 구원자로 하나님의 영을 받은 대리인으로 등장을 하게 됩니다. 그렇다면 신천지는 어떻게 이런 신격화 작업을 해나가는 걸까요?

## 1. 이만희 교주 약력 (2007년 신천지교회 홈페이지 참고)

본인의 신앙적인 약력을 간단히 말하면 아래와 같습니다.

---

| | |
|---|---|
| 1931. 9. 15. | 경북 청도군 풍각면 현리동에서 출생 |
| 1948. | 서울 침례교 외국 선교사에게 믿음 없이 침례를 받음 |
| 1957. | 고향 땅 야외에서 성령으로부터 환상과 이적과 계시에 따라 전도관에 입교 |
| 1967. | 성령의 계시에 이끌려 경기도 과천시 소재 장막성전에 입교 |
| 1980~1983. | 계시록 1장 17~20절과 같이 예수님께 안수 받고 일곱 교회에 편지하였으며 장막성전에 침노한 니골라당과 싸워 이김 |
| 1984. 3. 14. | 하나님의 뜻과 계시에 따라(출 25장의 모세와 같이) 신천지 예수교 증거장막성전을 창설하고 새 이스라엘(이긴 자) 12지파를 창설함 |

---

이만희 교주의 약력을 살펴보면 이단의 교주와 확연하게 구별되는 부분이 있습니다. 그것은 이만희 교주에게는 특별한 은사와 능력이 나타났다는 기록이 없다는 것입니다. 박태선·문선명 교주와 같이 사람들의 병을 치유했다거나 예언적인 능력으로 앞으로 일어날 일들을 예언했다거나 하는 사실이 없습니다. 대부분의 신천지인들이 알지 못하지만 이만희 교주가 미리 예언한 일들이 빗나간 사실들이 있습니다. 그 대표적인 사건은 대통령 당선 예언으로, 이만희 교주가 자신의 종친임을 강조하며 모 정당의 유력 후보가 틀림없이 당선될 것이라고 꿈 이야기까지 하며 당선을 호언장담했는데 그 예언이 빗나가서 전국

적으로 적지 않은 후유증이 나타났고 그것을 정리하느라고 지파장들이 혼쭐이 났다는 것입니다.

이만희 교주의 약력에서 나타나는 특징은 여러 이단들을 전전하며 배웠다는 것뿐입니다. 그리고 그곳에서도 탁월하게 인정을 받은 적도 없습니다. 그러니까 이만희 교주는 평범한 사람이었던 것입니다. 그렇다면 이만희 교주는 어떻게 교주의 자리에 올랐으며, 어떻게 신격화될 수가 있었을까요? 그 비결은 거짓된 가르침 즉 세뇌에 있습니다. 가짜를 진짜로 믿게 하는 것 그리고 평범한 사람을 신으로 믿게 하는 방법을 사용한 것입니다.

## 2. 이만희 교주의 신비체험 간증

이만희 교주의 신격화 작업은 그가 경험한 신비체험을 소개함으로써 시작됩니다. 신비체험과 같은 이런 종류의 간증은 대부분의 이단 교주들의 단골 레퍼토리입니다. 자신은 특별한 사람이기 때문에 특별한 경험을 할 수 있었다는 겁니다. 그런데 간증이란, 개인적이고 주관적이라서 객관적으로 확인할 방법이 없다는 맹점이 있습니다. 그래서 이단의 교주들이 자주 애용하는 것입니다.

신천지인들은 이만희 교주의 신비체험을 어떻게 받아들이고 있을까요? 어떤 신천지인의 이만희 교주에 대한 글에서 그들의 입장을 짐작할 수 있습니다. "먼저 신천지 예수교 증거장막성전 대표 이만희의 신앙에 대해 밝힌다. 이 대표는 우리나라 5백 년 역사를 이어 온 왕가의 자손으로서, 시골 가난한 농가에서 1931년 9월 15일에 태어났다. 이름은 할아버지가 태몽에 의해 미리 지어 두었다가 출생 후 부르게 되었으니, 완전한 빛이라 하여 만희萬熙 라 하였다. 신앙은 어린 시절부터 할아버지와 함께 기도하며 시작하였고, 그 후 아침, 저녁에 주일은 높은 산상에서 기도하는 습관이 생겼다. 그러나 교회에는 간 적이 없었다. 어느 날 기도하는데, 자주 보아 온 그 '큰 별'이 하늘 저 위에서 왔으며, 3일간 계속 보였다.

그리고 영인을 만나 산상에서 충성을 맹세하는 혈서를 쓰고, 교회에 찾아가 신앙을 하게 되었다.

그는 교회 신앙을 하는 중 목사들의 패역함도 보았고, 성도들의 충성스러운 노력도 보고 기도들도 들었다. 그리고 신앙의 모진 풍파도 겪어왔다. 무일푼 거지 신세가 되어보기도 했다. 어느 날 동북 방향의 구름 속에서 오시는 주님을 만났고, 그 음성을 듣고 지시하신 곳인 첫 장막으로 다시 가 지시대로 편지하라는 말씀대로 회개하라는 내용의 편지도 보냈고, 신약 계시록이 성취되는 것도 보았으며, 계시의 말씀인 열린 책도 받았다. 상상을 초월하는 일들이었다. 그가 보고 들은 것을 증거하기에는 당시로는 너무나 어렵고 벅찬 일이었다. 그리고 증거를 해도 듣고 믿는 자가 많지 않았다. 그 와중에도 지시에 따라 전국에 성경대로 열두 지파를 창설하였다. 그리고 공부를 체계적으로 할 수 있는 무료 신학센터를 전국에 세웠다. 이후 많은 성도들이 계시 말씀을 공부하기 위해 몰려오게 되었다(중략)"(네이버 지식인 답변 참고, https://kin.naver.com/qna/detail.nhn?d1id=6&dirId=60906&docId=159754368&qb=7J2066eM7Z2s7JSoIOqwgOyhseydgCDslrTrlrvqsowg65CY64KY7JqU&enc=utf8&section=kin&rank=1&search_sort=0&spq=0 2010.12.10).

이 글은 이만희 교주가 간증한 내용을 누군가 요약해서 네이버 지식인에 올린 것입니다. 그런데 익명의 신도가 이 글을 당당하게 인터넷에 올린 이유는 무엇일까요? 그것은 그가 이것을 사실로 믿기 때문입니다. 이것이 문제입니다. 그가 이 사실을 믿는 한 이만희 교주는 그에게 구세주요 보혜사가 됩니다. 그래서 주변에서 아무리 이만희가 가짜이며 거짓말을 하는 거라고 해도 그들의 말을 믿지 않게 됩니다.

이만희 교주의 이야기는 북한 김일성을 신격화하기 위해서 만든 이야기와 다르지 않습니다. 김일성이 항일 빨치산 활동을 할 때 일본군에게 쫓겨 일엽편주를 타고 강을 건넌 이야기와 그가 던진 솔방울이 수류탄이 되어 일본군들을 물리쳤다는 이야기를 북한 아이들은 실제로 믿습니다. 왜냐하면, 어린 시절부터 누누이 들어서 세뇌되었기 때문입니다. 마찬가지로 신천지인들도 이 이야기를 지속적으로 들었고 세뇌되어 이제는 진짜로 믿고 받아들입니다. 이것이 신천지의 현실입니다.

그런데 이만희 교주의 이런 약점을 알고 있는 어떤 분이 네이버의 지식인에 다음과 같은 글을 올렸습니다.

"신천지 분들은 답변 부탁해요. 이만희 총회장이 많은 기적을 이루었다는데 그게 구체적으로 무엇인지를 객관적으로 보아도 '아, 그렇구나!' 이해할 수 있는 답변 부탁해요."

그리고 이 질문에 대해서 신천지의 한 신도가 대답을 다음과 같이 올렸습니다.

"사랑하고 ♥축복합니다.^^* 전 신천지 예수교 증거장막성전의 한 성도입니다. 그럼 지금부터 설명해 드릴께요.^^* 지금 이 시대는 신약의 예언의 집결체인 요한계시록이 이루어져 진리의 성읍인 저희 신천지에서 그 실상을 육하원칙에 맞게 그 이루어진 시대의 사진, 잡지, 기사, 신문 등으로 정확하게 전하고 있는 시대, 즉 고린도전서 13장 10절의 '온전한 것이 올 때'이므로 예언도 폐하고 방언도 그치는 은사의 폐막 시대입니다(고전 13:8).^^* 그렇기 때문에 은사들이 일어난다면 오히려 그 사람에게 하나님과 예수님의 영이 함께하지 않는다는 것을 증명하는 것이겠죠?

또한 '악한 자의 임함은 사단의 역사를 따라 모든 능력과 표적과 거짓 기적과 불의의 모든 속임으로 진리의 사랑을 받지 아니하는 사람들에게 임한다'(살전 2:9-10)라고 성경에 나오기 때문에 이 시대에 표적, 기적 등이 일어난다면 그곳은 진리의 사랑을 받지 아니하는 사람들의 단체라는 것을 증명하는 것입니다"(https://kin.naver.com/qna/detail.nhn?d1id=6&dirId=60906&docId=154847688&qb=7Iug7LKc7KeA67aE65OkIO

uLteuzgCDrtoDtg4HtlbTsmpQ=&enc=utf8&section=kin&rank=2&search_sort=0&spq=0  2012. 07. 17).

이 질문에 대한 응답을 통해서 신천지가 자신들의 교주의 약점이 무엇이며 어떻게 반박해야 하는지에 대해서 정확하게 알고 있다는 사실을 발견하게 됩니다. 그리고 다른 대부분의 논쟁거리들에 대해서도 논증 훈련이 되어있습니다. 그렇기 때문에 신천지에 대해서 적당하게 알고 그들과 논쟁하려고 해서는 안 됩니다. 그들의 교리적인 약점이 무엇인지를 정확하게 알고 그 부분을 찌르고 들어가야 합니다. 그렇지 않으면 오히려 반격만 받게 될 것입니다.

## 3. 빛의 성지 청도 전시장

대구에서 '빛의 성지 청도'를 주제로 전시회를 했습니다. 그런데 이곳은 신천지 신도가 아닌 일반인들은 입장하지 못했다고 합니다. 왜냐하면 이곳은 주로 이만희 교주를 신격화하고 그의 업적(?)을 홍보하는 곳이기 때문입니다. 이곳은 전국의 신천지 지파들에서 선발된 인원이나 외국에서 한국을 찾아온 신천지인들이 견학하는 장소로 이용이 되었습니다(https://blog.naver.com/parkillsoung/221599158953 2019. 7. 29).

그런데 신천지에서 이만희 교주를 신격화하기 위해서 그가 태어난 청도의 유래까지 조작하고 있습니다. 그들이 역사를 어떻게 조작하는지 그 내용을 보면 어처구니가 없습니다.

"특히 '청도 이서면'이라는 지명은 2,000년 전 고대국가 '이서국'에서 유래됐는데, 예수의 열두 제자 중 하나였던 도마가 서기 42년 실크로드를 따라 사로국(신라)에 가던 길목에서 이서국 즉 지금의 청도 땅까지 이르러 복음을 전파했다고 전해져 '동양의 이스라엘'이라고도 일컬어진다. 또 청도는 역사적으로 외부 침략이 없었던 대한민국에서 가장 안전한 땅으로, 나라의 중요 문서가 보관된 문서고가 있는 등 천연의 요새로 알려졌다. 이만희 총회장은 1931년 이곳 청도에서 태어났다. 그는 이곳에서 천인을 만나 지시를 따라 과천 장막성전으로 갔으며 이후 신천지예수교회를 창립했다"(http://www.ksmnews.co.kr/default/index_view_page.php?idx=223954 2018. 10. 26).

신천지 일부 블러그에는 한술 더 떠서 이서국의 유래를 다음과 같이 설명합니다.

"그렇다면 이서국에 대해 '용맹'을 빼고는 설명할 길이 없을까. 여기서 흥미로운 사실을 발견했다. 바로 이서국이 고조선의 정신과 문화를 그대로 이어받은, 천제를 지내는 '제사장 국가'라는 것이다. 이처럼 고조선의 명맥을 이어온 것과 달리 실크로드를 타고 건너온 이스라엘인들을 중심으로 하여 만들어진 부족국가가 이서국이라는 설도 있다. 다시 말해 이서국이 이스라엘을 뜻한다는 것이다.

　이와 관련해 조국현 도마(Thomas)박물관장은 '(이서국은) 유대 디아스포라 마을을 지칭하는 이름이다. 즉, 동양의 이스라엘(저 서쪽의 국가, 伊西國)인 셈'이라며 '이서국이 실크로드 지역 중 하나'라고 주장했다. 조 관장의 말에 '어?'라고 하며 고개가 절로 갸우뚱거리지만 동시대에 만들고 사용한 것으로 추정된 경북 경주의 옛 무덤에서 나온 '터키 이스탄불제의 유리잔(로만글라스)'이라든지, 역시 경주에서 발굴된 '이스라엘제 유리잔' 등을 보면 2000여 년 전 한(韓)인들이 외국과 활발한 교류를 펼쳤음을 알 수 있다. 조 관장은 '김해와 청도, 경주를 중심으로 유대인 상인이 중심 세력이 된 부족국가가 생겨났다'며 '청도지역은 동양의 이스라엘이라고 하여 이서국이라고 하고 평야가 좋은 경주는 이스라엘의 샤론평야를 뜻해 사로국이라고 불렸다'고 덧붙였다"(https://cafe.naver.com/lovenewscj/873 2013.10.25.).

이만희 교주의 탄생지를 성지화하는 것은 앞선 다른 이단 교주들과 다를 바가 없지만 신천지에서는 역사까지 조작하여 이만의 교주의 신격화를 공고히 하려고 하는 모습을 보면서 이들은 이만희 교주를 위해서는 어떤 일도 할 수 있는 조직이구나 하는 것을 새삼 깨닫게 됩니다.

그런데 이만희 교주가 장막성전의 유재열 교주를 배도자로 몰았던 것과 같이 이만희 교주 사후에 누군가가 그를 길 인도자나 배도자로 몰게 된다면 빛의 성지 청도 전시장은 그때는 어떤 모습일지 궁금합니다. 그리고 과천이 신천지의 실상의 땅이라고 하면서 왜 청도를 자랑하는지도 의문입니다. 이것은 이만희 교주가 아직도 육의 특성을 다 벗지 못했다는 증거이기도 합니다.

## 4. 하나님 만드는 공식

한국기독교이단상담소협회의 대표회장인 진용식 목사는 이단들이 하나님 만드는 교리 즉 신격화 공식이 있다고 말합니다. 천부교의 박태선이나 통일교의 문선명이나 기독교복음선교회의 정명석이나 하나님의교회의 안상홍이나 천국복음회의 구인회 등이 공통적으로 이용하는 교리들이기도 합니다(다음 내용은 진용식 목사의 이단상담사 전문교육 아카데미 강의교재 이단 기독교 상담소 협회 p. 8~9에 나오는 내용입니다).

첫째는 동방의 의인론입니다. 한국 출신의 이단 교주들은 성경(사 41:2, 46:11)에 나오는 동방이 대한민국이라고 공통적으로 주장합니다. 그들이 이렇게 주장하는 이유는 무엇일까요? 한국 땅이 동방이 되어야 한국 땅에 태어난 교주가 성경이 말씀하신 동방의 의인이 되기 때문입니다.

그런데 중국의 이단 동방번개는 중국이 동방이라고 주장합니다. 그리고 자신들의 교주가 동방의 의인이며 이 시대의 구원자라고 합니다. 그렇다면 진짜 동방은 어디일까요? 중국일까요, 한국일까요? 아니면 일본일까요? 성경에서는 동방을 다음과 같이 설명합니다. 성경에서 가장 처음 나오는 동방은 에덴 동산입니다. "여호와 하나님이 동방의 에덴에 동산을 창설하시고 그 지으신 사람을 거기 두시니라"(창 2:8). 그리고 시날 땅을 동방이라고도 했습니다. "이에 그들이 동방으로 옮기다가 시날 평지를 만나 거기 거류하며"(창 11:2). 여호수아 시대에는 "또 동방 아라바 긴네롯 바다까지이며 또 동방 아라바의 바다 곧 염해의 벧여시못으로 통한 길까지와 남쪽으로 비스가 산기슭까지이며"(수 12:3)라고 설명하고 있습니다. 그러니까 성경의 동방은 약속의 땅을 중심으로 해서 동쪽은 동방, 서쪽은 서방, 남쪽은 남방, 북쪽은 북방으로 지칭을 한 것입니다. 따라서 동방은 우리나라와 아무런 관계가 없음에도 불구하고 성경을 오역해 버린 것입니다.

둘째는 삼시대론입니다. 이단들은 성경의 시대를 세 시대로 나눕니다. 구약·신약·종말 시대로 나누거나 구약·신약·계시록 시대로 나눕니다. 이들이 이렇게 세 시대로 나누는 것은 구약과 신약 시대 이후 새로운 시대가 있고 그 시대의 새로운 복음이 필요하다는 논리를 세우기 위한 것입니다. 즉 지금은 그리스도의 시대는 지나갔고 새로운 시대가 됐으니 새로운 복음과 새로운 구원자가 나타나야 한다고 합니다. 그 구원자는 물론 교주 자신을 말합니다.

셋째는 시대별 구원자론인데 삼시대론의 교리와 연관이 있는 교리입니다. 각 시대마다 하나님께서 그 시대의 구원자를 세우셨다는 겁니다. 아담 시대는 아담이, 노아 시대에는 노아가, 모세 시대에는 모세가, 예수님 시대에는 예수님이 구원자였다는 것입니다. 그리고 그 시대의 구원자를 믿어야 구원을 받았듯이 말세에는 예수님의 사명을 대신하는 이 시대의 목자, 구원자가 따로 있고 그를 믿어야 구원을 받는다고 합니다. 이 교리를 통해 교주들이 이 시대의 구원자, 나아가 재림주로 둔갑하게 됩니다.

넷째는 재림론입니다. 초림 예수와 동일한 방법으로 재림 예수가 온다는 것입니다. 즉 초림 예수가 사람의 몸을 입고 왔듯이 재림 예수도 여자의 몸을 통해 태어난다는 것인데 이렇게 함으로써 교주가 재림 예수가 되는 발판을 마련하는 것입니다. 그렇지 않고 성경대로 구름을 타고 오신다고 하면 교주가 재림 예수가 될 수 없습니다. 구름을 탈 재주가 없기 때문입니다. 그리고 이 교리에는 '초림예수 실패론'이 추가되기도 합니다. 초림하신 예수가 서기관과 바리새인들의 모함을 받아 십자가에 못 박혀 죽으심으로 자신의 사명을 다하지 못했기에 예수의 사명을 마무리하기 위하여 인간의 몸을 입고 온 새로운 교주가 남은 사명을 완수한다는 것입니다.

다섯째는 다른 보혜사론입니다. 보혜사이신 예수께서 인간이셨듯이 예수님이 보낸다고 하신 또 다른 보혜사도 인간이라는 교리입니다.

"내가 아버지께로부터 너희에게 보낼 보혜사 곧 아버지께로부터 나오시는 진리의 성령이 오실 때에 그가 나를 증언하실 것이요"(요 15:26).

이만희 교주는 처음에는 자신이 삼위 중의 하나인 보혜사라고 주장했다가 지금은 말을 바꿔서 보혜사의 영이 자신에게 임했기 때문에 자신이 보혜사라고 주장합니다.

신천지의 교리들을 살펴보면 위에서 설명한 하나님 만드는 교리의 공식을 충실하게 따르고 있음을 발견하게 됩니다. 그런데 이 공식들이 철저하게 논리적인 구조를 가지고 있음에 유의해야 합니다. 거짓이라 할지라도 논리적이면 그것을 진실로 받아들이게 되는 것이 사람의 심리이기 때문입니다. 따라서 논리 이전에 바른 진리교육의 중요성을 새삼 인식하게 됩니다.

## 5. 이만희 교주를 지칭하는 명칭들

신천지에서 신격화의 정점은 교주 이만희의 명칭들에서 나타납니다. 이만희 교주를 보혜사, 대언자, 이긴 자, 두 증인, 두 감람나무, 사도요한 격 목자, 새 요한, 참 목자, 사명자, 백마 탄 자, 동방의 의인, 만유의 주재, 구원자, 그리스도, 새 예루살렘, 철장으로 만국을 다스릴 아이, 새 이름, 삼위일체, 생명나무, 충신과 진리, 기름 파는 자, 밀 한 되, 첫째 나팔, 첫째 대접 등으로 소개합니다.

신천지는 이만희 교주를 왜 이렇게 많은 이름으로 지칭하는 걸까요? 거기에는 고도로 숨겨진 의도가 있습니다. 그것은 모든 성경은 이만희 교주와 연관된 것이고 그를 설명하기 위해서 기록되었다고 말하려는 겁니다. 결론적으로 이만희 교주를 모르면 성경을 제대로 알지 못한다는 것입니다. 그래서 신천지는 이만희 교주를 계시록에 예언한 실상의 인물이라고 소개합니다.

신천지가 당면한 가장 큰 문제는 이만희 교주가 죽을 날이 가까이 왔다는 점입니다. 노쇠의 기미가 갈수록 짙어지고 있고 조만간에 죽을 것이 분명합니다. 그런데 많은 신천지인들은 이만희 교주가 죽을 것이라고 믿지 않습니다. 그 이유는 이만희 교주에게 재림예수의 영이 임했다고 믿기 때문입니다. 이것은 신천지가 주장하는 영육합일의 교리이기도 하고 또한 첫째 부활의 조건이기도 합니다. 그래서 부활한 사람이 다시 죽는다는 것은 신천지가 좋아하는 육하원칙에도 맞지 않습니다.

그러나 신천지인들이 믿든지 말든지 이만희 교주는 죽을 것입니다. 그런데 그가 죽으면 구원자도 죽고, 보혜사도 죽고, 대언자도 죽고, 이긴 자도 죽고, 두 증인도 죽고 위에 거명된 모든 이름들이 죽게 됩니다. 이 얼마나 어이가 없는 일입니까?

그래서 신천지는 이만희 교주의 사후를 대비해서 여러 가지 안배들을 하고 있다고 합니다. 그 중 하나는 교리를 고쳐 이만희의 사후를 대비하는 것입니다. 이만희 교주를 모세의 입장으로 설명하고 여호수아 교리를 첨가하기 시작했습니다. 이만희 교주 사후에 신천지의 누군가가 여호수아의 입장으로 신천지를 이끌어가려는 것입니다.

신천지가 이런 작업을 한다는 것은 신천지의 지도부가 자신들의 육체영생 교리가 거짓인 줄 알고 있다는 것입니다. 그런데 왜 신천지를 포기하지 않는 것일까요? 그 이유는 세뇌가 되면 거짓인 줄 알아도 스스로 그것에서 풀려나지 못하기 때문입니다. 다시 말씀을 드립니다. 세뇌가 된 사람은 스스로 풀려나지 못합니다. 그 대신에 어떻게 해서든지 그 안에서 살아남으려고 합니다. 이것이 세뇌의 아이러니입니다. 그래서 누군가가 그 멍에를 깨뜨리고 사슬을 풀어주어야 하는 것입니다.

"주 여호와의 영이 내게 내리셨으니 이는 여호와께서 내게 기름을 부으사 가난한 자에게 아름다운 소식을 전하게 하려 하심이라 나를 보내사 마음이 상한 자를 고치며 포로된 자에게 자유를, 갇힌 자에게 놓임을 선포하며 여호와의 은혜의 해와 우리 하나님의 보복의 날을 선포하여 모든 슬픈 자를 위로하되 무릇 시온에서 슬퍼하는 자에게 화관을 주어 그 재를 대신하며 기쁨의 기름으로 그 슬픔을 대신하며 찬송의 옷으로 그 근심을 대신하시고 그들이 의의 나무 곧 여호와께서 심으신 그 영광을 나타낼 자라 일컬음을 받게 하려 하심이라"(사 61:1-3).

이상에서 살펴본 바와 같이 신천지는 세뇌의 세 가지 축– 다단계적인 조직과 주사파의 전략과 신격화 프로세스–으로 무장된 단체임을 알 수 있습니다. 신천지는 이전에 등장한 이단들과 비교할 수 없는 전략적으로 훈련된 단체입니다. 그렇기 때문에 교회는 이전에 대하던 이단 대처의 방식에서 벗어나야 합니다. 이들이 전략적으로 치밀하게 준비가 되어있다면 우리도 전략적으로 준비가 되어있어야 합니다.

2부

신천지에서 사용하는
세뇌기법

# 2부

# 신천지에서 사용하는
# 세뇌기법

    신천지들이 사용하는 세뇌기법은 아마추어 수준이 아니라 전문적인 훈련을 받은 프로들의 수준입니다. 처음부터 전문적인 수준이 아니었다고 해도 37년을 지나오는 동안 그들의 수법은 세분화, 전문화가 되었습니다.

    인기 마술사 최현우 씨가 신천지 사태와 연관하여 유튜브 영상을 올렸습니다. 그가 영상을 올리게 된 동기는 자신이 본 신천지의 세뇌 방식이 아주 위험한 것임을 알리기 위해서라고 했습니다. 마술사들도 공연을 위해서 가벼운 최면과 세뇌의 방식을 사용합니다. 그래서 관객들이 어떤 답을 말할지를 유추하거나 트릭을 사용할 때 청중들이 알아보지 못하게 하는 것입니다.

    그런데 그가 본 신천지의 세뇌 방식은 아주 위험한 방식 즉 사람을 제압하고 조종하기 위한 악질적인 세뇌 방식이었던 것입니다. 그가 신천지에서 발견한 세뇌의 방식은 다섯 가지입니다.

    먼저 핫 리딩입니다. 핫 리딩은 콜드 리딩의 반대말인데, 콜드 리딩은 탐정 셜록 홈즈와 같이 사람을 만나서 대화하면서 그 사람에 대한 정보를 읽어내고 그것을 바탕으로 상대방의 마음을 유추하고 짐작하는 것입니다. 그런데 핫 리딩은 이미 상대방에 대한 정보를 아는 상태에서 대화하며 자신들의 목적대로 상대방을 이끄는 것입니다. 카드로 설명하면 상대방의 패를 알고 포커를 치는 것과 같습니다. 미리 상대방이 무엇을 원하는지를 알고 그것을 이용하여 대화를 이끌어가는 겁니다. 예를 들어서 상대방의 최대 관심사가 무엇인지를 알고 자신도 그런 것에 관심이 있다고 하거나 아니면 그런 부분의 전문가를 소개해 주거나 해서 공감대를 형성하여 맞춤식 포교를 하는 것입니다. 여기에 더하여 우연을 가장해서 제 3의 사람을 만나게 하고 친분을 맺게 하면 그 사람은 계획적으로 만들어진 인간 사슬에서 벗어날 수가 없게 됩니다.

두 번째는 겉맞추기 원리입니다. 마음에 드는 사람의 행동을 따라하는 것을 미러링이라고 합니다. 상대방의 음성과 말투를 따라하거나 신체적인 표현들을 따라하면서 서로의 공감대를 형성하는 겁니다. 그런데 겉맞추기는 이보다 더 강력한 영향력을 미칩니다. 같은 취미나 공통의 관심사를 가진 사람을 매칭하여 장시간 동안 함께하며 대화하다 보면 끈끈한 정서적인 동질감이 생기고 그 사람이 하늘에서 맺어준 사람이라고 느끼게 되고, 그렇게 되면 그 무리나 사람에게 자연스럽게 빠져들게 됩니다. 이렇게 자신과 딱 맞는 사람과는 특별한 이유 없이는 헤어질 수 없다는 마음이 되고 그런 사람에게서 받는 권유나 부탁은 거절할 수 없게 됩니다.

세 번째는 로미오와 줄리엣 효과입니다. 사람들은 자신이 생각하는 것과 정반대의 반응이 나타나게 되면 원상태로 회복하기 위해서 더 강하게 저항하게 되는데 이런 심리현상을 로미오와 줄리엣 효과라고 말합니다. 신천지의 포교에 걸려 성경공부를 하던 중에 부모님이 아시고 강하게 반대를 하면 더 강하게 신천지에 집착하게 되는 것이 바로 이 원리입니다.

그런데 신천지는 이런 상황을 예상하고 미리 대비를 합니다. 즉 예비 교육을 통해서 판을 깔아둡니다. 신천지의 복음방 교육 중에는 사람 사이의 관계를 설명하는 부분이 있습니다. 사람의 관계에는 두 가지가 있는데 한 가지는 육적인 관계이고 다른 하나는 영적인 관계라고 설명한 뒤에 육적인 관계의 특성과 영적인 관계의 특성을 비교하여 설명합니다. 그리고 자연스럽게 어떤 관계가 더 중요한지를 그로 하여금 선택하게 합니다. 그렇게 되면 열에 아홉은 영적인 관계가 더 중요하다고 대답합니다. 왜냐하면 성경이 육적인 관계보다 영적인 관계가 중요하다고 말씀하고 있기 때문입니다.

"한 사람이 예수께 여짜오되 보소서 당신의 어머니와 동생들이 당신께 말하려고 밖에 서 있나이다 하니 말하던 사람에게 대답하여 이르시되 누가 내 어머니이며 내 동생들이냐 하시고 손을 내밀어 제자들을 가리켜 이르시되 나의 어머니와 나의 동생들을 보라 누구든지 하늘에 계신 내 아버지의 뜻대로 하는 자가 내 형제요 자매요 어머니이니라 하시더라"(마 12:47-50).

이 구절에서 예수를 믿지 않은 가족은 바로 육적인 가족이고 영적인 가족은 믿음을 함께하는 사람이라는 답이 도출됩니다. 그리고 또 한 부분의 성경을 인용합니다. "사람의 원수가 자기 집안 식구리라 아버지나 어머니를 나보다 더 사랑하는 자는 내게 합당하지 아니하고 아들이나 딸을 나보다 더 사랑하는 자도 내게 합당하지 아니하며"(마 10:36-37). 그러면 신천지냐 가족이냐의 선택의 기로에서 이들은 신천지를 선택하게 됩니다. 그래서 육적인 관계인 부모들이 아무리 그의 신앙을 반대해도 그들의 말에 따르지 않습니다. 가족들이 핍박을 강하게 하면 할수록 그의 마음은 굳혀지게 됩니다.

네 번째는 인지 부조화의 원리입니다. 신념과 지식과 행동 간에 불일치가 있을 때 그것들이 일치하도록 생각이나 행동을 합리화하는 원리입니다. 신천지에서 생활하는 중에 여러 가지 경로를 통해서 신천지가 잘못되었다는 것을 알게 되어도 이제는 자신이 너무나 멀리 와 있기 때문에 돌아갈 수 없다고 합리화하게 됩니다. 모략 전도를 하면서 자신이 거짓말을 하지만 좋은 결과를 위해서 하는 거라고 합리화하는 것도 같은 원리입니다.

다섯 번째는 터널 효과입니다. 시야가 차단된 곳에서 오래 있으면 터널 속에 있었던 것과 같이 시야가 좁아지고 출구의 방향으로만 나아가게 되는 현상을 말합니다. 독재국가의 고문조사실에서 어둡고 좁은 방에 가둬두고 오랫동안 심문을 하면 심리적인 시야가 좁아져서 제대로 된 사리 판단을 할 수 없게 되어 결국에는 심문관이 말하는 대로 수긍하고 받아들이게 되는 것과 같습니다. 신천지에서는 신도들을 외부의 사람들과 단절시키고 통제하면서 자신들이 말하는 그것만 보게 합니다. 그리고 시간이 갈수록 그것에 몰입되게 만듭니다. 그래서 결국에는 다른 길을 찾으려고도 보려고도 하지 않게 되는 것입니다.

최현우 씨가 신천지에서 발견한 이 세뇌 방식들은 그가 오랫동안 신천지를 연구해서 얻은 것이 아닙니다. 전문적 마술가의 눈에 그냥 보인 겁니다. 신천지가 얼마나 세뇌적인 집단인지를 짐작하게 하는 대목입니다.

# 1장.
## 그루밍grooming
## - 교육생들의 마음을 위로하고 격려함

"그루밍grooming 은 불과 5-6년 전까지만 해도 평범하게 사용되거나 혹은 사회상을 반영한 신조어였다. 마부groom 가 말을 빗질하고 목욕시켜 깨끗하게 만든다는 데서 유래한 단어로 동물의 털을 손질하거나, 단장할 때 사용해왔다. 언젠가부터 자신의 외모에 아낌없이 투자하는 남성들을 지칭하는 그루밍족이라는 말도 탄생했다. 이 단어가 최근에는 성범죄 관련 용어로 익숙해졌다. 포털사이트에 그루밍을 검색하면 성범죄 관련 기사나 글이 압도적으로 많이 노출된다. 그루밍 성범죄란 가해자가 피해자로부터 깊은 신뢰 관계를 얻어 심리적으로 종속관계를 만든 다음 성폭력을 행사하는 것을 말한다. 피해 계층은 어린아이부터 어른에 이르기까지 다양하다. 사랑받고 싶은 욕구가 클수록 그루밍 성범죄에 취약하다. 피해자들은 자신이 피해자라는 사실을 잘 인지하지 못한다. 겉만 보면 합의에 의한 관계로 비치기도 해 처벌이 쉽지 않다는 점에서 심각한 사회 문제로 대두되었다"(조민음. "그루밍과 사이비종교." 바른미디어. 2019년 6월 7일).

그루밍은 신천지의 세뇌를 이해하는 핵심 단어입니다. 그루밍은 사회에서 일어난 성범죄 사건 때문에 부각되기 시작했는데, 그루밍 성범죄는 가해자가 피해자로부터 깊은 신뢰를 얻어 심리적으로 종속관계를 만든 다음 성폭력이나 성적 착취를 하는 범죄입니다. 일반적으로 사랑받고 싶은 욕구가 클수록 그루밍 성범죄에 취약합니다. 이로 인해 대부분의 그루밍 피해자들은 자신이 피해자라는 사실을 잘 인지하지 못하는 것이 문제점이기도 합니다.

미국의 법정신의학박사인 마이클 웰너는 그루밍 성범죄의 6단계를 설명했는데 놀랍게도 그루밍 성범죄의 6단계의 과정이 신천지 포교 과정과 비슷합니다. 이같은 사실은 신천지의 교주와 지도부들이 인정하든 안하든 그들이 하는 행위가 바로 그루밍을 이용한 범죄라는 것입니다. 신천지인들은 바로 이 사실을 알아야 합니다. 지금 자신들이 신천지 안에서 경험하는 것이 천국의 경험이 아니라 전형적인 그루밍을 하거나 당하고 있다는 사실을 말입니다.

## 1. 대상자 고르기

그루밍 범죄자는 대상자를 선택하는 데 주의를 기울입니다. 즉 자신이 쉽게 다루고 조종할 수 있는 대상을 찾습니다. 마치 야생 짐승이 약한 대상을 먹잇감으로 찾듯이 말입니다. 신천지의 대상 찾기는 크게 두가지로 나타납니다. 한가지는 기존 교회에 침투한 추수꾼들로부터 추수할 대상에 대한 정보를 얻는 것입니다. 그래서 대상에 대한 완전한 파악이 끝나면 모략 전도팀을 동원하여 추수 활동을 합니다. 다른 한가지는 거리나 자신이 살아가는 동선 안에 있는 사람들 중에 찾는 것입니다. 이 과정 중에 이들은 아무나 포교대상으로 하지 않습니다. 반드시 될 사람과 안 될 사람을 구분하는데 이를 신천지는 '찾기-맺기-따기' 과정을 통해 걸러냅니다. 찾기는 전도대상자를 만나는 단계, 맺기는 (전도에)합당한 자 기준표를 통해 대상자를 선별하고 전도 결제를 받기까지의 단계, 따기는 수립된 계획대로 성경공부를 하는 단계입니다.

사람들은 신천지의 성경공부가 대부분 복음방 과정부터 시작되는 것으로 알고 있습니다. 그러나 복음방도 아무나, 누구나 대상으로 하는 게 아닙니다. 복음방 입문 전에 신천지 신도들이 먼저 하는 게 있습니다.

'알곡 고르기'입니다. 신천지로 미혹하기 알맞은 사람인지를 찾는 과정인 '찾기-맺기-따기'라는 과정을 거친 후 '알곡'으로 보이는 사람에게 포교의 마수를 뻗칩니다. 이 과정에서 신천지 신도들은 교주 이만희나 신천지에 대해 입도 뻥끗하지 않습니다. 당연히 성경공부에 대해서도 언급하지 않습니다. 이들이 하는 일은 단지 많이 만나고 대화하면서 친해지는 것입니다. 이때 신분을 철저히 위장하기 위해 심지어 교회를 다니지 않는다고 말할 때도 있습니다. 상대가 의심할 만한 요소는 모두 걷어냅니다. 경우에 따라 신뢰 관계 형성 기간은 수년에 걸쳐 이뤄지기도 합니다. 친해지면서도 신천지 추수꾼의 레이더망은 치밀하게 돌아갑니다. '차맺따' 과정에서 신천지 내부적으로 제작한 '합당한 자 기준표'(신천지에 입교시킬 합당한 자인지 선별하는 표)라는 걸 근거로 상대를 치밀하고 철저하게 점수 매겨 평균 C등급 이상 넘는 사람만 복음방 과정으로 유도합니다(정윤석, "신분 감추고 수년간 '알곡 고르기'." 국민일보, 2019년 12월 26일 참고).

그런데 어떤 경로를 통해서 대상자가 되든, 공통분모를 가진 사람들을 발견하게 됩니다. 즉 신천지의 입장에서 포교가 쉬운 사람이 있다는 것입니다. 도대체 어떤 유형의 사람들일까요? 일반적으로는 사랑과 인정에 결핍이 있는 사람들입니다. 상대적으로 친분관계를 맺는 게 수월하면 그 다음부터 신천지 성경공부까지 유도하기가 쉬워집니다. 그 외에 구원의 확신이 약하거나 없는 사람, 교회에서 상처 받은 사람, 말씀에 대한 갈급함이 있는 사람, 목회자와 친분이 두텁지 않은 사람, 과다 채무가 없는 사람들입니다. 신천지는 이런 사람들을 모두 A급 포교 대상자로 '알곡'이라고 분류합니다. 교회에 이러한 사람들이 많다는 것은 그만큼 신천지의 포교 대상이 될 사람이 많다는 의미이기도 합니다. 그리고 신천지 추수꾼들은 바로 이러한 사람을 양무리에서 떨어져 나온 양이거나 아니면 떨어져 나오려고 하는 양으로 여기고 그들을 지켜보면서 기다리고 있음을 알아야 합니다.

## 2. 신뢰 얻기

그루밍 범죄자는 대상자가 자신을 신뢰하고 깊이 의존할 때까지 할 수 있는 최대한 그들이 필요한 것을 알아내 선의를 보이면서 지원합니다. 그리하여 끈끈한 관계를 형성합니다. 신뢰는 상대방이 내게 호의를 가지고 있다고 믿는 것과 상대방이 변함없이 일관된 행동을 할 것이라 믿는 성실성을 통해서 얻게 됩니다. 그래서 신천지 추수꾼들은 신뢰를 얻을 때까지 자신들의 정체를 밝히지 않고 최대한 호의적으로 그리고 성실하게 관계를 형성합니다. 신뢰를 얻기 위해서 개인적인 친밀도를 높여나가게 되는데 대상자의 취미나 관심사를 함께 합니다. 그리고 친구, 연인, 선후배 등 인간 대 인간이 맺을 수 있는 가용한 모든 방법을 이용해 관계를 맺으며 신천지의 인간 띠 안으로 끌어들입니다. 이러한 과정을 통해서 대상자는 어느 누구의 말보다 추수꾼의 말을 믿고 따르게 됩니다.

신자관리에 있어서 신천지의 관계적 측면은 식구 이상입니다. 따스하고 친절하며 절친한 인간관계를 맺는다는 점이 특징입니다. 마치 사도행전에 나오는 초대교회의 모습처럼 끈끈하게 관계를 유지합니다. 이런 이유로 주변에서 '잘못됐다, 이단이다'는 지적이 있어도, 도와주는 사람 하나 없는 현실보다 이들은 실제적 도움을 받기 위해서 신천지에서 발을 빼내지 못합니다. 한번 들어가면 나오기 힘든 신천지, 이러한 가족 같은 결속력이 신천지를 성장시켜온 요인 중 하나입니다(정윤석. "이단들의 따뜻한 환대에 마음 끌린다" 기독교포털뉴스 2015년 3월 26일 기사 참고).

그래서 신천지인 중에는 신천지에 문제가 많고 신천지의 교리가 잘못임을 알게 되어도 그동안 맺은 관계 때문에 신천지에 남는 경우들이 있습니다. 마치 나쁜 남자인 것을 알면서도 그 남자를 떠나지 못하는 여자와 같습니다.

## 3. 욕구 충족시키기

그루밍 범죄자가 대상자에게 더 깊은 신뢰를 얻는 방법은 대상자의 욕구를 채워주는 것입니다. 그래서 선물과 용돈 등 원하는 것들을 채워줍니다. 신천지는 포교 과정에서 이 부분에 집중합니다. 대상자에게 필요한 것을 채워주는 것입니다. 직업이 필요한 사람에게는 직업을, 물질이 필요한 사람에게는 물질을, 이성에 취약한 사람에게는 성마저도 포교에 이용합니다(조민음. "그루밍과 사이비 종교." 바른미디어. 2019.6.7 기사 참고).

군대 간 형제를 교회 누나가 지극 정성으로 챙겨 줍니다. 군 생활이 힘든 형제에게 교회 누나는 편지를 써줬고, 3단 도시락을 선물했습니다. 생일이면 잊지 않고 선물을 보내줬습니다. 제대를 하자 누나는 "축하한다"며 "믿음을 갖고 말씀을 보며 신앙의 확신을 갖고 사회생활을 해야 한다"고 조언했습니다. 3년 동안 교회 누나의 사랑을 받은 형제는 의심할 수도, 거절할 수도 없었습니다. 결국 누나가 소개해준 전도사와 성경공부를 하게 됩니다. 이렇게 신천지 성경공부가 시작됩니다.

신천지 교인이 운영하는 회사에 정통 교회 교인 중 '백수'로 지내는 사람들을 취업시켜 주는 경우도 있습니다. 주일 성수, 음주·흡연 전무한 좋은 회사처럼 보입니다. 아침마다 업무 전 큐티를 시작합니다. 겉으로만 봐서는 흠잡을 데 없는 기독교회사이죠. 그런데 사장이 신천지 교인입니다. 아침 큐티에 신천지 말씀을 살짝살짝 섞어 놓습니다. 신실한 기독교회사에 취업했다고 생각하지만 실상은 자신도 모르게 신천지에 세뇌되고 있는 겁니다. 외로운 솔로들에게는 이성친구를 소개해 줍니다. 미리 원하는 이성 스타일을 간파해 신천지 안의 외모가 빼어난 이성을 소개해 주는 겁니다. 신도 30만명을 헤아리니 얼마나 멋지고 예쁜 청춘들이 많겠습니까? 이성교제가 시작되면 '말씀으로 우리 사이가 성숙하길 원한다'며 성경공부로 들어갑니다. 외모가 탁월하고 스피치 훈련까지 받은 신천지인들의 말에는 묘한 설득력이 있습니다. 연예인의 꿈을 꾸는 청춘들에게는 연기학원을 연결시켜줍니다. 그곳엔 고퀄리티의 스튜디오와 카메라 장비가 대기하고 있습니다. 프로급 연기 지도까지 해줍니다. 모두 신천지인들로 구성된 연기 학원입니다(한국기독교이단상담소 협회 광주 상담소·예다원. 「만화로 보는 신천지 사기 포교법」. 2014. 참고).

이렇게 신천지의 욕구를 채워주는 방식은 동물을 길들이는 것과 같습니다. 먹이를 통해서 관계를 맺어가는 것입니다. 그리고 결국에는 동물을 자신의 의도대로 길들이게 되는 것입니다. 마찬가지로 추수꾼이 자신의 욕구를 채워주면 포교 대상자는 상대방이 자신에게 많은 사랑과 관심을 주고 있다고 착각하고 그를 신뢰하게 됩니다. 하지만 실제로 포교대상자라는 존재는 추수꾼의 입장에서 보면 신천지로 끌어들여 자신을 144,000에 들어가게 할 도구일 뿐입니다. 그러나 이 사실을 포교 대상자는 알 수가 없습니다. 그리고 만일 안다고 해도 욕구가 충족되는 단계에 들어서면 그 관계에 얽매여서 스스로 헤어 나오기가 어려워집니다.

## 4. 고립시키기

그루밍 범죄자는 대상자를 완전히 장악하기 위해서 그 사람을 사회적으로 고립시킵니다. 자신 외에는 어떤 사람과도 만나거나 연락하지 못하게 합니다. 그렇게 함으로써 오직 자신에게만 의지하고 복종하게 만듭니다. 사이비 종교도 다르지 않습니다. 위고 슈탐은 「사이비종교」에서 '사이비들은 정보를 통제해 외부 세계로 통하는 탯줄을 끊는다'라는 말로 고립시키기를 설명합니다. 슈탐이 말한 것과 같이 신천지는 신도가 어느 정도 끌려왔다고 여기면 사회로부터, 다른 인간관계로부터 단절을 시작합니다. 육체적인 고립을 유도하기 위해서 친구, 가족, 가정에서 떠나 신천지의 영역 안으로 끌어들입니다. 복음방 교리를 가르치면서 자연스럽게 그런 방향으로 인도합니다. 선과 악 그리고 영과 육의 개념을 삶에 적용하면 당연히 이전의 관계들과 단절하고 신천지로 들어오게 되는 것입니다. 가장 먼저 시도하는 것은 가족관계를 깨는 겁니다. 가족은 하나님께서 가장 먼저 세운 소중한 공동체입니다. 그런데 신천지는 자신들의 '말씀'을 듣지 않는 사람은 모두 진리의 길을 방해하는 사탄의 하수인 정도로 생각하게 만듭니다. 그것도 성경구절을 통해 시도합니다. 잠깐 살펴보겠습니다.

'원수가 자기 집안 식구리라'는 말씀이 대표적입니다. 미가서 7장 5~6절(너희는 이웃을 믿지 말며 친구를 의지하지 말며 네 품에 누운 여인에게라도 네 입의 문을 지킬지어다 아들이 아버지를 멸시하며 딸이 어머니를 대적하며 며느리가 시어머니를 대적하리니 사람의 원수가 곧 자기의 집안 사람이리로다), 마태복음 10장 36절(내가 온 것은 사람이 그 아버지와, 딸이 어머니와, 며느리가 시어머니와 불화하게 하려 함이니 사람의 원수가 자기 집안 식구리라)이 가족을 적대시하도록 악용하는 대표적 구절입니다. 정통교회는 이 말씀을 가족을 사탄시하라는 게 아니라 심판과 징계의 날의 참상과 그 가운데도 인생의 우선순위를 오직 하나님께 두고 그를 바라보고 사랑하라는 말씀으로 받아들이지, 가족을 원수·사탄의 도구라고 왜곡하지 않습니다. 그런데도 이만희 교주는 신천지를 따르지 않는 사람들은 '바벨론'(사탄의 제국을 상징하는 표현)이라며 '부부 사이라 해도 갈라서라!'며 이혼을 지시할 정도입니다(정윤석. "그 땐 내 부모를 사탄의 도구로 여겼다." 교회와신앙 2007년 3월 13일 기사 참고).

그런데 고립시키기가 말처럼 쉽지는 않습니다. 그래서 신천지는 이미 복음방 단계에서 고립시키기가 쉬운 사람을 선별할 수 있는 장치들을 마련해 놓았습니다. 그 바로미터가 '입막음'입니다. 신천지 성경공부를 하다보면 입이 간질간질하게 돼 있습니다. 자신이 진리를 알아가고 있다는 기쁨 때문입니다. 누구에게라도 이 사실을 말하고 싶어집니다. 이때 신천지가 동원하는 게 입막음입니다. 이는 두 가지 효과가 있습니다. 하나는 6개월간 세뇌 반복 교육을 안

전하게 시킬 수 있는 장치입니다. 또 한가지는 효과적으로 섭외자를 가족, 사회로부터 고립시키는 장치입니다.

"길가에 씨가 떨어졌어. 그게 드러나면 새가 날아와서 먹어버리는 거야. 네가 진리의 말씀을 들었어. 때가 되기 전에 사람들에게 말하면 사탄이 역사해서 절대 그 말씀 못 듣게 하는 거야. 절대 이곳에서 성경공부 하는 걸 다른 사람에게 말하면 안돼! 그렇게 해서 진리의 말씀을 네가 빼앗기고, 상대도 이 진리로 들어오지 못하면 너 어떻게 그 저주를 감당할래!" 이런 식으로 얘기를 하면서 포교 대상자에게 잔뜩 두려움과 저주 의식을 심어줍니다. 이런 얘기를 듣다보면 자연스레 자신이 성경공부하는 사실을 입밖에 내놓지 못하게 됩니다. 그래서 이단 상담소로 상담을 해오는 부모님들에게 '아이가 신천지에 빠진지 얼마나 됐어요?' 물어보면 대다수가 1년 이상입니다. 그 이유는 입막음이라는 고약한 가르침을 받은 아이들이 스스로를 가족·사회로부터 고립시켜왔기 때문입니다(기독교포털뉴스 2019년 1월 31일자, '신천지가 집중 타깃으로 삼는 포교대상은?' 기사 참고).

입막음의 실천 여부는 신천지가 교육생을 고립시킬 수 있느냐, 없느냐를 제대로 파악할 수 있는 바로미터입니다. 신천지 말씀을 배우는 단계에서 입막음교리를 충실히 이행하는 교육생이라면 그 후에 더욱더 강도 높은 고립시키기도 가능해진다는 의미입니다. 그 첫 번째 실험 대상은 가족입니다. 가족에 대한 입막음이 성공했다면 10년이고, 20년이고 다녔던 교회와 목회자는 물론 친한 친구들에 대한 입막음도 성공할 가능성은 높아집니다. 이를 실행하다보면 신천지 교육생은 시간이 지날수록 철저하게 고립됩니다. 외부로부터 소식을 단절하면 오직 신천지 안에서만 소식과 관계를 맺어야 합니다. 그렇지만 모든 외부의 소식을 강제로 막을 수가 없기 때문에 간접적인 방식을 사용합니다. 인터넷이나 신천지인 아닌 사람들의 말을 선악과라고 가르쳐 스스로 정보를 차단하게 하는 것입니다. 물론 '구원을 잃어버릴 수도 있다'는 단서도 달아 둡니다. 이렇게 고립된 신도는 신천지 안에서 혼자이기 때문에 더욱더 신천지를 더 의존하게 됩니다. 자신이 의도적으로 더 깊이 고립되고 통제를 당하고 있다는 사실을 모르는 채로 말입니다.

## 5. 관계 밀착

이 단계에서 그루밍 성범죄자는 대상자와 1대1로 만나는 상황을 만들어갑니다. 그리고 접촉의 수위를 높여가고 결국에는 성적 착취를 하게 됩니다. 그런데 이때 대상자는 이미 심리적으로 묶여 있어서 그의 요구를 거부할 수 없습니다. 신천지도 마찬가지입니다. 이미 성경공부를 6개월에 걸쳐 진행하며 교육생들은 신천지측과 신뢰관계가 깊게 형성됐습니다. 반면 다른 이들과는 고립된 상태가 됐습니다. 이쯤되면 신천지는 대체 가정으로서 역할하게 됩니다. 신천지의 약속의 목자가 진정한 영의 아버지이고 말씀을 가르치고 함께 교육받는 신도들이 자신의 진정한 형제·자매로 느껴지게 됩니다. 그들에게 신천지 신도들은 비유풀이를 통해 진리의 말씀을 함께 깨달은 한 형제요 자매라는 자부심으로 넘칩니다. 신천지 신도들은 서로를 새로운 영적 가족으로 이해합니다.

"성경을 공부하다가 정통교회는 영적 암흑에 빠져 있는 반면 자신은 구원의 반열에 들게 될 것이며 뭔가 특별한 일을 경험해도 크게 할 것이란 기대감이 생겼다. 이렇게 구원받은 사람들이 이 곳 말고는 없다고 생각하니 다른 사람과는 말이 안 통했다. 내부 사람들과만 원활한 대화가 가능했고 '우리만이 진리를 이해하고 있다'는 생각을 하면서 ···더욱 그 단체에 몰입해갔다"(정윤석. "상처받은 영혼은 이단 바이러스 온상." 교회와신앙. 2006년 7월 14일).

"그곳에 갔을 때 사람들은 이곳만이 진리라면서 이 진리의 자리를 찾아온 사람들은 선택받은 사람이라고 말해줬어요. 그동안 어디서도 인정을 받지 못한 느낌 속에 살아왔던 저같은 사람도 인정받고 받아들여지고 있다는 느낌 때문에 방황하던 마음이 비로소 평안을 찾기 시작했어요. 그로 인해 낮았던 자존감이 회복되는 것 같았고 강한 특권의식을 갖게 됐죠. 새신자인 저는 그 단체에서 특별한 존재였어요. 이사를 할 때는 도와줄 사람 하나 없는 저에게 D단체 신도들이 모두 손과 발이 돼 주었어요. 이사비용은 그들을 대접하는 것 말고는 들지 않았어요. 친구가 필요할 때면 저와 대화하고 놀아줬어요. 맛있는 음식도 아낌없이 베풀어 줬고 새로운 가족 공동체와 같이 따스하게 대해줬답니다. 외로운 객지 생활을 하는 저에게 가족보다 더 친근한 사람들이었습니다"(정윤석. "찰거머리 포교 한 번 물면 안 놓는다." 교회와신앙. 2006년 7월 3일).

신천지는 가족같은 관계의 밀착을 토대로 신도들을 이전보다 더 깊은 종교적인 관계 안으로 끌어들이게 됩니다. 그리고 정해진 목표를 달성하도록 정신없이 몰아칩니다. 일과의 많은 시간을 성경공부와 집회에 빠짐없이 참석하고 그것을 확인받도록 합니다. 그리고 144000명안의 제사장이 되기 위한 필수 조건으로 전도를 하게 하여 모자라는 시간속에서도 전도의 현장을 뛰어야 합니다. 그런데 신천지 내부의 모든 사람들이 바로 이 목표를 위해서 뛰고 있기 때문에 처음 그 속에 들어간 사람은 자신도 뒤떨어지면 안된다는 생각으로 정신없이 그 흐름에 참여하게 됩니다. 그리고 그 과정에서 자신이 무엇을 위해서 뛰는 줄도 모른 채로 뛰는 것이 전부가 되는 삶이 되어가는 것입니다. 그 결과는 뭘까요? 정말 결정적인 순간이 와도 신천지의 탈퇴를 매우 어렵게 하는 것으로 귀결됩니다. 실제적 가족 관계는 물론 사회적 관계마저 단절된 데다 자신 스스로 사회에 적응하는 과정을 마다하고 신천지의 새로운 역사 완성이라는 판타지에 인생을 건 상태입니다. 신천지가 사이비인 걸 알고 나가고 싶어도 이쯤 되면 도저히 나올 수 없는 상태가 되는 것입니다. 사회로 복귀할 수 있는 아무런 지지기반이 없어졌기 때문입니다. 이는 신천지에 빠진 사람이 겪는 악순환입니다.

## 6. 회유 및 협박

    그루밍 범죄자는 대상자가 관계를 거절하거나 관계를 끊으려고 하면 회유하고 협박하여 그 관계를 지속하려고 합니다. 신천지에 들어간 사람들은 144000에 들어가면 얻게 될 영생과 지위와 권한에 대해서 지속적으로 듣게 되고 그 목적을 향하여 매진합니다. 그런데 시간이 지나도 그것이 현실화되지 않자 대상자들은 서서히 피로감과 여러 가지 생각들을 하게 됩니다. 그래서 다시 집으로 돌아갈 마음을 먹게 됩니다. 그런데 이러한 생각을 드러내면 신천지의 지도자들은 회유와 협박의 방법으로 집으로 가지 못하게 합니다.

    이만희 교주는 설교 시간에 자주 신천지를 배반하고 떠난 자들을 저주합니다. 신천지를 떠난 사람들의 실명을 들어가면서 뱀의 자식, 용(신천지에서 사탄을 의미)과 같은 놈이라고 욕을 합니다. 그런데 이 저주는 떠난 자들에게 하는 말이 아닙니다. 왜냐하면 그들은 그곳에 없기 때문에 듣지 못합니다. 왜 이러한 말을 할까요? 그것은 남아있는 사람들에게 하는 말입니다. 너희도 떠나면 이런 저주를 받게 된다고 보여주는 겁니다. 애착관계에 있는 사람에게 가장 무서운 벌은 '분리'입니다. 이만희 교주는 구원을 박탈하겠다는 말로 두려움을 유발시켜 신천지를 떠날 생각을 못하게 만드는 것입니다. 그리고 회유나 격려보다 이렇게 두려움을 주는 이유는 두려움이 사람을 지배하는 데는 더 효과적이기 때문입니다.

    신천지 교육생으로 있다가 입교하기 전에 탈퇴를 하려는 사람들을 예로 들면 이렇습니다. 교육을 잘 받고 어느 정도 세뇌가 됐다고 판단됐을 때, 적절한 타이밍을 잡아서 "여기가 신천지"라고 커밍아웃을 합니다. 이 때 바람잡이들이 있습니다. "와 정말이요? 여기가 진짜 천국이네요. 정말 좋아요!"라며 치어리더 역할을 해주는 숨은 신천지 교인들입니다. 그런 분위기 속에서도 큰 충격을 받으며 갑작스레 연락 두절을 하고 센터에 나오지 않는 수강생들이 있습니다. 평소에 신천지가 이단·사이비라고 들어왔던 기독교인들이 대부분입니다.

이렇게 흔들리는 사람이 생기면 신천지 내부는 초비상이 걸립니다. 연락두절하고 나가려는 사람들을 그냥 두는 게 아닙니다. 이미 상대의 동선은 물론 생활 공간이 다 파악된 상태 아닙니까. 아르바이트하는 친구는 어디서 하는지, 학교는 어디를 다니는지, 심지어 집까지 다 알고 있는 상태입니다. 그러면 연락두절된 사람을 만나기 위해 잠복하고 있는 겁니다. 잠복하는 시간은 정확히 정해져 있습니다. 얼마나 기다릴까요? 놀라지 마십시오. 그들은 '그 사람을 만날 때까지' 기다립니다. 만나서 하는 말은 그야말로 회유와 협박입니다. "지금까지 배운 것 중에 말씀에 어긋난 게 있었냐? 좀더 참고 확인해 본 다음 진짜 말씀에서 어긋나는 게 있다면 나가도 좋다." 이런 건 기본입니다. 결국 그들이 남기고 싶은 말은 "진리의 말씀을 떠나면 저주 받는다"입니다. 상대의 머릿속에 '안 나가면 축복'이라는 의식을 넣기도 하고, 반대로 '나가면 저주'라는 두려움을 매설해 놓는 겁니다. 절대로 이곳을 빠져 나가서는, 진리를 떠나서는, 아니 신천지를 떠나서는 저주밖에 없다는 의식을 심어 놓는 겁니다.

갑자기 미국 영화 〈미저리〉(1991)가 생각납니다. 여자 주인공이었던 애니는 자신의 정체가 드러나기 전까지는 남자 주인공 폴에게 정말 천사처럼 헌신적으로 간호를 해주지만 정작 폴이 자신을 떠나려고 하자 수단과 방법을 가리지 않고 방해하고 심지어는 폭력을 가합니다. 그때 애니의 끔찍한 얼굴이 지금도 생각이 나고 소름이 돋습니다. 왜 신천지와 미저리 영화가 오버랩이 되는 것일까요?

그루밍 피해자는 스스로의 힘으로는 그 관계를 벗어날 수 없습니다. 이미 심리적으로 굴복되었기 때문입니다. 그래서 누군가의 도움이 필요합니다. 마찬가지로 신천지에 들어간 사람도 스스로의 힘으로는 돌아오기 어렵습니다. 누군가가 도와줘야 합니다. 그것은 가족이요 교회분입니다. 그래서 이들을 돕기 위해서는 이들이 어떻게 세뇌되었으며 어떻게 그들을 도울 수 있는지에 대한 지식을 가져야 합니다.

# 2장.
## 가스라이팅gaslighting
## – 대상의 심리나 상황을 교묘하게 조작함

**1. 가스라이팅의 어원**

가스라이팅이라는 용어는 패트릭 해밀턴이 연출한 1938년 연극 '가스 라이트'에서 기원합니다. 이 연극의 내용을 간단히 요약하면, 잭이라는 남성이 자기 아내 벨라를 심리적으로 조종하는 이야기입니다. 잭은 보석을 훔치기 위해 윗집의 부인을 살해하는데 그녀의 보석을 찾기 위해서는 가스등을 켜야 했습니다. 그 당시의 집들은 가스를 나눠 쓰던 방식이라 한 집에서 가스등을 켜면 다른 집의 불이 어두워져서 들킬 위험이 있었는데 잭이 위층에서 불을 켜고 물건을 뒤질 때마다 잭은 부인인 벨라가 물건을 잃어버렸다고 몰아가며 타박하는 것이었습니다. 아내가 그 말에 반박하면 그럴 때마다 잭은 그것도 벨라가 과민반응하는 것이라고 몰아갑니다. 처음엔 반신반의하던 벨라도 이런 일이 반복되자 결국 자기 자신을 의심하게 되고 점점 무기력과 공허에 빠져서 남편 잭만을 의지하게 된다는 내용입니다. 잭이 벨라를 심리적으로 조종하여 스스로를 의심하게 만들고, 자기 말에 수긍하게 함으로써 통제하는 것이 가스라이팅입니다.

## 2. 가스라이팅으로 일어난 시스템교 사건

2012년 6월 18일 전주지법 제2형사부 심리로 진행된 국민 참여재판에서 두 딸을 살해한 권 모 씨의 범행은 같은 학교 자모가 지속적으로 행한 가스라이팅이 원인이었습니다.

처음 양 씨가 권 씨를 만날 당시 양 씨는 권 씨의 자녀가 자신의 아들보다 공부를 잘한다는 생각에 시기와 질투심이 일었고 시스템교라는 허구의 사이비 종교 이야기를 반 장난으로 시작했는데 권 씨가 양 씨의 시스템교를 무조건적으로 믿고 지시에 따르자 무리한 요구를 하게 됩니다. 본부에서의 지령을 무조건 받아들여만 행복해진다는 시스템교는 실체조차 없는 그들만의 종교였는데 시스템교는 지령이 내려가고 이를 지키지 않으면 이탈 행위에 따른 벌칙을 내리는 규칙이 있었습니다.

양 씨로부터 하달된 지령들은 '세탁기는 오후 5시에 돌려라', '지정해준 색깔의 속옷만 착용해라', '일정 기간에는 브래지어를 하지 마라', '10살 된 자녀는 시험지에 이름만 적고 답안을 적지 마라' 등 말도 안 되는 것들이었습니다. 그리고 이 명령을 수행하지 못하면 곧바로 벌칙이 내려왔습니다.

10살 된 딸이 지령을 무시하고 시험지 답안을 작성했다는 이유로 권 씨는 양 씨에게 대나무로 만든 회초리로 100대를 맞았고 전주역 앞에서 노숙 지시를 받고 실천하지 않았다는 등의 이유로 이탈 행위 때마다 100대의 회초리가 이어졌습니다. 그리고 이탈 행위 때마다 세탁기 등 가전제품을 사와야 하고 돈을 줘야 했습니다. 권 씨가 양씨에게 준 돈만 1억 4천만 원이 넘고 이로 인해 6천만 원의 빚을 진 권 씨는 삶에 대한 의욕을 잃어갔습니다.

그런데 양 씨는 자신이 만든 가짜 사이비종교가 탄로 날 것이라는 생각에 사람을 살해하는 방법이 담긴 영상물을 권 씨에게 보여주고 세뇌를 걸었습니다. 그리고 권 씨는 지난 3월 8일 새벽 3시경 부안군 변산면 격포리 소재 한 모텔 5층 객실에서 큰딸을 화장실 욕조에 빠뜨려 살해하고 둘째 딸을 베개로 눌러 숨지게 한 혐의로 구속 기소됐습니다.

이 사례가 보여주는 것은 피암시성이 강한 사람들이 얼마나 쉽게 미혹되는 가에 대한 것입니다. 물론 신천지에서 동종의 일이 발생한 적은 없습니다. 다만 피암시성이 이토록 무서운 것이라면 고도로 발달된 세뇌 집단인 신천지 안에서 우리가 알지 못하는 일들이 얼마나 일어나고 있을지 상상하는 것만으로도 두렵습니다.

## 3. 신천지에서의 가스라이팅

통제가 심한 집단에서는 교주와 신도 간에 가스라이팅이 자주 일어나는데 그 이유는 신도들을 통제하는 방식으로 가스라이팅을 사용하기 때문입니다. 교주는 이미 믿을 존재는 교주밖에 없다고 신도들을 세뇌해두었기 때문에 교주가 어떻게 한다고 해도 신도에게는 다른 선택의 여지가 없습니다. 그리고 그루밍으로 길든 신도에게 가스라이팅은 효과가 배가됩니다. 사랑과 인정을 받지 못하는 것에 대한 두려움, 구원 얻는 유일한 조직에서 이탈하는 것에 대한 공포는 다른 어떤 두려움보다 크기 때문입니다. 그래서 사랑과 인정을 얻기 위해서는 어떤 것이라도 하게 됩니다.

그루밍으로 길들여진 신도에게는 가스라이팅만 남아있다는 사실을 그들은 알지 못합니다. 조금만 참으면 엄청난 것을 주고, 소원하고 기도했던 일이 벌어질 것처럼 희망 고문만 할 뿐입니다. 신천지의 이만희 교주의 설교 동영상에서 이만희 교주가 신도들을 향하여 고함을 지르고 타박을 하는 장면이 많은 것은 바로 이런 이유 때문입니다. 이만희 교주가 화를 내면 신천지 신도들은 자신들에게 문제가 있어서 교주님이 화가 나셨다고 생각합니다. 그리고 더 잘해야겠다고 마음을 먹습니다. 왜냐하면 그들에게는 교주의 말에 의심을 품는 것이 금기사항이기 때문입니다.

신천지의 지도부들도 동일한 짓들을 합니다. 전도특전대의 경우에 하루에 할당된 전도 숫자를 채우지 못하면 벌과 질책을 받게 되는데 그렇게 되지 않으려고 새벽부터 밤늦게까지 식사도 제대로 하지 못하고 뛰어다닙니다. 그럼에도 불구하고 이들에게 위로나 격려는 주어지지 않습니다. 채우지 못한 할당량에 대한 가스라이팅만 받게 됩니다. 그러나 세뇌가 된 자들은 자신들이 받는 가스라이팅을 당연하다고 받아들입니다. 그래서 이들이 불쌍한 것이고 이들을 이렇게 만들고 조종하는 자들은 어떤 방식으로라도 처벌을 받아야 하는 것입니다.

# 3장.
## 통제
## – 세뇌의 본질적인 요소

## 1. 통제하는 이유

모든 독재국가나 전제국가에서 사람들을 통제하는 것은 자신들의 권력을 강화하는 방법 중에서 가장 쉬운 방법이기 때문입니다. 그래서 독재국가는 백성을 다스리는 기본적인 방식으로 통제를 선택하는 것입니다. 그런데 종교적인 집단에서는 좀 더 다양한 목적으로 통제를 사용합니다.

첫 번째 목적은 신도들로 하여금 의존적인 상태를 유지하도록 하기 위한 것입니다. 통제는 사람을 수동적으로 만듭니다. 그래서 시키는 대로 하게 됩니다. 완벽히 의존이 되면 그 조직을 떠나지 못하게 되기 때문입니다. 그래서 모든 이단은 통제를 기본적으로 사용합니다.

두 번째는 신도들이 교주와 교리를 무조건적으로 믿게 하기 위한 것입니다. 통제하는 쪽에서는 통제가 통제받는 사람들을 위한 것이라고 지속적으로 선전하지만 이 말의 이면에는 너희는 통제를 하지 않으면 안 되는 족속이라는 반대개념이 깔려있습니다. 그래서 통제를 받는 사람은 본능적으로 불안하고 불편함을 느끼게 됩니다. 그리고 통제를 받을수록 불안감이 증폭되어서 무언가를 더 확실하게 붙들게 됩니다. 그래서 결과적으로 교리와 교주를 더 맹신하게 됩니다.

세 번째는 신도들이 조직에 충성하게 하기 위한 것입니다. 통제는 사람을 억압하여 억압당하는 스트레스로 인해 분노가 발생합니다. 그래서 반항하려고 하는 자들이 생기는데 바로 이런 점 때문에 더 심한 통제를 가하게 됩니다. 이런 악순환은 결국에는 임계점을 만나게 됩니다.

그런데 영리한 교주는 이런 분노를 다른 곳으로 발산하도록 방향을 바꿔버립니다. 자신의 단체가 아닌 기성교회나 불신의 부모에게 발산하게 하는 것입니다. 그렇게 되면 신도는 더 열심히 조직에 충성하게 되고 자신의 조직은 이런 싸움으로 인해 더욱 굳건해지게 되기 때문입니다. 종교전쟁에서 절대 악으로 상징되는 타자를 만드는 이유가 바로 이것입니다. 강한 통제는 심리적으로 터널 효과를 일으킵니다. 교주가 말하는 한 방향만 보게 되고 그 탈출구를 향하여 모두가 달려가게 됩니다. 그리고 그 끝은 지상천국이 아니라 거짓의 실체인 신천지의 멸망뿐입니다.

## 2. 신천지가 통제하는 것들

신천지가 신도들을 통제하는 방식은 주도면밀하고 세밀합니다. 그들의 고도로 계획된 통제 기술은 민주주의 국가에서는 전례가 없는 것입니다. 그들은 높은 수준의 통제를 통해서 신도들을 신천지라는 세뇌집단에서 빠져나올 수 없게 만들었습니다. 미국의 탈세뇌 전문가인 스티브 핫산은 컬트가 믿음을 통제하는 4가지 요소를 설명하는데 그가 설명한 요소를 중심으로 신천지에서 행해지는 통제의 사례들을 살펴보려고 합니다.

### 1) 행동 통제

행동 통제의 기본은 의식주와 연관이 있습니다. 그래서 군에 가면 먹는 것, 자는 것, 입는 것, 말하는 것에 규율을 두고 훈련을 시킵니다. 이런 통제를 통해서 일률적이고 규칙적인 생활분만 아니라 정신무장 즉 정신관리를 하려는 것입니다.

① 신천지는 신도들의 행동들에 엄격한 규칙을 정하고 요구합니다. 예배나 기타 교육에 빠지지 않도록 강조할 분만 아니라 그것을 감시하기 위하여 신천지 카드를 나눠주고 예배 출석이나 헌금 등 모든 것을 체크합니다. 그리고 신자들의 사소한 영역에까지 규칙을 정하고 지키도록 요구하는데 심지어 어떤 옷, 색깔, 머리 스타일을 해야 하는가를 정하고 준수하게 합니다. 신천지의 예배 영상을 보면 동일한 복장을 하고 예배를 드리는데 남자들은 일명 모나미 볼펜룩으로 검은색 바지에 흰 와이셔츠 차림으로, 여자들은 동일한 색상의 한복을 입고 예배를 드립니다. 10여 년 전에는 여자들의 치마 길이를 무릎에서 재어서 벌점을 주었다고 합니다. 왜 이렇게 하는 걸까요? 겉으로는 자신들이 '선택받은 선민이며 우리는 하나다'라는 공동체 의식을 높이기 위한 것이라고 하지만 이것은 생각을 단순화하려는 전략입니다. 다양한 생각이나 행동을 하지 말라는 겁니다. 시키는 대로 하라는 겁니다. 집단에 순응을 시키는, 즉 세뇌의 한 방법인 것입니다.

② 신천지의 생활 일과를 보면 일반 교회에서는 상상할 수 없을 만큼 신천지의 모임에 시간이 집중되어있습니다. 일주일에 네 번 총 16시간 이상 성경공부를 할 분만 아니라 수요 예배와 주일 예배 그리고 토요일은 부서별 전도 전략모임으로 모이게 되면 일주일 내내 신천지 모임에 출석을 해야 합니다. 왜 이렇게 할까요? 다른 일에 신경을 쓰지 못하게 하기 위해서입니다. 시간을 주면 다른 생각을 하게 된다는 겁니다. 그런데 신천지는 이들을 정신 차리지 못하게 하면서 어디로 몰아가고 있을까요? 이 땅에 임하는 천국이라는 가상의 목적지로 마냥 몰아가는 것입니다.

③ 신천지 생활에서 개인주의는 무시됩니다. 개인의 모든 것이 위로 보고됩니다. 상부의 조직은 보고된 내용을 바탕으로 개인들을 감시하고 감독합니다. 이런 일은 주로 각 지파의 섭외부가 담당하고 구역장과 팀장들을 중심

으로 한 다중 감시망으로 신도들을 통제합니다. 신천지에서는 모든 개인은 신천지 집단을 중심으로 생각하고 행동하도록 요구받습니다. 교주의 설교나 강의에서 개인주의는 마귀적인 것이요 죄악된 것이라고 누누이 강조하며 세뇌를 시킵니다. 그래서 신천지는 자신을 잃어버린 사람들의 모임이 되어갑니다. 자기 자신이 아닌 신천지의 한 부분으로 되어가는 것입니다.

그래서 저는 그들에게 질문하고 싶습니다. "너는 누구니? 너의 꿈은 무엇이었니?"라고 말입니다.

## 2) 생각 통제

신천지의 생각 통제는 개인적으로 무언가를 생각하고 판단하는 것을 막고자 하는 것입니다. 그들이 사용하는 방법은 생각의 편향성을 가지게 하는 것입니다.

① 신천지 교리의 특성은 흑백 논리입니다. 신천지는 성경적이며 옳고 그 외 모든 단체는 마귀적이며 잘못되었다는 겁니다. 그래서 자신들은 선이고 일반교회는 악이라고 합니다. 나아가서 신천지는 구원을 얻는 너희(신천지)와 구원을 얻지 못하는 그들(신천지 이외의 집단)로 구분을 합니다. 신천지는 "대답하여 이르시되 천국의 비밀을 아는 것이 너희에게는 허락되었으나 그들에게는 아니되었나니 무릇 있는 자는 받아 넉넉하게 되되 없는 자는 그 있는 것도 빼앗기리라"(마 13:11-12)라는 말씀을 그렇게 해석하고 적용한 것입니다. 이렇게 되면 신천지 이외에 다른 사람의 말이나 생각은 듣지도 받아들이지도 않고 신천지만의 독단에 빠지게 됩니다. 이것이 신천지가 원하는 바입니다. 그러면 그럴수록 더 깊이 세뇌 속으로 들어가는 것이기 때문입니다. 그리고 신천지의 선악의 기준은 일반적인 개념과 완전히 다릅니다. 신천지에 유익하면 '선'이고 신천지에 해가 되는 것은 '악'이 됩니다. 나는 옳고 너는 잘못되었다는 사고는 아주 위험한 사고입니다. 독재자나 범죄자들이 가진 기본적인 사고의 형태인 것입니다. 그래서 신천지는 거짓

말을 해도, 심지어 범법을 해도 양심의 가책을 받지 않습니다. 왜냐하면 자신이 하는 모든 행위가 하나님을 위해서 하는 옳은 행위라고 스스로 합리화하기 때문입니다.

② 생각의 편향을 강화하기 위해서 신천지는 편견적인 단어를 자주 사용합니다. 그 이유는 편견적인 단어는 사용하는 사람이나 듣는 사람으로 하여금 그 단어에 묶이게 하기 때문입니다. 예를 들면 신천지의 강사들은 일반교회 목사들을 '짖지 못하는 개'라고 비하합니다.

> "이스라엘의 파수꾼들은 맹인이요 다 무지하며 벙어리 개들이라 짖지 못하며 다 꿈꾸는 자들이요 누워 있는 자들이요 잠자기를 좋아하는 자들이니"(사 56:10).

이렇게 부름으로써 자신들이 더 특별한 사람인 양 보이기 위한 것입니다. 그런데 이런 말에는 부수적인 효과가 나타납니다. 그것은 이전에 목회자와 관계가 좋지 않았던 사람이나 권위자들에게 불만을 가진 사람들에게 묘한 쾌감을 주는 것입니다. 특히 성경을 빗대어 그런 말을 하면 정당한 것처럼 착각하게 됩니다. 그래서 신천지의 강사들은 자주 공개적으로 이런 혐오적인 단어들을 사용합니다. 그렇게 하여 의식 깊이 박히게 합니다. 신천지는 이런 표현으로 사람들을 묶어서 일반교회로 다시는 돌아가지 못하도록 세뇌하는 것입니다.

이런 편향적인 단어는 부정적인 세뇌의 방식일 뿐만 아니라 그 영혼을 말살하는 방식이기도 합니다. 그런데도 자주 사용하고 있는 것은 신천지가 각 개인의 영혼에는 관심이 없다는 방증입니다. 신천지는 이 말씀의 의미를 제대로 알기나 할까요?

> "또 네 이웃을 사랑하고 네 원수를 미워하라 하였다는 것을 너희가 들었으나 나는 너희에게 이르노니 너희 원수를 사랑하며 너희를 박해하는 자를 위하여 기도하라 이같이 한즉 하늘에 계신 너희 아버지의 아들이 되리니 이는 하나님이 그 해를 악인과 선인에게 비추시며

비를 의로운 자와 불의한 자에게 내려주심이라"(마 5:43-45).

③ 신천지는 자신의 조직에 대해서는 오직 좋고, 옳다는 생각만 하도록 장려합니다. 반대로 신천지에 대한 부정적인 표현은 금하는데 그것은 마귀가 준 것이라고 가르칩니다. 그뿐 아니라 지도자나 교리 혹은 정책에 대한 비판적 의심도 받아들이지 않습니다. 그런 것은 배도자나 마귀가 하는 일이라고 몰아붙입니다. 그래서 생각에서라도 배도할 마음을 가지지 못하게 합니다.

신천지는 강의 중에나 모임 중에 끊임없이 '네 생각을 죽이라'는 요구를 하는데 그곳에서 가르치는 것을 이성적으로 판단하지 못하게 하려는 의도에서입니다. 신천지 내에서 벌어진 불법적인 일들을 보고 알면서도 그것이 나쁘다고 말하는 사람이 나타나지 않는 것은 바로 이런 구조 안에서만 이해가 됩니다.


## 3) 정보 통제

생각의 통제를 완벽하게 하기 위해서 동원하는 것이 정보의 통제입니다. 자신들이 제공하는 정보와 다른 정보가 들어가면 신도의 마음에 문제가 발생하게 되고 세뇌하려는 목적이 무산되기 때문입니다.

① 모든 이단은 자신들이 하는 말만 믿도록 하기 위해서 두 가지 방법을 사용합니다. 먼저 자신들이 만든 신문, 잡지, 저널, 오디오 테이프, 비디오 테이프, 기타 미디어들만 많이 보도록 요구합니다. 이런 정보 매체에서는 객관적인 정보를 왜곡하고 심지어는 명백한 거짓말도 서슴없이 뻔뻔하게 합니다.

이전에 'PD수첩'에서 이만희 총회장과의 대담을 기획하고 상영을 했는데 이들은 MBC의 'PD수첩'이 왜곡된 편집으로 사람들을 속였다면서 자신들의 촬영분을 자체 방송에서 방영을 했습니다. 그런데 그 영상에는 'PD수첩'의 방영이 잘못된 것이라고만 말할 뿐 실제로 그것을 반증할 다른 영상을 제시하지 않았습니다. 그럼에도 그들은 이만희 교주가 매도당했다고 선전했습니다. 놀라운 사실은 신천지 신도들이 이만희 교주가 'PD수첩'에서 매도당했다고 믿는 것입니다. 동일한 장면을 보고 다르게 설명했는데도 말입니다.

두 번째는 다른 정보에 대한 접근을 차단하거나 최소화하려고 합니다. 그런데 이것은 막을 수 있는 것이 아니기 때문에 다른 정보들에 대해서 교리적으로 먼저 교육을 시킵니다. 자신들에게서 배운 말씀은 생명과이고 다른 곳에서 나온 것은 선악과인데 선악과를 먹으면 영이 죽는다고 가르치는 겁니다. 그래서 일반적인 책이나 기사와 신문 잡지, TV, 라디오들을 보지도 듣지도 못하게 합니다.

특히 신천지를 탈퇴한 사람들에 대한 정보들을 없애거나 왜곡하여 그 사건을 알지 못하게 합니다. 한 예를 들면 신천지에서 일어난 대표적인 배도 사건은 대구 다대오 지파의 배도 사건입니다.

신천지는 이 사건을 구약의 단 지파 사건과 연관을 지어 설명합니다.

"1993년 11월 이후 광신적 거짓 시한부를 주장하다가 1995년 3월 14일 근신의 징계를 받고 나갔던 백*석 목사는, 그 후에도 시한부 종말론에 푹 빠져 제 나름의 이론을 주장해오던 바 1997년 12월과 1998년 1월에 영등포에 살고 있던 성도 중 한 명이 신*용 강사와 그 심복들이 신천지를 떠나 백*석 목사를 예수로 인정하고 그 교리와 그 소속을 공공연하게 교육하고 있다고 전해왔다.

이 소식을 듣고 선생님께서 조용히 수습하기 위해 신*용 강사에게 전화로 1월 6일 저녁 7시 30분에 대구소속 강사들을 모아달라는 부탁을 하고 하루 전에 대구로 가셨다. 그날 신*용 강사가 전화로 대구 교회 강사들에게 '선생님이 눈치를 챘다. 다 모여서 선생님이 오시면 막가파 같은 작전으로 몰아세우고 내쫓아야 한다'라고 하는 말을 몇몇 전도사님들이 전해옴에 따라 저녁 7시가 아닌 오후 3시에 대구교회에 들어가셨다.

그때 신*용 강사는 열심히 성도들에게 세뇌교육을 하고 있었다.

당시 한 사람도 선생님께 인사를 하지 않았는데 갑자기 어디서 사회자라 자처하는 한 사람이 나타나고 곧 한 장의 질의서와 함께 '사도요한에게 질문을 한다' 하더니 선생님께서 매번 질문에 대한 답을 하려고 하면 중지를 시켰고 성도들은 무슨 교육을 받았는지 계속 모세를 외치며 크게 소리를 질렀다. 신*용 강사는 더욱 성도들을 부추기며 '우리는 신천지를 떠나 독립한다'고 말하자 성도들은 모두 같은 말과 행동을 보였다. 사회자는 일방적으로 '사도요한은 질문에 한마디도 답을 못했습니다'라고 말하며 좋아했다(선생님께서 대답을 하시려고 하면 중지시키고 대답 못했다고 하며 다음 질문으로 넘어갔다고 하죠). 그리고는 선생님을 바깥으로 끌어냈다. 이 어찌 통탄하지 않을 일인가? 이 일로 신*용 강사는 무식과 교만으로 자기와 대구 전 성도를 지옥에 쓸어 넣는 배신, 배도한 발람의 길이요 열둘 중의 하나인 가룟 유다의 길을 걷게 된 것이다."

그런데 이 사건의 실상은 대구의 다대오 지파의 지파장인 신*용 목사가 실상을 공부하던 중 문제가 되는 부분들을 의심하다가 이만희 교주가 대구를 방문하던 날 교인들 앞에서 질문을 했는데 그 질문에 대답을 하지 못한 이만희 교주가 신*용 목사의 뺨을 때리고 올라가버리자 다대오 지파 전체가 신천지를 떠난 사건이었습니다.

그때 사회를 보았던 최*규 신천지 강사는 그때의 사건을 이렇게 말합니다.

"이 사건을 두고 극명하게 다른 이야기를 하는 양 측의 주장을 볼 때 이 사건에서 또한 누군가는 거짓말을 하고 있다는 결론이 나온다. 거짓말쟁이는 누구인가. 신천지의 이만희 총회장인가 당시 그 자리에 참석했던 대구 다대오 지파의 오백여 명의 신도들인가. 가룟 유다의 실상이 되어버린 이 사건의 유일한 증거인 당시 유인물 50여 문항의 질문지는 우리에게 이러한 메시지를 주고 있는 것 같다. 신

천지의 이희재(이만희)는 천하의 둘도 없는 거짓말쟁이 사기꾼이다
라고"(https://blog.naver.com/fanta_b612/221201515822).

그런데 신천지인들 중에 이 사건의 전말을 제대로 아는 사람은 얼마나
될까요? 이것이 바로 신천지가 행하는 정보 통제입니다.

② 신천지는 자신들 안에서 일어나는 정보를 모든 신도들에게 선명하게 공개
하지 않습니다. 거의 모든 것을 비밀스럽게 다룹니다. 그리고 조직의 지위
와 임무에 따라 정보의 노출 정도가 결정됩니다. 이 모습은 마치 군대의 비
밀업무를 담당하는 부서를 보는 것 같습니다. 그래서 신천지에서는 낮은
직급의 사람들은 위에서 제공하는 정보 이외에 다른 것을 접할 수가 없습
니다. 신천지를 나오고 나서야 그들은 얼마나 많은 부분에서 속았는지를
발견하게 됩니다.

## 4) 감정 통제

이단의 교주들은 신도들의 감정을 통제하는 데 특별한 재능을 가지고 있습
니다. 감정의 통제를 통해서 신도들을 조종하고 자신들이 얻고자 목적하는 것
을 얻게 됩니다.

① 감정 통제의 기본적인 방식은 두려움을 이용하는 것입니다. 그래서 신천지
는 주기적으로 신도들에게 두려움을 주입합니다. 구원을 약속하긴 하지만
절대로 보장해주지는 않습니다. 예를 들면 처음에는 신천지에 정식으로 들
어오기만 하면 구원이 보장되는 것처럼 말하지만 정작 신천지에 들어오게
되면 말을 바꿉니다. 신천지에 들어와 신도가 되었다고 해서 구원을 받는
것이 아니라 하나님의 마음에 합한 144,000명에 들지 못하면 구원을 보
장할 수가 없다고 말합니다. 그러면 이제는 144,000에 들기 위해서 계속
쉬지 말고 뛰어야 합니다. 이것은 구원을 잃을까 하는 두려움을 자극하는
가장 기본적인 방법입니다.

그리고 세뇌가 된 개인은 신천지와 함께하지 않는 긍정적 미래를 상상

할 수 없습니다. 그래서 그들은 신천지 밖에서는 행복과 성취가 없고 만약 떠난다면 끔찍한 일이 발생할 것이라는 저들의 말을 믿어버립니다. 신천지를 떠나면 지옥에 가고, 악귀에 들리고, 불치병을 앓고, 사고가 나고, 자살하거나 가족들은 정신이상을 일으키게 되리라고 말입니다. 그 두려운 마음이 조직을 떠나지 못하게 막는 것입니다.

② 신천지는 죄책감을 과도하게 사용하여 신도들을 조종합니다. 죄책감보다 사람을 강하게 묶을 수 있는 감정은 존재하지 않습니다. 신천지는 죄책감을 특히 전도와 연결합니다. 전도를 하지 못하는 자에게 질책을 해도 그것은 성경적인 질책이 되고 당하는 입장에서는 반론을 할 방법이 없습니다. 그래서 전도하지 못하는 자는 110만 원을 내라고 해도 그것이 잘못되었다는 생각을 하지 못합니다. 심지어 110만 원을 내는 것이 약한 처벌이라고 받아들이는 사람도 있습니다.

그리고 이 모든 문제에서 그것은 항상 그들 자신의 잘못이지, 지도자나 조직의 잘못이 아니라고 느끼게끔 유도합니다. 대표적으로 사용하는 말은 "네가 믿음이 없어서 그런 것이다"는 말입니다. 강력한 가스라이팅입니다. 이런 자들에게 돌려주어야 할 말이 있습니다. '너나 잘하세요!' 친절한 금자 씨가 신천지 지도자들에게 하는 말입니다.

신천지의 세뇌는 이미 여러 교육과정을 통해서 만들어지고 강력한 통제를 통해서 더 강화됩니다. 그 안에 있는 동안에는 스스로 깨달을 수도 빠져나올 수도 없습니다. 그래서 누군가가 그를 강제적으로라도 빼내와야 합니다. 탈세뇌를 하려면 가장 먼저 그곳에서 벗어나고 그곳에서의 세뇌를 차단해야 한다는 점을 명심해야 합니다. 그리고 그들을 돕고자 한다면 그들을 보는 시선의 변화도 필요합니다. 마치 그루밍 성범죄 피해자들을 향해 "너의 책임이다!"라고 정죄하지 않는 것 같이 신천지에 빠진 사람들을 정죄하지 않고 피해자로 볼 수 있어야 합니다. 그럴 때 비로소 그들을 도울 수 있는 길이 보이게 됩니다.

3부

세뇌를
강화하는 요소들

# 3부

## 세뇌를
## 강화하는 요소들

# 1장.
## 강의자들의 확신

　　신천지 세뇌에서 간과할 수 없는 중요한 요소는 신천지 강사들의 확신입니다. 복음방 이상의 강사들은 어느 누구라도 자신의 강의를 들으면 교화 즉 세뇌될 수밖에 없다는 확신을 가지고 있습니다. 특히 비유풀이에 대한 확신은 대단합니다. 그런데 이 확신은 어디서 왔을까요? 그것은 자신들이 그 방법으로 세뇌를 당한 장본인이기 때문입니다. 자신이 경험한 것이 바로 확신의 바탕이 됩니다. 그리고 이 확신이 가르침을 받는 자들에게 전이가 되는 것입니다.

　　신천지의 탈퇴자들은 신천지의 강사들이 일반교회의 목사들보다 탁월한 강의를 한다고 합니다. 그 배경을 살펴보면 신천지에서 강사가 되려고 하면 성경 4,000구절 이상은 암기를 해야 하고 강의안도 다 외워야 합니다. 그래서 강사들은 성경이나 다른 것을 보지도 않고 술술 강의를 할 수 있고 듣는 사람으로 하여금 '성경박사들이구나'하는 느낌을 받게 합니다. 그래서 강사의 강의를 듣고 교육생들은 이들을 신뢰하게 됩니다. 이 부분은 일반교회의 목사들이 깊이 새겨들어야 합니다. 이단에 속한다고만 말할 것이 아니라 목사 자신들의 강의에 감동을 받지 못하고 있다는 현실을 자각해야 합니다. 내 설교가 이단들의 설교보다 좋다는 환상에서 빨리 깨어나야 합니다. 그 증거로 일반교회에 추수꾼으로 파송된 사람들 중에 그 교회의 목사의 설교를 듣고 감동을 받아서 돌아선 사람이 거의 없다고 합니다. 물론 추수꾼으로 파송이 되기 전에 먼저 사상검증을 통과한 사람들이긴 하지만 그럼에도 불구하고 몇 만 명이나 되는 추수꾼 중에 한 사람도 일반교회 목사들의 설교를 듣고 돌아와서 회심하고 양심고백을 한 사람이 없다는 것에 한국교회가 강단의 위기감을 느껴야 합니다.

# 2장.
## 신천지의 교육 방식

## 1. 반복 교육

신천지의 교리교육의 특성은 반복입니다. 그런데 신천지는 동일한 내용을 지겹도록 반복만 하는 것이 아닙니다. 초기에는 일반적인 성경 공부 중에 조금씩 뿌려서 맛만 보여줍니다. 그리고 과정이 높아질수록 그 내용을 본격적으로 확장시켜갑니다. 마치 눈덩이가 굴러가면 커지듯이 말입니다. 그래서 교리의 전체적인 내용을 설명할 즈음에는 수없이 반복된 주된 뼈대는 거의 자동적으로 외워지게 됩니다.

신천지 교리의 반복적인 특성은 이만희 교주의 대중 강의에도 등장합니다. 이만희 교주는 어디에서 하는 강의든지 그 내용은 기본교리에 대한 것입니다. 이 내용은 대부분의 신천지 사람이 다 아는 것입니다. 그럼에도 왜 다 아는 내용으로 강의를 할까요? 그들에게는 새로운 진리가 필요 없기 때문입니다. 그들에게는 반복을 통해서 더 깊은 세뇌로 인도만 하면 되기 때문입니다. 그래서 그들은 동일한 내용의 강의를 반복하는 것입니다. 세뇌가 되면 아무리 같은 말을 해도 문제가 되지 않습니다. 오히려 새로운 것을 많이 가르치면 다른 생각을 하게 됩니다. 그래서 신천지는 같은 내용을 반복과 반복으로 교육하는 것입니다.

## 2. 상징과 그림의 사용

신천지에서는 자신들의 강의나 교리를 그림을 사용하여 설명하고 교육합니다. 그들이 그림을 사용하는 이유는 문장과 글로 배우는 것보다 그림을 통해서 배우는 것이 암송하기 쉽기 때문입니다.

그런데 글을 인식하고 저장하는 것과 그림을 인식하고 저장하는 것 중에 어느 것이 컴퓨터의 입장에서는 쉬울까요? 컴퓨터는 글을 인식하고 저장하는 것이 훨씬 쉽습니다. 그것은 글보다 그림이 훨씬 많은 용량을 차지하기 때문입니다. 그렇다면 왜 사람의 머리는 그림을 더 잘 인식하고 암송이 잘 되는 것일까요? 그것은 뇌의 더 많은 영역이 동원되기 때문입니다. 뇌가 활성화되는 영역이 크다는 겁니다. 그래서 더 오래 선명하게 기억을 할 수 있게 됩니다. 이미지를 이용하면 훨씬 세뇌를 깊게 할 수 있습니다. 신천지는 그림의 경우에도 교리의 내용과 같이 지속적으로 반복하여 보여줌으로써 머릿속에 그림을 그려버립니다. 그래서 신천지의 교육을 받은 자는 그림을 통해서 신천지의 교리를 다른 사람에게 가르칠 수 있는 지경이 됩니다. 자신이 배운 대로만 하면 다른 사람도 충분히 세뇌가 가능하다는 사실을 알기 때문입니다.

## 3. 교리의 암송

신천지에서 아주 중요하게 여기는 것은 교리를 암송하는 것입니다. 교리를 얼마나 암송하고 있는지를 확인하기 위해서 새 언약 이행이라는 시험을 칩니다. 신천지에서는 이 시험을 다음과 같이 홍보합니다.

"[새 언약 이행 시험] 천국을 통과하는 관문 - 자동차를 운전하려면 운전을 할 수 있는 자격을 갖추는 것이 중요합니다. 먼저는 운전면허 필기시험에 합격하여 운전에 필요한 기초 지식을 익힙니다. 그런 다음 기능 시험과 도로주행 실기를 통과해야 합니다. 운전을 잘하고자 하는 마음이 있어도 그만큼의 준비가 되어있지 않다면 운전면허 자격증을 취득할 수가 없습니다. 왜냐하면 준비되어있지 않은 채로 운전을 하면 사고가 일어날 수도 있기 때문입니다. 운전이 미숙하여 교통사고가 발생해서는 안 되겠죠? 세상에서 필요한 시험도 자격을 갖추려고 노력해야 하는데 하물며 천국의 시험은 어떠할까요? 새 언약을 여러분은 지키고 있으신가요? 성경에서의 약속을 지키고 깨달을 수 있는 시험, 천국을 통과하는 관문인 새 언약 이행 시험을 소개합니다.

성경에서 말하는 새 언약은 하나님의 법을 생각에 두고 마음에 기록하는 것입니다.

'또 주께서 이르시되 그 날 후에 내가 이스라엘 집과 맺을 언약은 이것이니 내 법을 그들의 생각에 두고 그들의 마음에 이것을 기록하리라 나는 그들에게 하나님이 되고 그들은 내게 백성이 되리라 또 각각 자기 나라 사람과 각각 자기 형제를 가르쳐 이르기를 주를 알라 하지 아니할 것은 그들이 작은 자로부터 큰 자까지 다 나를 앎이라 내가 그들의 불의를 긍휼히 여기고 그들의 죄를 다시 기억하지 아니하리라 하셨느니라'(히8:10-12). 이것을 실천할 수 있는 방법으로 신천지 교회에서는 약속의 목자를 통해 출제한 300문제를 모든 성도가 한 날을 정하여 시험을 치르게 되었습니다. 한결같이 질서 정연한 모습이었습니다. 그리고 대부분이 90점 이상을 맞았습니다"(신천지 관련 블로그 https://creationofpeace.tistory.com/127 2018. 3. 7).

신천지의 정식 신자로 입교를 하기 위해서는 이 새 언약 이행 시험을 통과해야 하는데 300문제에서 270점 이상의 점수를 받아야 합니다. 그런데 이 정도의 점수를 받으려면 얼마나 공부해야 할까요? 신천지 교리를 거의 암송해야 합니다. 신천지는 교리를 이런 방식으로 암송하게 해서 세뇌를 확증하려는 것입니다. 그런데 일반교회 성도들은 교리를 얼마나 많이 알고 있을까요? 소교리문답 1번이라도 외우고 있는 사람이 얼마나 있을지 불안하기만 합니다.

소교리문답 제 1 강 인간의 삶의 목적

제1문 : 인생의 제일 된 목적은 무엇인가?

답 　 : 인생의 제일 된 목적은 하나님을 영화롭게 하고 그를 영원토록
　　　 즐거워하는 일이다.

# 3장.
## 바벨 탐방

신천지의 교육 중에 일반교회를 탐방하게 하는 과정이 포함되어있습니다. 그것을 바벨 탐방이라고 합니다. 바벨은 신천지에서 일반교회를 지칭하는 단어입니다. 신천지가 바벨 탐방을 실시하는 이유는 몇 가지가 있습니다.

첫 번째는 아직 입교 단계에 이르지 않은 수강생들에게 신천지가 일반교회보다 말씀에서 더 정통이라는 확신을 갖게 하려는 것입니다. 수강생들에게 주일에 일반교회에서 예배를 보고 오도록 하고, 방문일시와 방문교회 그곳에서 들은 설교의 내용과 발견한 모든 것을 적어서 내게 합니다. 그리고 그 수강생들에게 일반교회의 목회자의 설교와 신천지의 강사들에게 배운 것을 비교하면서 토의를 하게 합니다. 이렇게 하면 어떤 결과가 나오게 될까요? 물론 대부분 일반목사들의 설교는 들을 것이 없다는 결론에 도달하게 됩니다. 이렇게 하는 목적은 뻔합니다. 수강생들에게 신천지가 일반교회보다 말씀에서 더 정통이라는 확신을 갖게 해서 신천지에서 떠나 교회로 돌아가지 못하도록 하려는 전략입니다.

두 번째는 입교 후에 탐방을 통해서 일반교회의 정보를 파악하고 교회에 대한 적개심을 갖도록 하기 위한 것입니다. 신천지 입교 후에도 바벨 탐방은 지속적으로 실시됩니다. 각 지파의 섭외부에서 부서마다 바벨 탐방 할당량을 하달하고 그것에 따라 바벨 탐방을 하는데 여기서의 탐방은 입교하지 않은 수강생들이 탐방하는 것과는 목적이 다릅니다.

입교 후의 탐방은 일반교회의 정보를 파악할 뿐만 아니라 교회에 대한 적개심을 북돋우려 하기 위함입니다. 즉 적진을 탐방하는 것입니다. 가나안 12정탐꾼과 같이 말입니다. 그리고 이런 과정에서 획득한 정보를 통해서 섭외부는 일반교회의 약점을 파악하고 나중에 그 교회를 사냥하는 데 이용하려고 합니다.

신천지가 이런 일을 하는 이유는 신도들이 혹시라도 마음이 변하여 일반교회로 다시 돌아갈 수 없도록 마음의 벽을 세우기 위함입니다. '나는 일반교회에 속한 사람이 아니다, 이곳으로는 돌아가지 않겠다'는 무언의 세뇌를 하는 것입니다. 이렇게 세뇌가 된 사람은 신천지를 나와도 갈 곳이 없다는 느낌을 받게 됩니다. 그래서 어쩔 수 없이 다시 신천지로 돌아가거나 아니면 다른 이단으로 가게 됩니다. 물론 개중에는 무신론자가 되어서 종교와는 상관없이 살아가기도 합니다. 결론은 교회로는 돌아오지 않는다는 겁니다.

그래서 신천지가 무너지면 신도들이 교회로 돌아올 것이라는 막연한 기대를 갖고 있다면 오산입니다. 그들은 이미 일반교회로 돌아오지 않도록 세뇌가 되어있기 때문입니다. 돌아오게 하려면 그들 안에 새겨진 바로 이 세뇌를 깨뜨려야 합니다.

# 4장.
## 신천지 커밍아웃

　　신천지는 센터 교육 말기 즈음에 자신들이 신천지임을 의도적으로 공개합니다. 그러면 교육생들은 엄청난 충격에 빠지게 됩니다. 자신들은 정통 신학을 한 사람이라고 누누이 이야기했는데 이제 와서 자신들이 신천지라고 고백하면 어쩌라는 겁니까? 사실 그들과 공부를 하면서 조금 의심을 했던 사람들도 막상 그 사실을 그들의 입으로 직접 들어서 알게 되면 머리를 망치에 맞은 것과 같은 충격을 받습니다. 그래서 대부분의 사람들은 그 충격으로 잠도 제대로 자지 못하고 밥도 제대로 먹지 못한 채로 깊은 고민에 빠지게 됩니다.

　　놀라운 사실은 그럼에도 불구하고 교육생들이 다시 센터로 나간다는 것입니다. 왜 그럴까요? 그것은 자신들을 왜 속였는지에 대한 답을 듣고 싶기 때문입니다. 그렇지만 센터 강사들은 태연하게 이전과 같이 그들을 대합니다. 마치 아무런 일도 없었다는 듯이 말입니다. 교육생이 왜 자신을 속였느냐고 따지면 좋은 목적을 위해서 어쩔 수 없이 속였다고 말합니다. 그리고 "당신이 원하면 언제든지 돌아갈 수 있다"고 말합니다. "그런데 기왕 들어본 것 끝까지 들어보고 판단하라"면서 "지금 나가버리면 그동안 들인 시간이나 노력이 아깝지 않느냐"고 반문합니다.

　　그러면 대부분의 교육생들은 기왕 이렇게 된 거 조금만 더 지켜보리라고 생각합니다. 왜냐하면 강사가 언제든지 자신이 나가려고 하면 나갈 수 있다고 말했기 때문입니다. 그래서 대부분의 사람들은 지금까지 해온 것처럼 공부를 계속해나갑니다. 그들의 가르침이 사실인지 아닌지를 확인하기 위해서 말입니다. 그리고 며칠 후에는 언제 그런 일이 있었는가를 의심할 정도로 이전의 모습으로 돌아가 열심히 신천지 성경공부를 하게 됩니다.

바로 이 장면이 신천지 세뇌의 진짜 무서운 장면입니다. 세뇌에서 가장 악한 방법은 변성의식을 이용해서 세뇌를 하는 것으로, 무의식을 세뇌하는 겁니다. 변성의식은 여러 가지 방식으로 만들게 되는데 그중의 하나가 정신적인 충격을 가하여 만드는 것입니다. 신천지가 커밍아웃을 하는 목적이 바로 이것입니다. 의식이 충격을 받아서 멍한 트랜스 상태가 되게 만들고, 그때 암시적인 말들을 슬쩍 던져 넣으면 최면술사에게 최면 걸린 사람처럼 명령한 것을 그대로 따라 하게 됩니다. 이때 그들이 교육생들에게 "기왕 들어본 것 끝까지 들어보고 판단하라"는 암시가 명령어가 됩니다. 그리고 이 암시의 말은 앞으로 신천지 안에서 어떤 일이 벌어져도 끝까지 들어봐야 한다는 명령어가 됩니다. 그래서 신천지에서 나오지 못하는 요소가 되는 것입니다. 신천지 강사들의 커밍아웃은 실수가 아니라 의도적인 것입니다. 그리고 그들이 이 방법을 사용하는 것은 세뇌의 원리를 안다는 것입니다. 또한 이 방법을 적극적으로 사용하는 것은 그들이 범법자들임을 나타내는 것입니다. 그래서 이만희 교주분만 아니라 그에 적극적으로 동조한 수뇌부들까지 구속돼야 마땅합니다.

# 5장.
## 은사 치기
## - 섭외자가 신천지를 떠나지 못하게 하는 사기 전략

은사 치기에서 '은사'는 은혜와 사랑의 준말이고 '치기'는 사기 치기의 준말입니다. 은사 치기는 사실상 집단적 가스라이팅으로 봐야 합니다. 상황이나 사람들을 조작해 상대방이 스스로를 의심하게 만들어 자신들의 뜻대로 조종하는 정서적 학대 행위이기 때문입니다. 은사 치기는 신천지의 여러 영역에서 활용됩니다.

다음 사례는 은사 치기가 어떻게 일어나는지를 잘 보여줍니다.

"희원 씨(가명)는 아이를 잘 키우고 싶은 마음에 신천지 교리 교육인지도 모른 채 성경공부를 시작했다. 2017년 초부터 주 3회 성경공부를 한 것은 물론 문화센터에서 만난 신천지 신도를 비롯해 멘토까지 모두 신천지 신도들로 구성된 이들과 교제하기 시작했다. 성경공부는 재미도 있었지만 부담스러웠다. 그 이유 중 하나는 희원 씨가 독실한 불교 신자였다는 데 있었다. 희원 씨는 '불교 신자인 저랑 성경공부는 맞지 않는 것 같아요. 게다가 부산에 일이 있어서 곧 내려가야 해요'라며 중단할 의사를 밝혔다.

그들은 마지막으로 밥이나 먹자고 제안했다. 그들은 식당을 찾은 희원 씨를 상대로 상상도 못할 모략을 펼쳤다. 법복을 차려입은 두 명의 승려가 나온 것이다. 그들은 단주를 돌리면서 '여기 식당 자리가 참 좋네'라며 옆자리에 앉더니 대번에 희원 씨를 향해 '이동 수(운세)가 있으니 집을 3일 이상 비우면 안 된다. 그러면 집에 나쁜 기운이 들어온다'며 공포감을 줬다. 그들은 '당신 아이들이 대단한 인재가 될 것이다'며 '그건 엄마가 어떻게 하느냐에 따라 달라지는데, 당신에게 다가온 귀인들을 놓치면 절대 안 된다'고 강조했다. 두 명의 신천지 신도가 승려 복장을 하고 '복치기'(복술과 사기 치기)를 한 것이다. 잎사귀, 인도자, 단향자 모두 사전에 계획한 사기였다는 것을 불교 신자인 희원 씨는 꿈에도 생각지 못했다. 결국, 복치기에 마음이 흔들린 희원 씨는 다시 성경 공부에 집중하게 됐고 센터(신천지 신학원)를 수료한 뒤 신천지에 입교까지 하게 된다"(국민일보 2020년 4월 30일. 불교 신자 상대 가짜 승려 내세워 '복치기').

위 사례처럼 승려 같이 영적 스승으로 여겨지는 사람의 말을 듣다보면 '열매'는 신천지 신도들을 신뢰하고 믿고 따르지 않을 수 없게 됩니다. 신천지에서 나온 사람들의 다수가 그때는 몰랐는데 신천지에 들어가서야 자신들이 은사 치기를 당해서 신천지에 들어왔다는 사실을 알게 되었다고 합니다. 처음에는 매우 화가 났지만 그것은 이미 지나간 일이고 자신도 은사 치기의 일원으로 다른 사람들에게 그런 짓을 하고 있기 때문에 스스로 합리화를 하게 된다고 합니다.

이런 사례는 부지기수입니다. 그리고 신천지에서 떠나려고 하는 사람이 있다는 정보를 받으면 섭외부가 움직입니다. 그 사람이 움직일 동선을 미리 파악하여 제 3의 사람을 동원해 지나가는 사람인 양하면서 암시의 말을 던집니다. 예를 들면 "말씀을 전하는 곳을 떠나면 집안에 문제가 생길 거야" 같은 말을 던지고 지나가는 겁니다. 이 말을 들은 사람은 전혀 생각하지도 못한 상황에서 생각지도 못한 사람에게 들은 말이기 때문에 무방비로 당할 수밖에 없습니다. 암시적 효과가 극대화되는 겁니다. 그래서 이런 은사 치기를 당하면 여지없이 흔들리게 됩니다. 신천지 신도들은 이미 다른 유형의 세뇌를 받은 사람들이어서 암시의 효과는 극대화됩니다. 그래서 신천지를 떠날 마음을 접게 되는 것입니다.

# 6장.
## 하늘문화예술체전
## - 집단 세뇌

신천지에서는 4년 간격으로 하늘문화예술체전을 열고 있습니다. 그 목적은 무엇일까요?

그것은 하늘문화예술체전의 선전 안내문에 명확하게 나타납니다.

〈사례1〉

[2012년 신천지 하늘문화예술체전 안내문]

"하늘의 문화를 보여주는 신천지 하늘문화예술체전! 하나님의 역사가 이루어지는 신천지에서 제6회 신천지 하늘문화예술체전을 개최합니다~

제5회 하늘문화예술체전의 놀라운 감동이 아직도 생생한데 어느덧 4년이 훌쩍 지나

제6회 신천지 하늘문화예술체전이 이제 눈앞으로 다가왔습니다~

신천지 하늘문화예술체전이 세상의 다른 예술체전이나 체육대회와 크게 다른 점은 신천지 하늘문화예술체전이라는 명칭이 아깝지 않게 하늘문화가 그 속에 녹아있다는 것입니다~

마스게임을 통하여 계시록을 설명해 줄 뿐만 아니라 카드섹션을 통하여 하나님의 역사를 보여주었습니다. 특히, 다가오는 제6회 신천지

하늘문화예술체전에는 이만희 총회장님의 2차에 걸친 동성서행의 결과로 전 세계에서 많은 사람들이 몰려온다는 것입니다. 또, 자원봉사단체 만남과 같이 공동 개최되는

　　제6회 신천지 하늘문화예술체전은 전 세계인의 주목을 받는 멋진 예술체전이 될 것입니다~"


그런데 이런 유형의 체전은 독재국가들에서만 볼 수 있는 장면입니다. 특정해서 말하자면 북한의 사례에서 보게 됩니다. 북한의 집단 체조의 목적을 다음과 같이 설명합니다.


[아리랑 공연은 김정일 우상화 선전과 외화벌이 수단]
"북측이 다음달 10월 2일부터 4일까지 진행될 남북정상회담 중, 노무현 대통령의 아리랑 공연 관람을 포함시키라고 제의했다고 한다. 무엇 때문에 아리랑 공연을 남한 대통령에게 보여주려고 하는가? 북한이 아리랑 공연을 노대통령에게 보여주려고 하는 것은 음흉한 목적이 있다. 북한에서의 모든 공연이 김일성, 김정일, 부자를 찬양하고 우상화하기 위한 행사임은 세상에 널리 알려진 사실이다. 이번에 진행될 아리랑 공연 역시 예외가 될 수 없다. 그 목적의 하나는 김정일을 우상화하고 독재체제의 우월성을 남한의 현 대통령과 관료들에게 보여주어 대내외적으로 과시하자는 데 있다. 또 다른 하나는 김정일의 호주머니에 돈을 채워넣기 위한 외화 벌이 수단으로 활용하자는 데 있다. 그로 인해 이번에 노대통령에게 보여주기 위해 또 얼마나 많은 시민들과 한참 자라날 학생들이 먹지도 못하며 고생하여야 하는지 가늠하기 어렵다"(올인코리아, 2007년 9월 24일, http://m.allinkorea.net/a.html?uid=7301).


북한은 자신의 체제를 선전하기 위해서 그리고 집단의식을 함양하고 자신

의 집단을 과시하기 위해서 집단체조를 이용하고 있습니다. 물론 경제적인 이유도 한몫을 하지만 말입니다.

그런데 신천지가 바로 이런 동일한 목적으로 체전을 열고 있습니다. 신천지 하늘문화예술체전 안내문을 통해서 알게 되는 사실은 하늘문화예술체전은 집단적으로 그 스스로를 세뇌하는 작업이라는 것입니다. 구경꾼으로 세뇌당하는 것이 아니라 참여자로 세뇌당하는 겁니다. 그리고 그 쇼를 위해서 물질적으로 시간적으로 이용당하는 것을 오히려 뿌듯한 자긍심으로 느끼도록 안배가 되어있습니다. 이 행사를 통해서 교주를 더 깊이 신뢰하고 따르는 희생양으로 자라나게 되는 것입니다.

4부

신천지가 사용하는
세뇌의 도구들

# 4부

## 신천지가 사용하는
## 세뇌의 도구들

# 1장.
## 모략 전도

## 1. 모략 전도란

한 인터넷 사이트에 "신천지인 여러분 당신은 짜놓은 모략의 풍선을 타고 어디든 날아갈 수 있습니다. 하지만 결코 출발했던 자리로 돌아오지 못한다는 사실을 알고 계시기 바랍니다" 라고 적힌 구절이 마음에 다가옵니다. 모략 전도는 거짓으로 사람을 속여 신자로 만드는 방법을 지칭하는 것입니다. 신천지는 "모략"이라는 용어를 이사야서에서 인용했습니다.

"내가 종말을 처음부터 고하며 아직 이루지 아니한 일을 옛적부터 보이고 이르기를 나의 모략이 설 것이니 내가 나의 모든 기뻐하는 것을 이루리라 하였노라"(사 46:10).

그런데 원래 모략이라고 번역된 히브리어 "아차티"는 "하나님이 초월적인 지혜로 역사 운행에 대해 작정하신다"는 의미의 용어인데 신천지는 모략이라는 단어를 국어사전의 의미로 해석합니다. "남을 해치기 위하여 사실을 왜곡하거나, 속임수로 남을 해롭게 함"이라고 의미를 바꿨습니다. 이것은 성경을 성경으로 해석한다는 그들의 원리를 어긴 것입니다.

그분만 아니라 신천지는 모략 전도를 성경적으로 합리화하기 위해 다음의 구절을 끌어들입니다.

> "그러나 나의 거짓말로 하나님의 참되심이 더 풍성하여 그의 영광이 되
> 었다면 어찌 내가 죄인처럼 심판을 받으리요"(롬 3:7).

이 말씀을 인용하여 하나님의 영광을 위해서 하는 거짓말은 심판을 받지
않는다고 해석합니다. 그런데 사실 이 구절은 그런 의미가 아닙니다. 그 뒤에
이어지는 구절을 보면 어떤 의미인지 명확해집니다.

> "또는 그러면 선을 이루기 위하여 악을 행하자 하지 않겠느냐(어떤 이들
> 이 이렇게 비방하여 우리가 이런 말을 한다고 하니) 저희가 정죄 받는
> 것이 옳으니라"(롬3:8).

성경의 본뜻은 거짓말하는 자는 하나님으로부터 심판을 받는다는 것입니
다. 즉 하나님의 영광을 위해서라도 거짓말을 해서는 안 된다는 것입니다. 그
러나 신천지는 많은 사례에 나오는 것과 같이 성경을 앞뒤의 문맥 속에서 해석
하려고 하지 않습니다. 필요한 부분이나 단어만 사용하여 성경을 왜곡하고 있
습니다. 그러니까 자신들의 의견에 필요한 만큼만 성경을 사용하는 것입니다.
그럼에도 불구하고 그들은 자신들이 성경을 사용하기 때문에 성경적이라고 거
짓 주장하고 있습니다.

신천지는 모략 전도가 성경적이라는 증거로 다음의 사례를 동원하여 설명
합니다.

첫째로는 예수님이 마태복음 10장에서 전도를 위해 제자들을 둘씩 짝지어
보내며 "뱀처럼 지혜롭고"라고 말씀하셨는데 여기에 나오는 "뱀"은 창세기 3
장에서 하와를 거짓말로 미혹하던 뱀과 같다는 것입니다. 그래서 전도를 할 때
에 창세기 3장의 뱀처럼 거짓말을 해도 무방하다고 합니다. 왜 그렇습니까?
예수님이 그렇게 하라고 가르치셨기 때문이라는 겁니다. 그런데 왜 그 다음의
"비둘기같이 순결하라"는 말씀은 해석하지도 적용하지도 않는 걸까요? 착한
게 싫은 걸까요? 아니면 착한 척하는 것이 마음에 걸리는 걸까요? 신천지는 스
스로가 뱀인줄 알기 때문일 겁니다. 그래서 뱀의 전략을 사용하는 것입니다.

둘째로는 창세기 27장에서 야곱이 형 에서가 사냥하러 간 사이에 형처럼 변장하고 아버지 이삭에게 나아가 자신을 에서라고 거짓말하여 장자의 축복을 받은 일입니다. 신천지는 야곱이 이렇게 했기 때문에 하나님의 뜻을 이룰 수가 있었다고 합니다. 이처럼 하나님의 뜻을 이루기 위해서라면 거짓말도 해야 한 다는 것입니다. 그런데 야곱이 거짓말을 통해서 얻은 결과는 축복이 아니라 집에서 쫓겨난 것입니다. 집에서 쫓겨나면 장자의 축복은 무효가 됩니다. 거짓말의 결과는 절대로 좋은 열매를 얻지 못합니다(강성호 소장, '신천지 신도들이 사기포교하는 이유', 기독교포털뉴스 2014년 2월 7일자 기사 참고).

> "그러나 너희 마음속에 독한 시기와 다툼이 있으면 자랑하지 말라 진리를 거슬러 거짓말하지 말라 이러한 지혜는 위로부터 내려온 것이 아니요 땅 위의 것이요 정욕의 것이요 귀신의 것이니"(약3:14-15).

모략 전도에는 거짓의 심리학이 동원됩니다. 처음엔 거짓말을 할 때 죄책 감이 들지만, 차츰 죄책감이 무뎌지고 거짓을 더하게 되면 일상화가 될 뿐만 아니라 나중에는 그것을 즐기게 됩니다. 즉 거짓의 사람이 되는 것입니다. 그래서 신천지인과 대화나 상담을 해본 사람들은 이들이 거짓말을 너무나 잘하는 것에 놀라워합니다. 속된 말로 신천지인들은 숨 쉬는 것 외에는 모두가 거짓말입니다. 왜냐하면 이들은 거짓으로 인이 박혔기 때문입니다. 거짓에 물드는 것 그것은 바로 세뇌의 어두운 부분이 아닐 수 없습니다. 신천지인들의 거짓됨을 보면 다음의 말씀이 생각납니다.

> "너희는 너희 아비 마귀에게서 났으니 너희 아비의 욕심대로 너희도 행하고자 하느니라 그는 처음부터 살인한 자요 진리가 그 속에 없으므로 진리에 서지 못하고 거짓을 말할 때마다 제 것으로 말하나니 이는 그가 거짓말쟁이요 거짓의 아비가 되었음이라"(요 8:44).

## 2. 모략 전도를 위한 밭갈이

신천지 모략 전도의 힘은 처음부터 끝까지 전략적이라는 겁니다. 즉 시작부터 끝까지 계획되어 있습니다.

"이들의 포교전략은 극도로 고도화되어 있다. 말씀방 또는 신학원에 넣기 수개월 전부터 '밭갈이'라는 작업을 한다. 이 '밭갈이'라는 작업이 굉장히 위험하다. 이들은 밭갈이를 하기 위해 따로 교육을 받거나 몇년간 준비된 담당들이 있으며 사회 내에서 밴드, 학원, 문화센터, 아동복지센터, 추수밭 교회(일반교회로 위장한 신천지교회), 봉사단을 운영하고 있다. 실제로 신천지의 밭갈이 멤버가 사회에서 밴드공연을 주최하며 공연 사이사이에 특정한 멘트를 계속 한다. 대부분 영, 혼, 얼 등에 대한 이야기라던가, 얼굴이라는 단어의 뜻 등등에 대한 이야기를 한다. 그렇게 조금씩 조금씩 밭갈이(떡밥)을 시작한다. 그리고 본격적으로 전도가 시작될 때, 말씀방 담당이 포교를 하면서 상술한 밭갈이에서 사용된 떡밥을 회수하면서 '아! 그때 들었던 그 말이다!'라며 좀 더 익숙한 상태에서 포교를 당하게 된다. 거리공연을 하고, 대규모 공연장을 빌려서 화려하게 공연하는 밴드가 신천지 떡밥을 뿌리기 위해 존재할 것이라는 상상을 도대체 어떤 누가 할 수 있겠는가. 이들은 철저히 음악을 전공한 프로들로 구성되어 음악성 또한 굉장히 좋은 편이다.

또한 공연 진행을 준비하게 되면 공연장 등의 렌탈료는 각 부서에서 조달하므로 대규모 공연장을 빌려 공연하는 것도 충분히 가능하기 때문에, 가급적 큰 규모로 사람들을 모은다. 공연 날짜가 잡히면 텔레그램 등으로 사람들에게 알려, '이 날 공연이 있으니 전도하고 싶은 성도님들은 구역장에게 문의해주시기 바랍니다.' 등의 공지가 내려온다.

그리고 또 굉장한 것은, 아동복지센터를 운영하며 미성년자에게 복지 차원에서 교육을 시키지만 신천지 떡밥을 지속적으로 뿌리거나, 천천히 교리를 주입하여 입교시키고 학생회로 소속시키는 경우가 많다. 당장 아동복지센터에서 포교를 하지 못했더라도, 그동안 뿌려둔 떡밥이 있으므로 아동복지센터 원장이 전도팀을 꾸려 우연한 만남을 가장해 길거리에서 만나 그동안 뿌렸던 떡밥을 회수하며 전도하는 식이다"(나무위키, 신천지예수교증거장막성전 편 참고).

신천지 밭갈이꾼들은 직접적으로 포교하는 것이 아니라, 이렇게 정말 가끔 떡밥을 던지는 역할만 하기 때문에 이들의 정체는 거의 발각되지 않습니다. 여러분들의 주변에 이런 밭갈이꾼들이 많다는 사실을 잊지 마시기 바랍니다. 그리고 신천지인들만의 표식들이 어떤 것인지를 숙지하여 이들을 분별하는 법을 배우시기 바랍니다. 이들은 우리들 곁에 있습니다.

## 3. 모략 전도의 방법

신천지가 모략 전도에 모토로 인용하는 성경구절은 "유대인들에게 내가 유대인과 같이 된 것은 유대인들을 얻고자 함이요 율법 아래에 있는 자들에게는 내가 율법 아래에 있지 아니하나 율법 아래에 있는 자 같이 된 것은 율법 아래에 있는 자들을 얻고자 함이요 율법 없는 자에게는 내가 하나님께는 율법 없는 자가 아니요 도리어 그리스도의 율법 아래에 있는 자이나 율법 없는 자와 같이 된 것은 율법 없는 자들을 얻고자 함이라 약한 자들에게 내가 약한 자와 같이 된 것은 약한 자들을 얻고자 함이요 내가 여러 사람에게 여러 모습이 된 것은 아무쪼록 몇 사람이라도 구원하고자 함이니"(고전 9:20-22)입니다.

신천지는 상대의 조건이나 상황에 맞추어 전도전략을 구성합니다. 즉 전도할 사람에게 맞춘 전도법을 개발한 것입니다. 그래서 신천지에는 전도유형별 상담 교육 교재가 있습니다. 전도할 사람을 24가지 유형으로 분류하고 그것에 맞는 전도와 교육방법을 만들어 놓은 겁니다. 즉 신천지의 모략 전도는 속이기만 하는 게 아니라 전략적임을 알아야 합니다. 신천지의 유형별 상담 교육의 사례들 중에 한 가지를 소개합니다. 이 사례는 일부 내용을 빼면 기성교회 신자들 중 직통계시, 신비주의에 빠진 사람을 교육하는 데 큰 하자가 없어 보일 정도입니다(http://www.antiscj.or.kr/technote7/board.php?board=aboard3&command=body&no=43).

■ 7유형 : 은사형

▣ 일반적 견해
* 능력, 이적, 기적이 성령의 역사라 믿음
* 환상과 환청 소리를 듣는 것은 성령의 음성이라고 믿음
* 특이한 꿈 등을 하나님의 계시라고 생각함
* 방언 등의 표적과 은사를 사모함

▣ 은사형 1과 능력에 대하여
ㅇ 성경 안에는 여러 가지 능력들이 나타나는데, 부분적인 능력과 완벽한 능력, 그리고 사단의 능력이 있다.

1. 하나님의 능력 (육적 능력) – 부분적인 능력
    1) 하나님 : 표적, 기사, 여러 가지 능력, 뜻을 따라 성령의 나눠 주신 것, → 증거(히 2:4).
    2) 예수님 → 죽은 나사로 → 살리심(부활) (요 11:11-14, 11:43-44).
    3) 이스라엘 백성들 → 시험, 이적, 큰 기사 목도했지만 깨닫지 못함 (신 29:2-4).

2. 하나님의 더 큰 능력 (영적능력) – 온전한 능력

1) 예수님 제자 → 대제사장의 종의 귀 자름

예수님 → 열두 영 더 되는 천사를 부를 수 있다(마 26:51-54).

2) 선지자들의 글을 이루려 함(마 26:56).

3) 천지가 없어지기 전에는 율법의 1점 1획이라도 반드시 이루심(마 5:18).

4) 복음 = 모든 믿는 자에게 구원을 주시는 하나님의 능력(롬 1:16).

5) 은사보다 더 큰 은사를 사모하라(고전 12:27-31).

6) 깨달은 마음 다섯 마디 말 〉 일만 마디 방언(고전 14:19).


3. 사단의 능력

1) 악한자의 임함 - 사단의 역사

모든 능력, 표적, 거짓 기적, 불의의 모든 속임

→ 멸망하는 자들에게 임함

→ 진리의 사랑을 받지 아니하여 구원함을 얻지 못함(살후 2:9-10).

2) 신유 집회에서만 병 고치는 것이 아님 : 고치고 나서도 결국 죽게 됨 (병을 고치는 경우는 병원이 훨씬 많음).


o 하나님의 가장 큰 능력은 선지자의 글을 이루시는 것이요, 복음이 모든 믿는 자에게 구원을 주시는 능력임을 알아야 한다.


■ 은사형 2와 꿈 해몽의 올바른 방법

o 예수님은 꿈으로 역사하지 않으시고 말씀으로 역사하심을 알아야 한다.


1. 꿈은 성경이 기록되기 전 계시의 방법

1) 예언시대 : 이상과 꿈으로 말함(민 12:6).

요셉의 꿈(창 37:5-9).

2) 신약시대 : 동방박사들의 꿈(마 2:12).

　　　　　　　　빌라도 아내의 꿈(마 27:19).


2. 꿈과 이상은 성경을 기록하는 계시의 방법

　　1) 이상을 보여 빙자비유 베풂(호 12:10).

　　2) 예언은 성령의 감동으로 하나님께서 나타내심(벧후 1:20-21).


3. 말씀에서 멀어지게 하는 꿈은 하나님이 주신 꿈이 아님

　　1) 복술에게 혹하지 말며, 꿈도 신청하지 말라(렘 29:8).

　　2) 명하신 도에서 꾀어내는 꿈꾸는 자는 죽이고 악은 제하라(신
　　　13:1-5).


4. 하나님은 이제 말씀으로 인도하심

　　1) 주의 빛과 진리로 인도하심(시 43:3).

　　2) 말씀으로 고치고 위험한 지경에서 건지심(시 107:19-20).

　　3) 예수님께 영생의 말씀이 계심(요 6:68).

　　4) 때가 이르면 아버지에 대한 것 밝히 이르심(요 16:12-25).


ο 꿈은 현실과 맞지 않으며 신청하지도 말고 청종하지도 말라 하였으니
　불확실한 꿈보다 확실한 말씀을 따르는 자가 되어야 한다.


■ 은사형 3과  성령의 은사

ο 성령은 사람에게 임하여 복음을 증거하고 전파하여 하나님의 일을 하
　는 것임을 알아야 한다.


1. 성령을 통한 은사는 예수님의 몸을 나타내기 위함

1) 성령을 통해 아홉 가지 은사를 주셨고 그리스도를 전파하며 믿음의 충만한 신앙생활을 할 수 있도록 하기 위함임(고전 12:3-11).

2) 너희는 그리스도의 몸이요 지체의 각 부분임(고전 12:27-30).

2. 성령의 은사를 통하여 복음을 전하기 위해서임

    1) 성령이 임하시면 예수님의 증인이 됨(행 1:6-8).

    2) 성령의 나눠 주신 것으로서 저희와 함께 증거하심(히 2:2-4).

    3) 하나님의 말씀을 더욱 담대히 말하게 됨(빌 1:14-19).

3. 더 큰 은사는 예언이 성취되어 실상으로 나타나는 것임

    1) 더 큰 은사를 사모하라(고전 12:31).

    2) 부분적으로 알고 예언하니 온전한 것이 올 때에는 폐하리라(고전 13:9-12).

    3) 도의 초보를 버리고 온전한 데 나아가라(히 6:1-4).

4. 더 큰 은사는 진리의 성령을 통해 주시는 영생의 말씀임

    1) 성령이 모든 것을 가르치시고 생각나게 하시리라(요 14:26).

    2) 진리의 성령이 오시면 진리 가운데로 인도하심(요 16:13-15).

    3) 때가 밝힘(요 16:25).

    4) 하나님의 은사는 주안에 있는 영생(롬 6:23).

    5) 복 = 영생(시 133:3).

ㅇ 성령의 아홉 가지 은사를 받은 것은 하나님의 은혜였지만 이 은사는 복음을 땅 끝까지 전파하는 수단이었다. 이제 때가 되어 예언을 성취하시면 실상이 나타나고 영생의 말씀을 주시니, 우리는 더 큰 은사를 사모하고 받아 하나님과 예수님을 맞이하여 영생을 상속받자.

위에서 살펴본 바와 같이 신천지의 모략 전도전략은 내용적으로나 방법적으로 특화되어있음을 알게 됩니다. 그래서 이들의 목표가 된 사람들은 넘어가지 않을 수 없게 되는 것입니다. 이들의 전략을 보면 다음의 구절이 생각납니다.

"주인이 이 옳지 않은 청지기가 일을 지혜 있게 하였으므로 칭찬하였으니 이 세대의 아들들이 자기 시대에 있어서는 빛의 아들들보다 더 지혜로움이니라"(눅 16:8).

신천지의 모략 전도의 다른 모습은 수단과 방법을 가리지 않는 것입니다. 목적을 위해서는 수단이 정당화됩니다. 그들의 전도 전략으로 천주교에서도 신천지 경계령이 내렸습니다. 어림잡아 신천지인들의 30%는 천주교인일 것으로 추산하고 있습니다. 이만희 교주와 내연의 관계였다고 알려진 김남희 씨도 천주교인이었습니다. 그런데 천주교인들이 어떻게 신천지로 넘어가게 되었을까요? 그것은 모략 전도에 걸려들었기 때문입니다. 모략 전도팀이 신부와 수녀로 변장을 하고 이들에게 접근하여 추수한 것입니다. 심지어 신천지 전도팀은 불교 신자들을 상대로도 모략 전도를 시도하고 있습니다. 승려의 복장을 하고 말입니다. 처음에는 종교에 대한 이야기를 하면서 친분을 쌓다가 기회를 보아서 모략 전도팀을 동원해서 추수하는 것입니다. 우리의 상상을 뛰어넘는 일들이 신천지 모략 전도팀을 통해서 우리 주변에서 일어나고 있습니다.

〈모략 전도 사례 1〉

이 모략 전도가 얼마나 치밀해지고 있는지 'PD수첩'은 부산의 모 대학교에 재학 중인 A씨의 사례를 통해 소개했다. 그는 학교 근처 지하철역에서 본인이 웹툰 작가라고 소개를 한 사람을 만났는데, 그때 본인이 그린 그림이나 아니면 심지어 위조된 명함 같은 걸 보여주면서 접근했다. 이 같은 경험을 한 사람은 그뿐만이 아니었다. 또 다른 대학생에게도 '캐릭터로 쓰고 싶다' 이런 식으로 이야기를 하면서 자기가 그렸던 캐릭터를 보여주고 사실적 캐릭터를 쓰고 싶다며 연락처를 물었다. 우연한 만남은 공부 모임으로 변경이 됐다. 그 작가는 캐릭터 연구를 위한 인터뷰를 부탁했다. 인터뷰는 매일 진행됐고, 그 과정에서 계속해서 새로운 사람들과의 만남이 이루어졌다. 물 흐르듯 이끌려 간 곳은 겉으로 보기엔 입시학원이었지만 실상 내부는 위장된 신천지 교육센터였다(뉴스1 2020년 3월 19일자 기사).

〈모략 전도 사례 2〉

부산에 살던 정희원(가명)씨는 2016년 직장에서 발령받아 아무런 연고도 없는 곳으로 이사하게 됐다. 사람도 사귀고 낯선 환경에 적응하기 위해 지역 내 대형마트에 있는 문화센터에서 떡·케이크 만들기 강좌를 수강했다. 이곳에 두 명의 신천지 신도가 포진돼 있다는 건 신천지에 빠진 뒤에야 알았다.

두 명의 신천지 신도는 각각 인도자와 잎사귀 역할을 하는 우형순(가명)씨와 이솔향(가명)씨였다. 이들과 감자탕 집에서 밥을 먹기로 한 날, 신천지 신도들은 "친구가 근처에 있는데 같이 합석해도 되느냐"고 물었다. 거절할 이유가 없어 "괜찮다"고 하자 합석한 사람은 신천지 신도 김사라(가명)씨였다. 김 씨는 소위 단계향상자(단향자·소개받은 피전도자를 상대로 신천지 성경공부까지 안착시키는 역할을 하는 사람)였다. 우 씨와 이 씨는 희원 씨 앞에서 단향자 김 씨에 대한 자랑을 늘어놓았다. 아이들을 모두 명문대에 보내는 등 아이를 정말 잘 키운 표본이라며 그를 띄워줬다. 희원 씨가 그 방법이 뭔지 궁금해 하자 김 씨는 "내가 이렇게 아이들을 잘 키운 것은 멘토를 잘 만났기 때문"이라고 설명했다.

희원 씨는 자신도 아이들을 잘 키우고 싶은 마음에 아이들이 명문대에 다닌다는 김 씨가 멘토라 부르는 사람까지 만났다. 멘토 강청하(가명)씨는 희원 씨에게 "아이들을 잘 키우려면 엄마가 먼저 잘돼야 한다"며 "엄마가 잘되려면 기준이 바로 서야 하는데 그것을 도와주는 게 성경이다"

면서 '성경공부'를 강조했다.

희원 씨는 아이를 잘 키우고 싶은 마음에 신천지 교리 교육인지도 모른 채 성경공부를 시작했다. 2017년 초부터 주 3회 성경공부를 한 것은 물론 문화센터에서 만난 신천지 신도를 비롯해 멘토까지 모두 신천지 신도들로 구성된 이들과 교제하기 시작했다. 성경공부는 재미도 있었지만 부담스러웠다. 그 이유 중 하나는 희원 씨가 독실한 불교 신자였다는 데 있었다. 희원 씨는 "불교 신자인 저랑 성경공부는 맞지 않는 것 같아요. 게다가 부산에 일이 있어서 곧 내려가야 해요"라며 중단할 의사를 밝혔다. 그들은 마지막으로 밥이나 먹자고 제안했다. 그들은 식당을 찾은 희원 씨를 상대로 상상도 못할 모략을 펼쳤다. 법복을 차려입은 두 명의 승려가 나온 것이다. 그들은 단주를 돌리면서 "여기 식당 자리가 참 좋네"라며 옆자리에 앉더니 대번에 희원 씨를 향해 "이동 수(운세)가 있으니 집을 3일 이상 비우면 안 된다. 그러면 집에 나쁜 기운이 들어온다"며 공포감을 줬다. 그들은 "당신 아이들이 대단한 인재가 될 것이다"며 "그건 엄마가 어떻게 하느냐에 따라 달라지는데, 당신에게 다가온 귀인들을 놓치면 절대 안 된다"고 강조했다. 두 명의 신천지 신도가 승려 복장을 하고 '복치기'(복술과 사기 치기)를 한 것이다. 잎사귀, 인도자, 단향자 모두 사전에 계획한 사기였다는 것을 불교 신자인 희원 씨는 꿈에도 생각지 못했다. 결국, 복치기에 마음이 흔들린 희원 씨는 다시 성경공부에 집중하게 됐고 센터(신천지 신학원)를 수료한 뒤 신천지에 입교까지 하게 된다(국민일보 2020년 4월 30일자 기사).

## 4. 신천지 추수꾼들이 받는 훈련

신천지 모략 전도에 대한 이야기들을 듣는 중에 이들은 도대체 어떤 훈련을 받을까 하는 의문이 생겼습니다. 만약 허락만 된다면 훈련의 현장에 가서 그들이 받는 훈련을 관전하고 싶었습니다. 그러던 중에 모략 전도팀이 어떤 훈련을 받는지에 관한 문건을 얻게 되었습니다. 추수꾼 훈련 교안은 두 부분으로 되어있었습니다. 정신교육과 행동요령에 대한 것입니다. 이 문건에 나타난 상세한 전도 요령은 어느 전도단체나 교회에서 본 적이 없는 것들이었습니다. 어떤 사람에게 어떤 식으로 전도를 해야 하는지를 자세하게 분석하여 적용하는 부분들을 살펴보면서 놀라지 않을 수 없었습니다. 신천지가 추수꾼 정신훈련을 어떤 내용으로 하는지를 살펴보았습니다. 여기 그 요약본을 올립니다 (http://www.antiscj.or.kr/technote7/board.php?board=aboard3&command=body&no=43).

### 1. 신천지의 추수꾼 정신교육 교재

가장 소중한 것은 중심이 불붙어 있는 준비된 나 자신이다. 본인이 실력만 있으면 모든 것이 다 해결된다. 여기에서 자신감과 강한 사명감과 뜨거운 열정이 나오는 것이다. 배운 것이 확실해지는 것과 스스로 움직이고 실천하는 것이 깨달음이다. 깨닫고 가르치는 것은 몇 마디로도 큰 위력을 발휘할 수 있다. 내가 변화되어 천국의 누룩 덩어리가 되면, 모두를 변화시킬 수 있다. 또한 내가 가진 만큼 상대에게 영향력을 끼칠 수 있다.

1) 때와 추수 - (눅 10:1-12), (눅 10:17-20)
   초림 때는 씨 뿌렸고 재림 때는 추수 때이므로 우리의 사명은 추수의 사명이다. 원수의 모든 능력을 제어할 권세 주심으로 귀신도 항복한다.
2) 만국 소성의 목적의식 - (막 16:15), (계 22:1-5)
   온 천하 다니며 만민에게 복음 전파해야 만국 소성되어 세세토록 왕 노릇
3) 전도는 예수님의 유언 - (행 1:6-8), (고전 9:16)

땅 끝까지 증인되어 전파하지 않으면 화가 있음 (미물 청개구리도 유언지킴).

4) 쓰라린 실패와 고난도 양식 - (눅 21:17-19), (시 126:5-6), (고전 9:26), (약 1:2-3), (살후 3:13)

눈물과 고난은 전도인에게 유익이며 단련의 과정이다. "넘어지지 않고 훌륭한 빙상선수가 될 수 없고, 가시에 찔리지 않고 장미를 딸 수 없고, 비바람을 맞지 않고 뿌리 깊은 나무가 될 수 없다."

5) 영생에 이르는 열매를 모으는 추수 - (요 4:35-38), (롬 10:14-15), (렘 20:9)

전하지 않으면 견딜 수 없는 답답함을 느끼고 아름다운 좋은 소식을 전파하는 자들의 발이 있어야 듣는 자가 추수된다.

6) 마음을 강하게 하고 담대히 하라 - (수 1:3-9)

하나님께서 우리와 함께 하심으로 발바닥으로 밟는 곳마다 우리에게 주신다고 약속되어 있으니 말씀을 묵상하고 입에 두어 두려워 말고 어디든지 가서 밟아야 한다.

7) 정탐꾼 2명의 담대함 - (민 13:14), (민 14:9), (삿 6:7-8:35)

- 이 땅 백성들을 두려워 말자. 그들은 우리의 밥이다. 하나님은 그들에게서 떠났고 우리와 함께 하시니  두려울 것 없다. 기드온 300용사를 생각하자.

8) 바울의 전도 정신 - (고후 5:13), (빌 4:12-13), (딤후 4:2)

전도는 열성으로 되며 할 수 있다는 자신감과 적극적인 생각으로 인내와 끈기 있는 정신자세가 필요하다.

9) 전도는 살신성인의 정신과 순종 - (행 20:24), (마 12:30), (약 5:19-20), (요 15:13)

- 실천하는 마음과 모습이 좋은 결과를 가져다주고 노력의 희생을 아끼지 않아야 한다.

10) 지피지기(知彼知己) - (엡 6:11-19)
   - 말씀을 마음에 새겨 전신갑주 취하고 전략과 전술을 몸에 습득해야 한다. 싸워봐야 전략과 전술이 늘어나고 방어책과 기술이 현장에서 나온다.
11) 진정한 교관은 현장의 경험이다. - (행 5:42)
   전도자는 쉬지 말고 끊임없이 현장에서 땀을 흘려야 한다. "하루를 쉬면 내 자신이 알고, 이틀을 쉬면 이웃이 알고, 삼일을 쉬면 적군이 안다." (이순신)
12) 열심과 게으름 - (암 6:1), (잠 6:6-9), (잠 20:4)
   - 시온에서 안일한 자는 화가 있고 한 번 쉬면 계속 쉬고 싶은 것이 사람의 습성이다.
13) 아버지께 영광 - (요 15:3-8), (눅 13:6-9), (막 3:10)
   - 열매를 많이 맺어야 아버지께 영광이다. 열매 맺지 않는 가지는 잘린다.
14) 전도인이 받을 상 - (단 12:2-3), (고전 15:41), (계 22:12)
   - 약속과 소망이 없다면 행할 필요가 없다. 우리에게는 영광스러운 미래가 있음을 알자.

이 전도 강의 내용을 신천지의 추수꾼 정신교육이라는 사실을 숨긴 채 일반 목회자들에게 강의 수준을 평가 받으면 어떤 평가를 받게 될까요? 솔직히 말하면 전도 강의로는 최상급의 내용입니다. 이 강의는 듣는 사람들로 하여금 전도가 무엇이며 전도하지 않으면 안 된다는 사실이 충분히 설득되도록 구성되어있습니다. 이것만 보아도 신천지가 전도에 있어서만큼은 전문적인 단체라는 사실을 인정해야 합니다.

신천지는 이 강의안을 교육생들로 하여금 외우게 하고 그 다음에 현장으로 나아가게 합니다. 신천지는 신도들을 말로만 세뇌하는 것이 아니라 자신들의 교리를 확실하게 신뢰하게 하고 전도를 통해서 실천하게 함으로써 세뇌하고 있습니다. 그래서 신천지의 세뇌가 다른 이단들과 비교해서 탁월하다는 것입니다.

## 5. 길거리 전도의 도구 – 심리테스트

    신천지의 길거리 포교에 사용되는 대표적인 도구는 각종 심리검사와 설문지입니다. 이들이 포교에 심리검사를 사용하는 데는 몇 가지 이유가 있습니다. 첫 번째는 포섭할 사람의 심리 상태를 미리 파악하려는 것입니다. 이 사람의 장단점이 무엇이며 어떤 것을 좋아하며 어떤 성향이 있는가를 파악해서 그 사람에게 적합한 포섭 전략을 세우기 위해서입니다. 두 번째는 심리검사를 빙자하여 그 사람의 이름, 주소, 전화번호, 나이 등을 얻으려는 것입니다. 심리검사 결과를 알려준다는 명목으로 다음에 연락할 수 있기 때문입니다. 세 번째는 심리검사를 통해서 그들이 관계의 주도권을 잡으려는 것입니다. 심리검사는 검사자가 자연스럽게 관계의 주도권을 잡게 됩니다. 그렇게 되면 그 다음의 만남에서도 계속해서 주도권을 잡고 인도할 수 있게 됩니다. 이것이 중요한 이유는 세뇌에서 누가 주도권을 잡느냐가 매우 중요한 요소이기 때문입니다. 주도하는 자가 되어야 세뇌의 사슬을 목에 걸어줄 수 있습니다.

    길거리에서 심리검사에 응하는 사람들의 특징은 경계심이 약하다는 것입니다. 그래서 이런 검사에 응하는 사람은 피암시성이 높고 세뇌에 취약하여 쉽게 포섭당할 수 있는 사람이라는 징표가 됩니다. 따라서 길거리에서 설문지에 응하는 순간 그들의 표적이 되고 신천지의 올무에 걸려드는 것임을 알아야 합니다. 길거리 심리검사에 주로 사용하는 도구는 도형심리검사 테스트입니다. 저들이 이것을 사용하는 이유는 전문가가 아니어도 사용할 수 있기 때문입니다. 도형심리검사 테스트는 도형심리학과 기질심리학을 통합한 것입니다. 전문적인 심리테스트에 비할 바는 아니지만 정확도가 매우 높은 수준이라서 검사를 받은 사람에게 호감을 얻기에 충분합니다. 그래서 이것을 사용하는 겁니다. 신천지의 관점에서 심리테스트는 사람의 마음의 문을 열어가는 시작점이 됩니다. 신천지는 심리검사를 통해서 마음을 읽고 마음을 도둑질합니다. 그리고 나중에는 그 마음 자체를 다르게 바꿔버립니다. 혹시 길거리에서나 어디에서나 이들이 사용하는 미끼들을 잘 분별하기를 바랍니다.

〈사례 1〉

김(19)양은 얼마 전 지하철역으로 가던 길에 "설문조사에 응해 달라"는 대학생 두 명을 만났다. "○○대학교 심리학과 학생"이라며 과제에 필요한 설문을 부탁하면서 다가온 이들은 심리 설문이 끝나고 연락처를 물었고, 김양은 별다른 의심 없이 개인 정보를 기재해줬다. 며칠이 흘렀을까. "고민이 많은 것 같아 마음이 쓰였다"며 설문 내용을 토대로 무료 상담을 해주겠다고 연락이 온 것이다. 마침 친구 관계와 미래에 대해 고민이 많던 김양은 상담실을 찾았고, 심리 인터뷰, 미술치료, 성격유형검사까지 받았다. 김양의 성격과 장단점 등 '신상'을 파악해간 이들은 이후에도 연락을 이어가다 조심스레 '다른 말'을 꺼냈다. "바이블 코칭이라는 게 있는데 네가 어떻게 창조됐고, 어떤 미래를 살아가야 할지 알려줄 수 있어. 같이 받아볼래?"(https://blog.naver.com/kr3217/221411963709 2018. 12. 4.).

〈사례 2〉

미순(가명)씨는 안정된 직장을 다니던 사람이었다. 11년 넘게 다니던 회사를 잠시 휴직했다. 친족 중에 몸이 불편한 사람이 생겨 그를 돌보기 위해서였다. 그런 미순 씨에게 평소 신뢰하던 박치원(가명·신천지 신도)씨가 "고생이 많다"며 밥을 사겠다고 했다. 밥을 먹기로 한 날 박 씨는 혼자 나오지 않았다. 문화센터를 같이 다닌다는 김서영(가명·신천지 신도)씨가 함께 나왔다. 밥과 커피를 함께 즐기던 날, 김 씨는 미술 심리치료를 통해 이 씨의 마음을 사로잡았다. 나무 그림을 그리라 해서 그려줬더니 김 씨는 "그림에 뿌리가 없는데, 이는 마음이 공허하다는 뜻"이라며 "빈 마음을 채우려면 성경공부가 최고"라고 제안했다. 2013년 미순 씨에게 신천지 흑역사가 열리게 됐다.

이후 여러 사람이 미순 씨에게 들러붙었다. 그들 모두가 신천지라는 건 나중에 알았다. 우선 같은 고등학교 후배 출신이 잎사귀(신천지 소속을 숨기고 성경공부를 자신도 처음 하는 사람인 것처럼 속이며 전도 대상자의 심리를 흔들어 놓는 바람잡이 역할을 하는 사람)로 붙는다. 주 3회 성경공부를 했는데 교사는 자신이 신학대 출신이라고 했다. 이 말에 미순 씨는 건전한 일반교회의 공부인 줄 착각하게 된다. 신천지 교육장인지 전혀 알 수 없는, 간판 없는 '센터'라는 곳에서 6개월간 성경공부를 했다. 신천지인지 의심하면 그들은 "우리는 절대 신천지가 아니다"며 극구 부인했다.

안정된 직장을 다니다 휴직한 뒤 복직하려 하자 신천지 측은 엄청난 압박을 줬다. "천국이 가까이 왔는데 복직할 때가 아니다"며 "복직은 곧 믿음이 없는 것이고 순종이 제사보다 낫다"며 퇴사하게 만든다. 심지어 "순종하지 않는 자는 불지옥"이라 저주하며 공포감을 극대화했다. 퇴사 후 미순 씨는 사기 전도 활동에 동참하라고 하면 사기 전도를 했고, 딸을 집에 두고 가출하라고 하면 가출을 했고, 폭행을 유도해서 맞으라고 하면 맞았고, 고소하라고 하면 고소를 하는 등 신천지의 노예가 된 생활을 계속했다.

오전 9시에 집을 나서면 밤 10시가 돼야 집에 들어갔다. 저녁은 달걀로 때우는 경우가 허다했고 귀가 시간이 늦어지면서 남편과 갈등이 심해졌다. 결국 재산분할 협의까지 하고 협의이혼 서류를 작성했으나 남편이 서류 접수를 하지 않고 미루던 중에 회심해 신천지를 탈퇴했다 (국민일보 2020년 4월 23일자 기사 참고).

# 2장.
## 복음방

## 1. 복음방의 구조

신천지의 전도팀에게 인도된 열매들은 복음방으로 가게 됩니다. 복음방은 처음 가는 사람도 거부감을 갖지 않게 하려고 카페처럼 꾸며져 있습니다. 그들은 이곳을 잘 아는 카페이며 오랫동안 이야기해도 부담을 주지 않는 곳이라고 소개하여 열매들을 안심시킵니다. 그런데 그들이 이곳으로 인도하는 이유는 열매들을 외부로부터 격리하려는 목적 때문입니다. 장시간 이용해도 주변을 신경 쓸 필요도 없고 혹시 모를 문제가 일어나도 신속히 처리할 수 있기 때문입니다.

복음방에서는 보통 열매 1명에 전도자 두 사람과 강사 이렇게 4명이 성경공부를 하게 되는데 이 모임은 열매의 형편에 맞게 사전에 치밀하게 짜놓은 각본 안에서 움직입니다. 전도자는 열매에게 자신들에게 성경공부를 가르쳐 줄 강사를 목사나 사모, 부목사, 선교사, 간사, 상담사라고 소개합니다. 강사가 정통 신학을 한 사람이라고 소개하여 경계심을 낮추게 합니다. 그리고 여기서 다른 한 사람을 소개합니다. 마침 이 사람도 처음 배우는 사람인데 함께 공부하자고 하며 열매를 안심하게 합니다. '처음 배우는 사람이 나 혼자가 아니구나'

하는 마음을 가지게 합니다. 그런데 그 사람도 사실은 협력 전도인입니다. 소위 '잎사귀'라고 하는 사람입니다. 그렇게 하여 복음방에서는 1대 3의 구도가 만들어집니다. 이 구도는 열매 한 사람을 설득하고 조종하기에 너무나 좋은 구조입니다. 성경공부 중에서 일어나는 모든 일을 1대 3의 구도에서 풀어나갑니다. 한 사람은 중재자, 다른 한 사람은 격려자의 입장으로 문제를 대하게 됩니다. 그래서 처음에는 의문도 품고 논쟁도 하지만 약 2개월 동안 10~12회 정도 교육을 받게 되면 그들에게 동화가 됩니다. 1대 1로 교육을 하는 것보다 1대 3으로 협동하면 어렵지 않게 세뇌의 올가미를 씌울 수 있습니다. 이것이 복음방의 세뇌의 구조입니다.

## 2. 복음방 교육 내용 – 기존의 성경관 파괴

복음방의 교육의 목표는 열매가 이전 교회에서 배운 성경지식들과 생각을 완전히 깨뜨리는 것입니다. 이것은 컴퓨터에 새로운 프로그램을 깔기 위해서 이미 존재하는 프로그램을 지우는 것과 같습니다. 복음방의 교육 순서를 따라가 보면 이들이 얼마나 완벽하게 준비하고 있는지를 발견하게 됩니다. 그 과정마다 그들의 파괴적인 의지가 선명하게 드러납니다(복음방 교육내용은 백상현 기자의 「이단 사이비, 신천지를 파헤치다」. 국민일보 기독교연구소. 2013. 74~85를 참고했습니다).

1) 복음방 1단계

이 단계에서 교육의 목표는 성경에 무지했다는 느낌을 받게 하는 것입니다. 그래서 성경을 배우고자 하는 마음을 자극하여 공부하게 하려는 겁니다.

① 1과는 [성경의 기본 상식]을 다루는데 성경 66권 분류와 총 장수, 총 절수, 기록자 수 등에 대해서 가르칩니다. 이것은 정통교회에서도 가르치는 내용이지만 뒷부분에 그들의 교리를 살짝 덧붙입니다. 성경 내용을 '역사-교훈-예언-성취'로 나누는 겁니다. 이것은 겉으로는 문제가 없어 보이지만

설명을 어떻게 하느냐에 따라서 일반 교회에서 가르치는 것과 완전히 달라집니다.

신천지의 교육의 특징은 단어의 뜻을 설명해 주는 데 있지 않습니다. 그 단어를 자신들의 교리와 연결하려는 데 목적이 있습니다. 역사를 통해서 교훈을 받게 된다는 것은 당연한 말입니다. 그런데 그 말을 신천지의 노정으로 설명하면 완전히 다른 의미가 됩니다. 신천지의 노정의 과정은 다음과 같습니다. '아담 부패 → 노아 출현 → 아담 세계 멸망 → 노아의 세계·가나안 부패 → 모세 출현 → 노아의 세계 멸망 → 모세·육적 이스라엘 세계 부패 → 예수님 출현 → 육적 이스라엘 멸망 → 예수님의 초림 복음시대·부패 → 예수님 출현 → 초림 영적 이스라엘 멸망' 등 이렇게 역사는 신천지의 교리인 배도·멸망·구원의 과정을 거치게 되는데 바로 이 교훈을 받아야 된다는 의미입니다.

그리고 예언과 성취도 마찬가지입니다. 예언이 성취되는 것은 당연한 일입니다. 그런데 구약의 예언은 예수님 안에서 성취되었지만 신약의 계시록의 예언이 어떻게 성취되었는지를 사람들이 모르기 때문에 자신들에게 배우라고 합니다.

② 2과는 [시대구분]인데 신천지는 성경 6,000년 역사가 8개 시대로 나뉘어 있다고 가르칩니다. 구약과 신약밖에 없는 성경의 시대를 8개로 쪼갠 것은 요한계시록을 활용해 삼시대론을 부각시키려는 의도로 작업을 하는 것입니다. 신구약 외에 계시록의 시대를 만들어야 이 시대의 구원자인 교주가 등장하게 되는 겁니다. 교리에 약한 성도들은 이때부터 "우리가 지금 계시록 완성시대에 살고 있으며, 신약의 예언 (4복음서+요한계시록)은 봉함돼 있기 때문에 예언을 알아야 참 믿음을 가질 수 있다"는 말에 서서히 신천지의 덫에 빠져 들어가게 됩니다.

③ 3과는 [종교]에 관해서 다룹니다. 불교, 유교, 기독교에 각각 경전이 있는데 모든 종교 중에서 기독교가 가장 우월한 이유는 대언자를 통해서 말씀이

선포되기 때문이라고 합니다. 여기서 눈여겨봐야 할 부분은 '대언자'라는 단어입니다. 그런데 구약과 신약의 대언자만을 말하는 것이 아니라는 점을 유의해야 합니다. 2과에서 설명한 이 시대의 대언자를 등장시킬 준비를 하는 것입니다. 그 대언자는 나중에 등장하는 이만희 교주입니다.

④ 4과는 [예수님께서 십자가를 져야 할 이유]인데 여기에서는 구원의 조건이 추가됩니다. 신천지는 "구원은 예수를 믿고 새 언약을 알고 지킬 때 얻는다"며 새 언약을 추가합니다. 그리고 "예수를 믿는다고 하면서 새 언약에 관심이 없는 사람은 진정한 죄 사함이 없다"라고 단언합니다.

　　이것은 뱀이 하와를 미혹할 때 사용한 방법과 같습니다. 하나님의 말씀에 다른 것을 조금 더하는 겁니다. "그런데 뱀은 여호와 하나님이 지으신 들짐승 중에 가장 간교하니라 뱀이 여자에게 물어 이르되 하나님이 참으로 너희에게 동산 모든 나무의 열매를 먹지 말라 하시더냐?"(창 3:1). 하나님이 금하신 선악과 외에 '모든 나무'가 첨가가 된 것입니다. 이 작전에 하와가 넘어가 타락하게 된 것처럼 신천지의 가르침을 받아들이면 영적인 타락 즉 눈이 어두워지게 되는 것입니다.

　　그렇다면 신천지가 말하는 새 언약은 무엇일까요? 신천지는 "여호와의 말씀이니라 보라 날이 이르리니 내가 이스라엘 집과 유다 집에 새 언약을 맺으리라"(렘 31:31)는 말씀을 인용, 선지자 예레미야가 예언한 새 언약은 예수님 안에서 성취가 되었다고 말합니다. "저녁 먹은 후에 잔도 그와 같이 하여 이르시되 이 잔은 내 피로 세우는 새 언약이니 곧 너희를 위하여 붓는 것이라"(눅 22:20).

　　새 언약의 실체는 예수님의 재림 때 12제자와 함께 되어서 이스라엘 12지파를 다스리게 하신다는 약속이라고 합니다. "너희로 내 나라에 있어 내 상에서 먹고 마시며 또는 보좌에 앉아 이스라엘 열두 지파를 다스리게 하려 하노라"(눅 22:30). 그리고 그 언약의 성취는 "이기는 자와 끝까지 내 일을 지키는 그에게 만국을 다스리는 권세를 주리니 그가 철장을 가지고 그들을 다스려 질그릇 깨뜨리는 것과 같이 하리라 나도 내 아버지께 받은 것이 그러하니라"(계 2:26-27)에서 이루어진다고 합니다. 문제는 이 사람들이 신약의 예수를 믿는 사람이 아니라는 데 있습니다. 이긴 자의 말씀으로 인침을 받은 사람들이 그 대상이라는 겁니다. 그렇다면 이긴 자는 누구입니까? 이만희 교주가 바로 그 사람입니다. 이긴 자를 따르느냐 아니냐에 따라서 계시록 2~3장에 나오는 이기는 자와 멸망하는 자로 나뉘게 된다는 것입니다.

⑤ 5과는 [예언과 성취]입니다. 신천지는 시대별 예언과 성취 사례를 제시하며 "하나님이 시대마다 예언하고 성취해 왔다"면서 "재림의 때를 사는 우리들은 신약의 예언을 알고 깨닫는 신앙인이 되자"고 합니다. 그런데 신약의 예언은 무엇입니까? 계시록입니다. 그 계시록이 어떻게 성취가 된다는 걸까요? 그 예언이 과천의 신천지에서 이루어졌다는 방향으로 공부를 이끌어 가는 것입니다.

## 2) 복음방 2단계

이 단계의 교육의 목표는 성도들이 기존에 갖고 있던 교리들- 구원론, 신론, 교회론, 삼위일체론, 종말론-을 송두리째 흔들어 뿌리를 뽑으려는 것입니다. 이때 신천지가 써먹는 논리는 이원론적 세계관과 비유적 해석입니다. 여기서 신천지와 정통교회를 가르기 시작하는데 자신들은 선으로, 정통교회는 악으로 규정합니다.

① 6과는 [하나님과 마귀의 존재]에 대한 것입니다. 신천지는 세계를 '영계'와 '육계'로 구분하고 이것을 다시 하나님의 '선의 세계'와 사단 마귀의 '악의 세계'로 구분합니다. 그렇게 되면 네 가지로 나뉘게 됩니다. 그리고 여기에 모든 것을 맞추어 넣습니다. 이 구분에서 신천지는 자신들을 선의 세계, 나머지는 악의 세계로 규정합니다. 그리고 목자론에서도 성령이 함께하는 참 목자, 악령이 함께하는 거짓 목자로 나눕니다. 이때 신천지는 선과 악의 두

세계는 말씀으로만 분별할 수 있는데 성경을 문자적으로 해석하는 것은 육에 속한 사단의 거짓 목자이고 성경을 본뜻인 영적으로 해석하는 목자가 성령이 함께 하는 참 목자라고 가르칩니다. 이런 교육을 받은 성도들은 점점 일반 목회자의 설교를 비판하게 되고 '비유풀이를 모르는 우리 목사님은 거짓 목자'라는 프레임에 빠지게 됩니다.

② 7과는 [천국비밀]인데 신천지는 '군대에서 적군으로부터 비밀을 지키기 위해 암호를 쓰듯 성경에서도 하나님이 사단으로부터 지키고자 하는 비밀이 있다'고 주장하면서 이 비밀을 감추기 위해 암호를 사용하는데 그게 바로 비유라고 설명합니다. 그리고 기존 교회의 성경 해석은 문자적인 해석이며 하나님의 뜻을 왜곡하지만 자신들의 비유풀이는 영적이고 하나님의 뜻을 드러낸다고 가르칩니다.

그리고 천국의 비밀은 계시록의 비밀이고 장막성전과 신천지의 비밀이라고 연결시킵니다.

③ 8과는 [새 포도주와 묵은 포도주]로 이때부터 자신들의 의도를 본격적으로 드러냅니다. 신천지는 "구약의 약속대로 오신 예수님을 믿으라는 말은 2,000년간 들어온 묵은 포도주"라며 정통교회의 신앙관을 철저히 배격하기 시작합니다. 그리고 누가복음 5장 37절의 말씀 "새 포도주를 낡은 가죽 부대에 넣는 자가 없나니 만일 그렇게 하면 새 포도주가 부대를 터뜨려 포도주가 쏟아지고 부대도 못쓰게 되리라"를 제시하며 "새 포도주가 되기 위해선 비진리를 가르치는 교회와 목회자를 버려야 한다"고 말하며 지금 다니는 교회를 떠나야 한다고 말합니다.

④ 9과 [낮과 밤, 빛과 어두움]에서는 "예언에 대해 무지한 상태가 어두움이며 빛으로 나와야 천국과 구원을 얻을 수 있다"고 강조합니다. 그런데 신천지는 미혹한 성도들에게 지속적으로 비유풀이를 가르치고 '봉함된 말씀만 배우다간 지옥에 갈 수 있다'는 위기의식과 불안감을 심어줘 기존 교회를 떠나도록 조장합니다.

⑤ 10과 [새 계명과 사랑]에서는 "하나님과 예수님이 사랑이신데 오늘날 신앙
    세계가 다르다고 이단시하고 핍박·정죄하는 모습이 만연해 있다"면서 예
    수님의 시대에는 바리새인이 예수님을 이단으로 핍박하고 정죄한 것과 같
    이 지금 핍박자는 정통교회이고 피해자는 신천지라는 논리를 세웁니다. 그
    런데 이런 작업은 교육생들이 당할 일을 예상하고 미리 사전작업을 하는
    것이기도 합니다. 신천지의 성경공부로 인한 핍박은 선민들이 당하는 핍박
    이라는 의식을 미리 심어놓으려는 겁니다.

## 3) 복음방 3단계

이 단계의 교육의 목표는 정통교회와 목회자를 경멸하게 만드는 것입니다.
신문이나 방송에 드러난 일부 목회자들의 일탈 사건을 개신교회 전체의 문제
인 것처럼 확대하여 공격합니다. 그리고 모든 목회자들은 거짓 목자이고 한국
교회는 부정·부패 집단이라고 매도합니다. 한 탈신천지 신도는 "신천지가 정
통교회를 비난하고 목회자를 개, 돼지, 거짓 목자로 경멸하는 진짜 이유는 비
난의 강도를 높이면 높일수록 자기 조직이 성장 결속되기 때문"이라고 증언했
습니다. 즉 이 전략으로 두 마리의 토끼를 잡겠다는 의도입니다.

① 11과는 [주 재림 때의 영적기근]으로 "주 여호와의 말씀이니라 보라 날이
    이를지라 내가 기근을 땅에 보내리니 양식이 없어 주림이 아니며 물이
    없어 갈함이 아니요 여호와의 말씀을 듣지 못한 기갈이라"(암 8:11). 이
    말씀을 영적으로 해석하는데 기근이 오게 된 원인이 "기존 목회자들은 악
    령이 들어 쓰는 목자이기 때문에 신약의 성취된 말씀을 풀지 못하는 데 있
    다"고 말합니다. "자의적으로 해석한 양식만 주는 교회들이 만연해 기근에
    빠졌다"고 목회자와 교회를 비난합니다. 그런 다음 "계시의 말씀이 때에
    따른 양식을 나눠주는 충성되고 지혜 있는 종에 의해 전달되는데 그것이
    바로 신천지의 가르침"이라고 합니다.

② 12과 [아이 밴 자와 젖먹이는 자의 화(禍)]에서 신천지는 하나님의 백성을

육적 이스라엘인 유대교와 영적 이스라엘인 기독교, 그리고 영적 새 이스라엘인 신천지 세 부분으로 구분합니다. 그리고 영적 이스라엘인 기독교가 아직도 초보의 말씀인 젖만 먹고 있다면서 "새 언약을 깨닫지 못하는 기성교회가 오히려 단단한 식물을 전하는 자를 핍박하고 죽이려 한다"며 "마지막 때 아이 밴 자와 젖먹이는 자에게 화가 있다는 말씀처럼 영적으로 몽학선생인 목회자들에게 화가 있을 것"이라고 저주합니다. 여기서 말하는 아이 밴 자는 일반교회 전도자, 젖먹이는 자는 일반교회 목사를 말합니다. 그리고 참된 양식은 영적 새 이스라엘인 신천지에서만 먹을 수 있다고 하여 자신들의 말만 듣게 만들어 갑니다.

그런데 그들의 말이 사실이라고 하면 어떻게 젖을 먹는 어린 자가 단단한 식물을 먹는 성숙한 자를 핍박하고 죽일 수가 있을까요? 어른을 죽이는 젖먹이를 보신 적이 있습니까?

③ 13과 [세 가지 해, 달, 별]에서는 이스라엘 12지파 구성의 배경을 설명하고 구약의 이스라엘은 육적 선민이고 신약의 예수님과 제자들은 영적 선민인데 지금 이 시대의 하나님의 선민은 영적 새 이스라엘 즉 신천지라고 합니다. 이 시대에는 바로 여기에 속해야 구원받는다고 주장합니다. "영적 이스라엘이 예언의 내용을 깨닫지 못해 해, 달, 별처럼 어두워지고 떨어지는 심판을 당하게 된다"면서 이긴 자를 통해 창조되는 영적 새 이스라엘 12지파(신천지)에 속해야 구원을 받는다고 강조합니다. 해는 목자이고 달은 전도자이며 별은 성도를 말합니다.

④ 14과 [예수 재림과 혼인잔치]에서는 신천지가 혼인잔치 집이고 이곳에서 "하나님의 소와 살진 짐승 즉 배도자와 멸망자를 잡은 뒤에" 예복과 등과 기름을 준비하고 택함 받은 자가 되자고 독려합니다. 배도자는 유재열, 멸망자는 오평호인데 이들이 이긴 자에게 심판을 받는 것을 의미합니다. 그리고 성도들이 입은 예복은 옳은 행실, 등은 말씀, 기름은 증거의 말씀을 뜻합니다.

⑤ 15과는 [목자구분]인데 신천지는 정통교회 목회자를 미혹하는 영과 함께하는 거짓 목자로 지목하고 그를 떠나서 "때에 따른 양식을 주는 충성되고 지혜로운 종(마 24:45-47), 감추었던 만나를 주는 이긴 자(계 2:17), 약속한 목자요 새 요한(계 10장), 철장으로 만국을 다스릴 아이(계 12:5)인 참목자를 찾아가야 한다고 가르칩니다. 그가 누구입니까? 바로 이만희 교주입니다.

⑥ 16~17과 [계시와 사람의 계명]에서는 일반목사는 사람의 계명을 가르치고 "약속의 목자를 통해 계시의 말씀이 전해진다"고 재차 강조하며 신약의 예언의 성취가 있는, 말세의 목자가 있는 시온 산으로 도망가야 한다고 가르칩니다.


## 4) 복음방 4단계

이 단계의 교육 목표는 마귀에 속한 거짓 목자인 일반목회자와 바벨론인 신천지 외의 모든 교회를 떠나 신천지에 들어와야 구원을 얻을 수 있다는 교리를 반복적으로 주입시키는 것입니다. 신천지는 이렇게 배타적인 교리와 이원론적 세계관과 일반 교회에 대한 적대감으로 기본적인 세뇌작업을 실시하는데 이들이 사용하는 부정적인 세뇌는 일반 세뇌보다 그 영향력이 훨씬 강하게 나타납니다.

① 18과는 [하나님의 나라와 마귀의 나라]인데 기성교회는 이미 마귀의 세상이며 신앙세계가 영적 전쟁터라고 설명합니다. 그리고 초림 때 유대교와 예수님이 싸웠듯 재림 때도 예수교 안에서 하나님과 마귀의 전쟁이 벌어지기 때문에 이긴 자를 중심으로 모인 하나님 나라인 신천지에 들어와서 그들과 싸워 이겨야 한다고 강조하며 이긴 자의 사상을 심어나갑니다.

② 19과 [영적 이방과 선민]에서는 신천지만이 택함 받은 영적 새 이스라엘, 영적 새 선민임을 강조합니다. 그리고 영적 새 선민과 이방인을 '이긴 자가 가르쳐주는 새 언약을 알아보는가 아니면 핍박하고 저주하느냐'로 구분합

니다. 이어 신천지와 하나 되지 못하면 핍박하고 저주하는 이방인으로 전락할 수밖에 없고 심판의 대상이 된다고 가르칩니다.

③ 20과 [바벨론과 새 예루살렘]에서 신천지는 자신의 조직 외에 모든 교회가 비진리를 전하는 바벨론이라고 하며, 약속한 목자인 이긴 자와 12지파가 있는 곳이 새 예루살렘이며 이곳에만 구원이 있다고 가르칩니다.

④ 21과 [신약에 약속된 나라]에서는 '하나님이 함께하시는 목자와 성도들이 있는 신천지를 찾아가는 신앙인이 돼야 한다'고 가르치는데 이때부터 예수님이 아닌 새 요한, 이만희 교주를 지속적으로 부각시킵니다.

⑤ 22과 [인 맞음과 성령]에서는 천국백성이 되기 위해서는 거듭나야 하는데 예수만 믿어서 되는 것이 아니라 이긴 자의 증거의 말씀을 받는 것으로 인을 맞아야 하고, 신천지에 들어와야만 구원을 받게 된다고 합니다. 요한계시록 7장과 14장을 들어 천국 12지파의 가족, 결국 144,000에 들기 위해서는 영적 새 이스라엘 12지파의 말씀으로 인을 맞아야 한다고 강조합니다.

⑥ 23과 [죄와 성령], 24과 [핍박과 상]에서는 거짓 성경공부 수강 사실이 가족과 교회에 폭로될 경우에 대비해 핍박을 받을 때의 자세에 대해 가르칩니다. 신천지는 "예수님이 제자들에게 자신이 그리스도임을 말하지 말라고 당부하셨듯이 말씀이 완전히 자기 것이 될 때까지 숨겨둬야 한다"면서 입막음 교육을 시킵니다. 그리고 "사단에 소속된 자들은 거짓말을 지어내고 핍박, 저주, 비판하는 일을 한다"며 오히려 자신들을 그렇게 하도록 만드는 기존 교회를 매도합니다.

## 3. 입막음 교리

복음방에서 공부를 시작하게 되면서 강사가 자신들의 정체를 드러내지 않으려고 거짓말을 하게 하는 것이 입막음 교리입니다. 그런데 이런 식으로 거짓말을 하게 함으로 거짓에 물들이기 시작합니다. 즉 자신들의 거짓에 동조하게 하는 것입니다. 그래서 거짓 때문에라도 돌아서지 못하게 하려는 의도인 것입니다. 그런데 이렇게 시작하게 되는 작은 거짓은 양심을 상하게 하는데 여기는 고도의 전략이 숨어 있습니다. 거짓으로 양심을 무디게 하여야 그 다음에 큰 거짓도 할 수가 있게 되기 때문입니다. 분명한 사실은 진리는 거짓말도 세뇌도 필요가 없습니다. 오직 거짓만 세뇌가 필요한 것입니다(입막음 교리는 푸른하늘투의 블로그 https://blog.naver.com/blueskytwo05292/221366884645 를 참고했습니다).

**신천지가 사용하는 입막음의 방법**

① 강사의 질문

- 너 집에 가서 성경 공부한다고 얘기하면 좋아하시니?

  ▶ "아니요!" 이 같은 대답이 나오면 이야기가 쉬워진다.

- 맞아. 형(언니)도 예전에 공부할 때 집에 가서 별 생각 없이 얘기했다가 혼났어. 그리고 공부 못하게 하시더라. 그래서 말인데, 집에 가서 절대 얘기하지 마. 그리고 교회 친한 친구한테 얘기한 적도 있는데, 그 친구가 전도사님께 말씀드려서 목사님에게 불려간 적도 있다. 목사님께서는 왜 교회에서 배우지 않고 다른 데서 배우냐고 혼내시더라. 애초에 친구한테도 얘기하지 말았어야 했는데···. 너도 이런 경우가 생길 수 있으니까 아무에게도 얘기 안 하는 게 좋아.

  ▶ "예, 우리 부모님은 좋아하세요!" 이런 경우가 종종 있다. 이 경우 확실하게 얘기하는 것이 무엇보다 중요.^^ 처음에야 좋아하실지 몰라. 하지만 조금 지나고 나면 달라지실 거야. 계속해서 성경 공부한다고 매일 집에서 나오면 어느 부모가 좋아하시겠니? 처음부터 얘기 안 하는 것이 나중에 좋을 거야.

② 친구들에게 얘기 못하게 할 경우

    벼는 익을수록 고개를 숙인다. 조금 배웠다고 안다고 친구에게 얘기하는 것은 다른 사람이 보기에 교만한 행동이다. 그리고 말씀에 체계가 쌓이지 않은 상태에서 얘기하다 보면 잘못 전달될 수 있고 그로 인해 너 자신도 혼란스럽게 된다. 마가복음 4장 16~17절 말씀에서 돌밭에 뿌리운 자는 말씀으로 인하여 넘어진다고 했듯이 확실하게 말씀에 체계를 세우기 전에는 다른 사람에게 얘기하지 않는 것이 바람직하다.

마가복음 16장 21절 말씀에 베드로가 인간적으로 보았을 때 예수님을 생각하는 마음이 있다고 할 수 있지만, 예수님은 사단아 내 뒤로 물러나라고 말씀하셨다. 이처럼 사단은 순간순간 빈틈을 이용하여 하나님의 역사를 방해해 왔다. 미가서 7장 5절 말씀에 이웃도 믿지 말고 친구를 의지하지 말고 사랑하는 여인에게도 입의 문을 지키라고 했듯이 우리는 신앙에 있어서 조심해야 한다. 내 주변의 내가 신뢰하는 사람을 통해서 사단이 방해하는 일이 생길 수 있다.

③ 입막음에 인용하는 구절들

"천국은 마치 밭에 감추인 보화와 같으니 사람이 이를 발견한 후 숨겨두고 기뻐하며 돌아가서 자기의 소유를 다 팔아 그 밭을 사느니라"(마 13:44). "아무나 천국 말씀을 듣고 깨닫지 못할 때는 악한 자가 와서 그 마음에 뿌려진 것을 빼앗나니 이는 곧 길 가에 뿌려진 자요"(마 13:19).

"너희는 이웃을 믿지 말며 친구를 의지하지 말며 네 품에 누운 여인에게라도 네 입의 문을 지킬지어다"(미 7:5).

"이 때로부터 예수 그리스도께서 자기가 예루살렘에 올라가 장로들과 대제사장들과 서기관들에게 많은 고난을 받고 죽임을 당하고 제 삼일에 살아나야 할 것을 제자들에게 비로소 나타내시니"(마 16:21).

"입을 지키는 자는 자기의 생명을 보전하나 입술을 크게 벌리는 자에게는 멸망이 오느니라"(잠 13:3).

"또 이와 같이 돌밭에 뿌려졌다는 것은 이들을 가리킴이니 곧 말씀을 들을 때에 즉시 기쁨으로 받으나 그 속에 뿌리가 없어 잠깐 견디다가 말씀으로 인하여 환난이나 박해가 일어나는 때에는 곧 넘어지는 자요"(막 4:16-17).

"입이 음식의 맛을 구별함 같이 귀가 말을 분간하지 아니하느냐?"(욥 12:11).

"한결같지 않은 저울추는 여호와께서 미워하시는 것이요 속이는 저울은 좋지 못한 것이니라"(잠 20:23).

"입이 음식물의 맛을 분별함 같이 귀가 말을 분별하나니 우리가 정의를 가려내고 무엇이 선한가 우리끼리 알아보자"(욥 34:3-4).

"또 어찌하여 옳은 것을 스스로 판단하지 아니하느냐?"(눅 12:57).

"미련한 자는 행악으로 낙을 삼는 것 같이 명철한 자는 지혜로 낙을 삼느니라"(잠 10:23).

"때가 오래 되었으므로 너희가 마땅히 선생이 되었을 터인데 너희가 다시 하나님의 말씀의 초보에 대하여 누구에게서 가르침을 받아야 할 처지이니 단단한 음식은 못 먹고 젖이나 먹어야 할 자가 되었도다 이는 젖을 먹는 자마다 어린 아이니 의의 말씀을 경험하지 못한 자요 단단한 음식은 장성한 자의 것이니 그들은 지각을 사용함으로 연단을 받아 선악을 분별하는 자들이니라"(히 5:12-14).

"나는 지혜 있는 자들에게 말함과 같이 하노니 너희는 내가 이르는 말을 스스로 판단하라"(고전 10:15).

"모든 지킬 만한 것 중에 더욱 네 마음을 지키라 생명의 근원이 이에서 남이니라"(잠 4:23).

그리고 주의 사항이 추가됩니다.

* 무엇보다 처음부터 얘기 안 하는 것이 중요하다고 재차 교육시킵니다.
* 집에서나 친구들에게 말할 수 있는 적당한 핑계거리를 알려주어 적당하게 넘어가게 합니다.

# 3장.
## 센터

## 1. 센터의 구조

복음방의 과정을 통과한 사람들은 센터(일명 신학원)로 올라갑니다. 센터에서는 30명 이상의 인원이 함께 교육을 받습니다. 센터에서 교육을 받는 사람들의 구성은 복음방에서 올라온 교육생뿐만 아니라 잎사귀라 불리는 기존 신도들이 절반 정도로 구성이 됩니다. 그런데 이 절반의 잎사귀들이 아멘 인도자의 선창에 즉각적으로 아멘으로 반응함으로써 교육장의 분위기를 눈에 보이지 않게 주도합니다. 이것이 집단적인 세뇌 작업에서 아주 중요한 요소입니다. 강의실의 다수가 강사의 강의에 동의하므로 열매들은 강의 중에 개인적으로 느끼는 의문과 의심스러운 부분을 질문하고 싶어도 분위기상 할 수 없게 됩니다. 그래서 강사가 주장하는 대로 받아들이는 입장이 되어갑니다.

센터에서 행하는 교육은 집단 최면의 원리와 비슷합니다. 여러 사람이 함께 하기 때문에 그 속에서 자신은 안전할 수 있다는 오해와 착각을 역으로 이용하는 겁니다.

그뿐만 아니라 센터의 규칙에는 열매들이 옆에 있는 잎사귀와만 대화를 하도록 하고 다른 열매와는 대화나 전화번호를 나눌 수 없도록 합니다. 이것은 열매들을 철저하게 개인으로 분리하여 관리함으로써 세력화하지 못하게 할 뿐만 아니라 다른 열매에게 영향을 미치지 못하도록 하려는 것입니다.

센터는 이렇게 세뇌된 군중 속에 들어간 한 개인이 마치 거미의 그물에 걸린 나비와 같은 상황이 되도록 분위기가 조성된 곳입니다. 센터는 세뇌의 풀입니다. 이곳에 들어가면 신천지의 교리에 삶아지는 것은 시간문제입니다.

## 2. 센터 교육 내용 – 신천지식 성경관 세우기

복음방에서의 교육의 목표가 기존의 사고를 깨뜨리는 것이라면, 센터에서의 교육의 목표는 신천지 사상을 주입하는 것입니다. 센터에서는 초등, 중등, 고등의 내용을 약 6개월간 훈련받게 되는데 그 내용은 비유풀이와 노정교리 그리고 계시록 해석입니다. 이 과정들은 서로 연관성을 가집니다. 초등 과정에서 비유풀이를 통해 단어의 의미전환을 하고 노정의 논리를 주입식으로 세뇌시킨 뒤 그 관점으로 계시록의 실상이라는 거짓된 건물을 보게 하는 겁니다. 그 방법론으로 예언과 성취, 비유와 실상, 성경의 짝을 맞추어 나가면 전문적인 성경 지식이 부족한 성도들 특히 계시록 등 예언서를 자주 접하지 못한 성도들은 판단해볼 겨를도 없이 신천지의 교리에 빠져 들어가게 됩니다.

### 1) 비유풀이 – 초급
#### ① 비유풀이를 하는 목적

비유풀이의 목적은 성경의 단어의 의미를 변형시키고, 변형된 의미로 성경을 해석하는 것입니다. 이렇게 성경을 해석하면 일반적으로 알던 구절에서 전혀 다른 해석이 나오게 됩니다. 처음 배우는 사람의 입장에서 이것은 새로운 진리를 발견한 것처럼 보입니다.

비유풀이에는 공식이 있는데 그것은 말씀에는 다 짝이 있다고 짝이 되는 말씀을 찾아서 성경을 영어 단어 공부하듯이, 국어 낱말 뜻 공부하듯이,

수학문제를 공식에 맞춰 풀어가듯이 하는 것입니다. "너희는 여호와의 책에서 찾아 읽어보라 이것들 가운데서 빠진 것이 하나도 없고 제 짝이 없는 것이 없으리니 이는 여호와의 입이 이를 명령하셨고 그의 영이 이것들을 모으셨음이라"(사 34:16).

짝 풀이를 통하면 비유한 씨는 말씀, 나무는 사람, 물과 불과 양식은 말씀, 그릇은 사람의 마음, 도장과 나팔은 사람, 말은 육체, 새는 영, 왕과 소와 돌은 목자, 우상은 진리의 말씀이 없는 목자, 무덤과 바벨론은 진리가 없는 교회, 산과 배는 교회로 의미가 바뀌게 됩니다. 이렇게 변경된 의미로 성경을 해석하는 것을 그들은 영적 해석이라고 말합니다.

신천지에서 에덴동산의 선악의 나무를 어떻게 해석하는지를 살펴보겠습니다.
"여호와 하나님이 그 땅에서 보기에 아름답고 먹기에 좋은 나무가 나게 하시니 동산 가운데에는 생명 나무와 선악을 알게 하는 나무도 있더라"(창 2:9). 신천지는 나무를 사람으로 해석합니다. "무릇 만군의 여호와의 포도원은 이스라엘 족속이요 그가 기뻐하시는 나무는 유다 사람이라 그들에게 정의를 바라셨더니 도리어 포학이요 그들에게 공의를 바라셨더니 도리어 부르짖음이었도다"(사 5:7). 위 두 구절을 통해 '나무=사람'이라는 공식을 적용하고 의미를 변경합니다. 그러면 선악을 아는 나무는 동산 중앙에 있는 '사람'이 됩니다. 그 다음에는 이 사람이 어떤 사람인지를 찾아봐야 합니다. 왜냐하면 아무 사람이나 선악의 나무가 될 수는 없기 때문입니다. 그래서 중앙에 있는 사람을 의미하는 짝이 되는 말씀을 찾습니다. 그 짝이 되는 말씀이 "내가 침상에서 나의 머리 속으로 받은 환상이 이러하니라 내가 본즉 땅의 중앙에 한 나무가 있는 것을 보았는데 높이가 높더니⋯ 왕이여 이 나무는 곧 왕이시라 이는 왕이 자라서 견고하여지고 창대하사 하늘에 닿으시며 권세는 땅 끝까지 미치심이니이다"(단 4:10, 22)입니다. 그러면 이 나무는 바벨론 왕 느부갓네살이 됩니다. 그리고 선악을 아는 나무의 열매는 선악의 나무가 하는 말이나 행동을 의미합니다. 이 의미를 계시록으로 연결합니다.

"이 일 후에 다른 천사가 하늘에서 내려오는 것을 보니 큰 권세를 가졌는데 그의 영광으로 땅이 환하여지더라 힘찬 음성으로 외쳐 이르되 무너졌도다 무너졌도다 큰 성 바벨론이여 귀신의 처소와 각종 더러운 영이 모이는 곳과 각종 더럽고 가증한 새들이 모이는 곳이 되었도다"(계 18:1-2).

신천지는 정통교회를 바벨론이라고 부르는데 정통교회의 가르침은 선악과가 됩니다. 아담이 선악과를 먹고 영이 죽은 것과 같이 바벨론의 교회에서 가르침을 받은 자들은 영이 죽게 된다는 결론으로 귀결됩니다. 선악과를 일반교회의 가르침으로 둔갑시켜 정통교회가 귀신의 처소이며 더러운 영이 모이는 곳이며 가증한 새 즉 악한 영들이 모이는 곳이라고 정죄하고 비난하는 것입니다.

## ② 비유와 예언

신천지는 비유와 예언을 동일한 급으로 대합니다. 그들의 초중고등 강의안에 보면 '왜 비유로 말씀하셨나요?' 라고 질문하면서 그 답으로 '선지자로 하신 말씀 (예언)을 이루시기 위해서'라고 말합니다. 그리고 성경 두 구절을 인용합니다. 구약 선지자의 예언이 예수님 안에서 성취가 되었다는 것입니다.

"내가 입을 열어 비유로 말하며 예로부터 감추어졌던 것을 드러내려 하니"(시 78:2).

"예수께서 이 모든 것을 무리에게 비유로 말씀하시고 비유가 아니면 아무 것도 말씀하지 아니하셨으니 이는 선지자를 통하여 말씀하신 바 내가 입을 열어 비유로 말하고 창세부터 감추인 것들을 드러내리라 함을 이루려 하심이라"(마 13:34-35).

여기서 그들의 노림수가 무엇인지를 봐야 합니다. 그들의 목적은 기존에 배워왔던 예언과 성취라는 개념을 무너뜨리려는 것입니다. 예언은 예언한 사건이나 상황에 개별로 적용이 되어야 합니다. 그런데 신천지는 예언을 비유와 같이 모든 상황에 적용함으로써 진짜 예언을 무력화시킵니다. 왜냐하면 성경의 모든 예언의 핵심은 예수님께 집중이 되어있고, 예수님만 그것을 성취하십니다. 그런데 신천지는 예언을 비유와 같게 만들어 예수님이 아닌 다른 자를 그 예언의 수혜자로 만들어버리기 때문입니다.

그리고 부차적인 이유는 비유를 예언의 수준으로 올려야 영적인 의미를 더할 수 있기 때문입니다. 즉 자신들의 비유풀이를 영적 해석이라고 할 수 있기 때문입니다. 그래서 신천지는 성경을 문자적으로 해석하는 것은 그리스도의 도의 초보이며 인학이라고 부르고 비유풀이를 아는 것은 영해이고 진정한 신학이라고 주장합니다. 결국 자신들의 성경 해석이 정통교회의 해석보다 훨씬 높은 수준임을 나타내려는 데 목적이 있습니다.

③ 비유풀이와 구원

신천지는 자신들만 비유의 비밀을 아는 특별한 구원받은 자들이고 일반교회는 비유를 알지 못하는 자들이며 육에 속하여 구원에서 제외된 자들이라고 말합니다. 그래서 비유를 아는 [너희]와 비유를 모르는 [그들]로 구분합니다.

"제자들이 예수께 나아와 이르되 어찌하여 그들에게 비유로 말씀하시나이까 대답하여 이르시되 천국의 비밀을 아는 것이 너희에게는 허락되었으나 그들에게는 아니되었나니 무릇 있는 자는 받아 넉넉하게 되되 없는 자는 그 있는 것도 빼앗기리라 그러므로 내가 그들에게 비유로 말하는 것은 그들이 보아도 보지 못하며 들어도 듣지 못하며 깨닫지 못함이니라"(마 13:10-13).

비유풀이는 자신들만의 일종의 선민의식을 갖게 만드는 도구이기도 합니다. 다른 사람과 구별되고 특별한 선민의식을 갖게 하는 것은 세뇌에서 기본에 해당합니다. 그런데 누가 그들을 특별한 존재가 되게 합니까? 비유풀이를 가르쳐 준 교주가 그렇게 한 것입니다. 그래서 그가 시키는 일이면 무엇이라도 해야 하고 그에게 목숨을 걸고 충성을 하게 되는 겁니다.

이런 생각은 '나는 옳고 너는 잘못되었다'는 논리로 나아가게 합니다. 그리하여 선민인 자신을 반대하는 모든 사람들은 악이요 악의 무리로 보게 됩니다. 이 사고가 바로 범죄자들이 가진 전형적인 사고의 형태입니다. 즉 신천지는 신도를 범죄자의 사고로 만들어 가고 있는 것입니다.

비유풀이 속에는 그랜팰룬 테크닉이 숨겨져 있습니다. 그랜팰룬이란 '자랑스러워하지만 의미 없는 인간관계'로 이루어진 집단을 지칭하는 단어입니다. 신천지는 이 테크닉을 대표적으로 사용하는 단체입니다. 이 테크닉을 이용하려면 먼저 추종자들로 이루어진 내부집단과 구별되는 외부집단으로 나누어야 합니다. 새 신도는 소위 '사랑의 폭탄'이라고 부르는 방법을 통해서 집단 안으로 들어오게 됩니다. 기존 신도들이 새 신도들에게 온갖 배려와 인정과 지지를 마구 퍼부어 새 신도가 기존 신도 또는 신천지 간에 공감대와 이해가 형성된 것처럼 느끼게 만듭니다. 그리고 내부집단을 형성하게 하기 위해서 신도들에게 '우리는 누구인가' 하는 사회적 정체성 즉 '우리'의 이미지를 만들어줍니다. 그것이 신천지에서는 [너희]라는 용어입니다. 그런데 그랜팰룬의 전술을 구사하려면 다른 편에 증오·혐오해야 할 외부집단을 구성해야 합니다. 자신들 이외의 사람이나 단체를 미워하도록 가르치는 것입니다. 심지어 육신의 부모까지 신천지를 인정하지 않으면 미워하도록 만들어야 합니다. 이단 상담을 하는 상담사들을 '강제개종, 살인마' 집단처럼 혐오하게 만들어야 합니다.

이렇게 그랜팰룬 테크닉이 머릿속에 박히면 외부세계에 대한 두려움을 만들어내 신천지만이 행복한 삶을 위한 유일한 해결책이라는 믿음을 갖게 하는 데 성공하게 되고 그 후부터는 신천지가 없는 삶을 생각하는 것이 불

가능해지는 것입니다(안토니 R 외, 「프로파간다 시대의 설득전략」, 커뮤니케이션북스, 2005, p.327~328 참고).

### ④ 비유풀이와 계시록

신천지의 비유풀이는 모든 성경을 해석할 목적으로 구성되어 있지 않고 특별히 계시록의 해석에 초점을 맞추고 있습니다. 그래서 센터의 중급 과정인 비유풀이 공과를 살펴보면 모두가 계시록에 필요한 단어를 중심으로 비유풀이를 하고 있음을 알 수 있습니다. 그러니까 신천지의 방식은 먼저 계시록의 단어들을 분해하고 그 단어들을 비유로 풀고 노정으로 각색해서 신천지의 실상 계시가 나타나게 만드는 것입니다.

그렇기 때문에 비유풀이를 다른 성경 구절들에 대입을 하면 말도 되지 않는 해석이 나오게 됩니다. 예를 들어서 신천지는 비둘기를 성령으로 해석을 합니다. "예수께서 세례를 받으시고 곧 물에서 올라오실 새 하늘이 열리고 하나님의 성령이 비둘기 같이 내려 자기 위에 임하심을 보시더니"(마 3:16). 그런데 이 비둘기의 비유를 다른 구절에 적용하면 어떻게 될까요? "성전 안에서 소와 양과 비둘기 파는 사람들과 돈 바꾸는 사람들이 앉아 있는 것을 보시고"(요 2:14). 이 말씀에 적용하면 비둘기는 성령이니까 성전 안에 성령을 파는 사람이 있다고 해석해야 하는 걸까요? 아니면 진짜 비둘기라고 해야 할까요? 그리고 이 구절에 등장하는 소는 비유로 하나님의 일꾼과 사명자를 의미합니다. "모세의 율법에 곡식을 밟아 떠는 소에게 망을 씌우지 말라 기록하였으니 하나님께서 어찌 소들을 위하여 염려하심이냐?···오로지 우리를 위하여 말씀하심이 아니냐"(고전 9:9-10). 그렇다면 성전에서 파는 소의 해석은 성전 즉 교회에서 일꾼을 팔아먹는 사람이라고 해야 하는 걸까요?

이렇게 모든 말씀을 비유로 해석하면 심각한 성경 왜곡이 일어납니다. 일반인들은 이 숨겨진 오류를 발견하지 못하고 그것이 진리인 양 받아들이게 됩니다. 그렇게 되면 비유풀이를 통해서 나무가 사람이 되고 이스라엘의 시온이 한국의 과천이 되고 보혜사가 이만희가 되는 것입니다. 이렇게 해나가는 것이 세뇌의 과정입니다.

## ⑤ 신천지의 대표적인 비유풀이

### ㉠ 씨밭나무새

음악학원에서 바이엘과 체르니를 배운 아이들은 젓가락 행진곡을 오랫동안 기억합니다. 처음 배운 곡은 세월이 지나도 오래도록 잊히지 않기 때문입니다. 마찬가지로 신천지에서 처음 다루는 비유는 '씨밭나무새'인데 이 비유는 신천지인의 머릿속에 박혀있습니다. 그리고 이 비유는 신천지식으로 성경을 보는 관점을 형성하게 됩니다. 따라서 신천지에서 이 비유를 어떻게 해석하느냐를 아는 것은 매우 중요합니다. "또 이르시되 너희가 이 비유를 알지 못할진대 어떻게 모든 비유를 알겠느냐?"(막 4:13).

씨밭나무새의 비유에는 세 가지 비유가 등장합니다. 네 가지 밭의 비유와 가라지 비유와 겨자씨의 비유가 동원이 됩니다. 네 가지 밭의 비유에서 밭은 사람의 마음이요 씨는 하나님의 말씀이며 좋은 밭은 좋은 마음을 의미합니다. 그래서 좋은 마음을 가진 사람은 말씀의 씨를 받아 많은 열매를 맺게 된다는 것입니다.

여기에 가라지 비유를 연결합니다. 밭에 좋은 씨가 뿌려진 다음에 가라지가 덧뿌려지게 됩니다. 그런데 신천지는 여기에 짝풀이의 말씀을 연결합니다. "여호와의 말씀이니라 보라 내가 사람의 씨와 짐승의 씨를 이스라엘 집과 유다 집에 뿌릴 날이 이르리니"(렘 31:27). 이렇게 되면 좋은 씨는 사람의 씨가 되고 가라지는 짐승의 씨가 됩니다. 이것이 예수님 시대에는 예수님의 말씀이 좋은 씨이고 바리새인들의 교훈은 가라지요, 짐승의 씨가 되는 것입니다. 그리고 현시대에는 바리새인들을 대표하는 장로교단의 말씀이 가라지요, 짐승의 씨가 되고 장로교단으로부터 이단 소리를 듣는 신천지의 말씀이 좋은 씨라는 것입니다.

그 다음에는 겨자씨의 비유로 연결합니다. 겨자씨가 자라서 나무가 됩니다. 그런데 씨에도 두 종류가 있듯이 나무에도 두 종류가 있습니다. 생명나무와 선악나무입니다. 그리고 나무 위에 새가 머물게 되는데 이 새는 영을 의미합니다. 그것은 예수님께서 새가 악한 자 즉 영적 존재라고 하셨기 때문입니다.

"뿌릴 새 더러는 길 가에 떨어지매 새들이 와서 먹어버렸고"(마 13:4).
"아무나 천국 말씀을 듣고 깨닫지 못할 때는 악한 자가 와서 그 마음에 뿌려진 것을 빼앗나니 이는 곧 길 가에 뿌려진 자요"(마 13:19).

그래서 두 나무마다 그 위에 다른 영이 임하게 됩니다. 진리의 씨가 자라서 된 생명나무에는 성령이 임하고 비진리의 씨가 자란 선악나무 즉 바벨론의 나무에는 악령이 임하게 된다는 것입니다.

"힘찬 음성으로 외쳐 이르되 무너졌도다 무너졌도다 큰 성 바벨론이여 귀신의 처소와 각종 더러운 영이 모이는 곳과 각종 더럽고 가증한 새들이 모이는 곳이 되었도다"(계 18:2).

즉 이 비유는 신천지는 생명나무이며 성령이 임하고 일반교회는 선악나무이며 악령이 역사하고 있다는 의미입니다. 그리고 이 비유를 통해서 그들은 악령이 임하는 정통교회에서 나와서 성령이 임하는 신천지로 오라는 말을 하고 싶은 것입니다.

ⓒ 지혜로운 여인과 어리석은 여인의 비유

"그 때에 천국은 마치 등을 들고 신랑을 맞으러 나간 열 처녀와 같다 하리니 그 중의 다섯은 미련하고 다섯은 슬기 있는 자라 미련한 자들은 등을 가지되 기름을 가지지 아니하고 슬기 있는 자들은 그릇에 기름을 담아 등과 함께 가져갔더니"(마 25:1-4).

이 구절은 신천지에서 아주 중요하게 여기는 비유입니다. 그 이유는 계시록의 혼인잔치와 연관되어있기 때문입니다. "우리가 즐거워하고 크게 기뻐하며 그에게 영광을 돌리세 어린 양의 혼인 기약이 이르렀고 그의 아내가 자신을 준비하였으므로"(계 19:7).

이 비유의 핵심은 어떤 사람이 혼인잔치에 들어가게 되는가에 있습니다. 이 비유에는 두 종류의 처녀가 등장합니다. 한 종류는 지혜로운 처녀인데 등과 기름을 준비하여 신랑을 기다리는 성도를 의미합니다. 다른 한 종류는 어리석은 처녀입니다. 등은 준비했지만 기름을 준비하지 못하여 혼인잔치에 들어가지 못한 성도입니다. 이제는 짐작하겠지만 지혜로운 처녀는 신천지 성도이고 어리석은 처녀는 일반교회 성도를 의미합니다.

그런데 신천지는 어떻게 자신들을 지혜로운 처녀라고 확신하는 걸까요? 그 이유는 준비해야 하는 기름이 무엇인지를 알기 때문이라는 겁니다. 일반교회에서는 이 기름을 성령이라고 해석하는데 그것이 잘못되었다는 것입니다. 성령을 어떻게 나누어주느냐는 겁니다. 그래서 그들은 신랑이 오실 때 준비해야 하는 기름이 아닌 다른 것을 준비했기 때문에 어리석다는 것입니다.

신천지식으로 비유를 해석하면 등은 성경입니다. 말씀의 짝인 "주의 말씀은 내 발에 등이요 내 길에 빛이니이다"(시 119:105)에서 온 것입니다. 그리고 기름은 성령이 아니라 증인이 증거하는 말씀이라고 합니다. 그것은 계시록 11장에 나오는 두 증인을 스가랴 4장의 두 감람나무와 연결하여 해석하기 때문입니다.

"내가 그에게 물어 이르되 등잔대 좌우의 두 감람나무는 무슨 뜻이니이까 하고 다시 그에게 물어 이르되 금 기름을 흘리는 두 금관 옆에 있는 이 감람나무 두 가지는 무슨 뜻이니이까 하니 그가 내게 대답하여 이르되 네가 이것이 무엇인지 알지 못하느냐 하는지라 내가 대답하되 내 주여 알지 못하나이다 하니 이르되 이는 기름 부음 받은 자 둘이니 온 세상의 주 앞에 서 있는 자니라 하더라"(슥 4:11-14).

감람기름은 감람나무에서 나옵니다. 즉 기름은 증인의 증거하는 말씀이라고 해석합니다. 그래서 기름을 준비한 자들은 증인인 이만희에게 와서 증거의 말씀을 받은 신천지 신도이고 기름을 준비하지 못한 사람은 일반교회 성도라고 합니다. 이 비유의 결론은 증인인 이만희에게 와서 증거의 말씀을 받아서 혼인잔치에 들어가라는 겁니다. 그리고 그 혼인잔치의 자리가 바로 과천 신천지 동산이라는 것입니다.


ⓒ 기도에 대한 비유

"구하라 그리하면 너희에게 주실 것이요 찾으라 그리하면 찾아낼 것이요 문을 두드리라 그리하면 너희에게 열릴 것이니 구하는 이마다 받을 것이요 찾는 이는 찾아낼 것이요 두드리는 이에게는 열릴 것이니라"(마 7:7-8).

일반적으로 이 말씀은 기도하는 사람의 자세에 대한 말씀으로 해석을 합니다. 그러나 이 말씀을 신천지의 비유풀이로 해석을 하면 완전히 다른 해석이 됩니다. 먼저 '구하라'는 구절을 진주 비유와 연결합니다. 그것은 진주 비유가 구하라는 단어가 있는 짝 구절이기 때문입니다. "또 천국은 마치 좋은 진주를 구하는 장사와 같으니 극히 값진 진주 하나를 발견하매 가서 자기의 소유를 다 팔아 그 진주를 사느니라"(마 13:45-46). 이 진주가 무엇인지는 계시록의 연결 구절에서 설명이 되는데 비유의 결론 부분에 가면 알게 됩니다.

그리고 '찾으라'는 말씀은 감추인 보화 비유와 연결합니다. "천국은 마치 밭에 감추인 보화와 같으니 사람이 이를 발견한 후 숨겨 두고 기뻐하며 돌아가서 자기의 소유를 다 팔아 그 밭을 사느니라"(마 13:44). 찾으라는 말씀은 감추인 것이 전제가 된 말입니다. 그런데 밭에 감추인 보화는 무엇일까요? 그것은 바로 봉인된 말씀을 말하는데 봉인된 두루마리의 말씀은 계시록을 말하는 것입니다. "내가 보매 보좌에 앉으신 이의 오른손에 두루마리가 있으니 안팎으로 썼고 일곱 인으로 봉하였더라"(계 5:1). 그리고 보화가 구체적으로 무엇을 의미하는가도 비유의 결론 부분에서 나타나게 됩니다.

마지막으로 '문을 두드리라'는 말씀은 계시록의 새 예루살렘 성의 문과 연결합니다.

"그 성의 성곽의 기초석은 각색 보석으로 꾸몄는데 첫째 기초석은 벽옥이요 둘째는 남보석이요 셋째는 옥수요 넷째는 녹보석이요 다섯째는 홍마노요 여섯째는 홍보석이요 일곱째는 황옥이요 여덟째는 녹옥이요 아홉째는 담황옥이요 열째는 비취옥이요 열한째는 청옥이요 열두째는 자수정이라 그 열두 문은 열두 진주니 각 문마다 한 개의 진주로 되어 있고 성의 길은 맑은 유리 같은 정금이더라"(계 21:19-21).

계시록의 새 예루살렘의 문은 보화와 진주로 되어있습니다. 그러니까 기도의 목적 즉 진짜 구하고 찾아야 하는 것은 세상의 보화나 진주가 아니라 하늘 문이라는 것입니다. 그런데 이 땅에 만들어진 천국의 12문이 있는데 그것이 바로 신천지의 12지파의 문입니다. 즉 이 기도의 비유 말씀이 뜻하는 것은 신천지에 들어와서 12지파에 소속되어야만 구원을 받는다는 것을 설명하는 것입니다.

신천지의 모든 비유의 해석이 이런 식입니다. 어떤 것이든지 결국에는 신천지와 이만희로 결론이 납니다. 그래서 신천지에서 성경공부를 한 사람들은 무엇을 읽든지 단 한 가지 결론에 도달하게 됩니다. 이만희와 신천지입니다. 그리고 그 외의 모든 해석은 모두 마귀가 준 것이라고 생각합니다. 그들은 실제로 그렇게 생각하고 있습니다.

## 2) 노정교리 - 중급

### ① 신천지의 주장

신천지가 이 노정을 가르치는 목적은 비유풀이를 통해서 단어의 의미를 변화시키고 노정이라는 공식에 적용하여 계시록을 풀려고 하는 것입니다. 신천지는 성경에 나타나는 역사 즉 노정에는 일정하게 반복되는 패턴이 있다고 합니다. 이 노정을 분석하면 목자 선택, 나라 창조, 선민과의 언약, 선민의 배도, 선민의 멸망, 새 목자 선택, 배도자와 멸망자의 심판, 구원, 새 나라 창조, 새 언약과 안식, 이렇게 10가지의 과정을 거치게 됩니다. 그런데 여기서 핵심적인 노정은 배도, 멸망, 구원의 노정인데 이를 줄여서 배멸구라고 부릅니다(충신과 진실, 「초중고 강의안」, 시온기독교 신학원, p.56).

그리고 이 배멸구는 계시록을 해석하는 열쇠가 됩니다.

"형제들아 우리가 너희에게 구하는 것은 우리 주 예수 그리스도의 강림하심과 우리가 그 앞에 모임에 관하여 영으로나 또는 말로나 또는 우리에게서 받았다 하는 편지로나 주의 날이 이르렀다고 해서 쉽게 마음이 흔들리거나 두려워하거나 하지 말아야 한다는 것이라 누가 어떻게 하여도 너희가 미혹되지 말라 먼저 배교하는 일이 있고 저 불법의 사람 곧 멸망의 아들이 나타나기 전에는 그 날이 이르지 아니하리니 그는 대적하는 자라 신이라고 불리는 모든 것과 숭배함을 받는 것에 대항하여 그 위에 자기를 높이고 하나님의 성전에 앉아 자기를 하나님이라고 내세우느니라"(살후 2:1-4).

이 구절에는 예수님이 강림하시는 때에 배교와 멸망의 아들이 등장합니다. 이것이 종말의 결정적인 증거가 됩니다. 그리고 그 다음에는 구원자가 등장합니다. 그런데 신천지는 창세기부터 등장하는 모든 노정이 바로 여기 등장하는 배교자와 멸망자 그리고 구원자를 설명하기 위한 것이라고 설명합니다. 그리고 이미 그 배도자와 멸망자가 나타났고 심판을 받았으며 구원자로 인하여 계시록이 성취가 되고 있다는 겁니다. 그것이 노정교리가 말하고자 하는 것입니다.

## ② 신천지 노정교리의 과정 (아담에서 노아까지)

### ㉠ 하나님께서 택하신 목자 아담

　　신천지의 노정교리는 아담을 선택함으로써 시작됩니다. 그런데 여기서 아담과 에덴동산의 순서에 주목해야 합니다. 신천지는 아담이 먼저고 에덴동산을 그 다음에 둡니다. 그 순서의 근거를 "여호와 하나님이 땅의 흙으로 사람을 지으시고 생기를 그 코에 불어넣으시니 사람이 생령이 되니라 여호와 하나님이 동방의 에덴에 동산을 창설하시고 그 지으신 사람을 거기 두시니라"(창 2:7-8)에 두고 있습니다. 신천지는 이 말씀의 순서를 따르는 것처럼 보이지만 실상은 아담이 최초의 사람이 아니라는 말을 하려는 것입니다.

　　아담의 시대에 사람이 이미 존재했고 하나님께서 아담을 그 시대의 목자로 선택을 했다는 의미입니다. 그들이 그렇게 말하는 것은 가인이 아벨을 죽이고 사람들에게 해를 당할 것을 무서워한 것과 하나님께서 아담과 하와에게 부모를 떠나 한몸이 되라고 말씀하신 것에 근거를 두고 있습니다. 이 말씀은 아담 이전에 사람이 없었다면 가능하지 않다는 주장입니다.

　　아담이 목자가 되는 과정은 아담이 하나님의 생기를 받아 생령이 된 것이고, 이것이 아담과 다른 사람을 구별하게 만든 근본적 이유라는 것입니다. 그 당시의 사람들은 하나님을 아는 영도 말씀도 없는, 짐승과 다를 바 없었던 사람이라고 보는 것입니다. 그리고 아담의 사명은 창도자의 입장에 서서 생명과를 따먹고 영생의 천지를 이룩하는 것입니다(김건남·김병희, 「신탄」, 신천지, p.84, 1985).

　　그런데 여기서는 목자의 사명에 주목해야 합니다. 영생의 천지를 이룩하는 것, 이 사명은 모든 시대의 목자들에게 요구되지만 각 시대의 목자들은 이 사명을 완수하는 데 실패합니다. 심지어 예수님마저 완성하지 못합니다. 그러나 이만희 교주가 숨겨진 만나인 계시록의 말씀을 먹고 신천지 안에서 영생의 천지를 이룩한다고 신천지는 설명합니다.

ⓛ 나라 창조

에덴동산은 하나님이 선택한 목자 아담이 사역할 장소입니다. 이곳을 재창조의 현장이라고 부릅니다. 재창조라는 것은 이전에 있던 세상을 폐기하고 다시 창조하는 것을 의미합니다. 아담 때는 동방 에덴, 노아 때는 아라랏 산, 아브라함 때에는 세겜 땅, 모세 때는 시내광야, 여호수아 때는 세겜 땅, 예수님 때에는 갈릴리 호수 주변이 재창조의 땅입니다(이만희. 「천지창조」. 신천지, 2007, p.102).

신천지가 에덴동산이 최초의 선민의 장막이라고 부르는 것에 주의해야 합니다. 여기서 장막이라는 단어는 모세 시대에는 성막으로 이어지고 계시록의 시대에는 장막성전으로, 신천지증거장막성전으로 이어지기 때문입니다. 즉 신천지증거장막성전이 하나님께서 택하신 나라라는 것입니다.

ⓒ 아담과의 언약

"여호와 하나님이 그 사람에게 명하여 이르시되 동산 각종 나무의 열매는 네가 임의로 먹되 선악을 알게 하는 나무의 열매는 먹지 말라 네가 먹는 날에는 반드시 죽으리라 하시니라"(창 2:16-17).

하나님께서는 시대마다 세운 목자와 언약을 체결하게 됩니다. 아담과의 언약은 조건부 약속인데 지키면 복을 받고 지키지 않으면 저주를 받게 된다는 언약입니다. 이만희 교주는 이 언약을 기술한 다음 신명기 28장의 복과 저주에 대한 말씀을 참고하라고 말합니다. 하나님의 명령을 지키면 복을 받고 지키지 않으면 저주를 받는 그것이 하나님께서 주신 언약의 핵심이라는 것입니다.

그런데 아담과의 언약에는 문제점이 있습니다. 그것은 아담과의 언약을 언약이라고 할 수 있느냐는 겁니다. 언약은 상호간에 맺는 것인데이 말씀은 하나님의 일방적인 금지규정이기 때문입니다. 이렇게 신천지의 노정의 법칙에는 숨겨진 문제점들이 많이 발견됩니다. 겉으로 보면 맞는 것 같은데 자세히 따져보면 맞지 않습니다.

ㄹ) 아담의 배도

"여자가 그 나무를 본즉 먹음직도 하고 보암직도 하고 지혜롭게 할만큼 탐스럽기도 한 나무인지라 여자가 그 열매를 따먹고 자기와 함께 있는 남편에게도 주매 그도 먹은지라"(창 3:6).

이만희의 천지창조에는 다음과 같이 설명돼 있습니다.

"배도에는 대개 미혹이 선행한다. 미혹을 받는 원인은 하나님에 대한무지와 불신 때문이다. …최초로 하나님께서 택하신 사람인 아담의배도는 뱀의 미혹 때문이었다. 그의 아내 하와는 선악과를 먹으면 죽게 된다는 하나님의 말씀을 알고 있었다. 그러나 뱀은 하와를 미혹할만한 지혜와 말재주가 있었다"(이만희. 「천지창조」. 신천지, 2007, p.133).

"신랑 되신 하나님 (호 2:19, 렘 31:32)의 말씀을 지키지 않은 것은 배도이다. 뱀의 말 곧 사단의 씨를 받아들였으니 마귀가 영적 신랑이 되었다"(「천지창조」, p.135).

아담은 범죄함으로써 하나님을 배도하였고 에덴동산에서 쫓겨나서살아가게 되었을 뿐만 아니라 하나님의 심판을 받게 되었다는 것입니다. 그리고 각 시대마다 배도자는 나타나게 됩니다. 예수님 시대의 배도자는 세례 요한이고 계시록 시대의 배도자는 장막성전의 유재열 교주가 됩니다.

ⓜ 선민의 멸망 – 노아 홍수

"하나님께서는 아담을 지으셨을 때 그에게 만물을 맡겨 다스리게 하
시며 많은 복을 주셨다. 그러나 아담이 하나님의 말씀을 어기고 배
도하였을 때에는 가차 없이 그를 떠나셨다. 그리고 아담의 후손 가운
데 의로운 노아를 택하시고 부패한 아담의 후예들을 홍수로 멸하셨
다"(「천지창조」, p.154).

아담이 하나님의 계명을 지키지 않아서 멸망의 대상이 되었고 하나
님은 그 세대를 심판하기 위해서 아담의 9대손 노아에게 찾아가셔서
노아의 여덟 식구를 구원하신 후 범죄한 아담의 세계를 홍수로 쓸어버
리셨습니다. 이것이 아담시대 선민의 멸망이라고 합니다.

그런데 여기에서 몇 가지 문제점을 발견하게 됩니다. 하나는 하나
님께서 배도한 아담을 1,600년 후에 홍수로 심판하시는 것이 옳은 일
인가 하는 것이고, 두 번째는 아담의 세대가 노아 홍수로 멸망을 당하
는 것은 배멸구의 공식에 위배된다는 것입니다. 배멸구의 공식을 따르
면 멸망을 당하려면 멸망자가 등장해야 하는데 뱀은 미혹자이지 멸망
자가 아니며 더욱이 홍수는 인격이 아니어서 멸망자가 될 수 없기 때문
입니다.

아담의 배도를 에덴동산에서 쫓겨나는 것으로 받는 심판이 아니라
노아 홍수 심판으로 연결하는 것에 주목해야 합니다. 즉 이전의 세상을
심판하고 새로운 목자의 탄생으로 연결하기 위한 목적 때문입니다. 즉
이전의 세상인 장막성전을 멸하고 새 목자인 이만희를 통해서 새로운
나라인 신천지증거장막성전이 세워졌다는 것을 말하려는 것입니다.

ⓑ 새 목자 선택 – 노아

"이것이 노아의 족보니라 노아는 의인이요 당대에 완전한 자라 그는
하나님과 동행하였으며"(창 6:9).

"아담으로 시작한 노아의 세계는 처음 하늘이라고 한다면 새롭게 창조한 노아의 세계는 새 하늘이라고 할 수 있다. 물론 아담은 사명이 끝난 선천의 지도자이며 노아는 새 시대를 인도할 새 치리자이다"(「천지창조」, p.154).

하나님께서는 홍수를 통해서 아담의 세대를 멸하시고 새로운 목자를 선택하셨는데 그가 바로 노아입니다. 그런데 아담의 세계를 처음 하늘이라고 하고 노아의 세계를 새 하늘이라고 언급하는 이유는 무엇일까요? 그렇습니다. 장막성전의 유재열의 세계는 처음의 하늘이 되고 이만희가 세울 신천지가 새 하늘이 되게 하려는 밑밥을 깔아두는 겁니다. 그리고 이만희 교주가 이 시대의 새 목자가 되는 것입니다.

## ㉑ 구원 – 방주

"곧 그 날에 노아와 그의 아들 셈, 함, 야벳과 노아의 아내와 세 며느리가 다 방주로 들어갔고 그들과 모든 들짐승이 그 종류대로, 모든 가축이 그 종류대로, 땅에 기는 모든 것이 그 종류대로, 모든 새가 그 종류대로 무릇 생명의 기운이 있는 육체가 둘씩 노아에게 나아와 방주로 들어갔으니"(창 7:13-15).

아담의 세대 중에서 노아가 만든 방주에 들어간 짐승들과 사람들만 구원을 받게 됩니다. 신천지는 이 시대에는 구원자 이만희가 있는 곳이 바로 구원의 방주라고 말합니다. 이만희의 7번째 나팔 소리를 듣고 신천지의 방주로 들어오는 자만 구원을 받게 된다는 것을 설명하려는 것입니다.

## ◎ 새 나라 창조 – 아라랏 산

"일곱째 달 곧 그 달 열이렛날에 방주가 아라랏 산에 머물렀으며 물이 점점 줄어들어 열째 달 곧 그 달 초하룻날에 산들의 봉우리가 보였더라"(창 8:4-5).

"하나님께서는 어느 시대나 빛의 역할을 하는 한 목자를 세우신 다음에 그를 중심으로 재창조의 역사를 이루어 가셨다. 아라랏 산은 방주가 머문 곳인데 그곳에서부터 노아의 아들들이 정착하여 살다가 온 땅에 퍼지게 되었다. 이것이 노아 세계의 창조이다"(「천지창조」, p.102).

여기서 주목해야 하는 것은 '산'이라는 용어입니다. 신천지는 자신들이 있는 곳을 시온산이라고 부릅니다. 아라랏 산은 이 시온산을 상징하는 산입니다. 시온산은 이만희로 인하여 세워지는 새 나라, 신천지라는 것입니다.


ㅈ 새 언약 - 무지개 언약

"내가 너희와 언약을 세우리니 다시는 모든 생물을 홍수로 멸하지 아니할 것이라 땅을 멸할 홍수가 다시 있지 아니하리라"(창 9:11).

노아에게 주신 언약을 새 언약이라고 하는 것은 아담의 언약과 비교한 것입니다. 노아에게 주신 새 언약의 내용은 다시는 심판을 당하지 않는다는 언약입니다. 그런데 신천지에서 강조하는 것은 언약의 내용이 아니라 '새 언약'이라는 용어입니다. 신천지는 예수님의 새 언약이란 초림 예수가 구약 성경의 예언(렘 31:31)을 성취한 것이라면 재림 예수인 이만희가 신약 성경을 가르치는 것이 새 언약을 성취한 것이라고 말합니다. 재림 예수가 가르치는 언약의 내용은 바로 계시록 2~3장에 있는데 여기에 기록된 약속을 지키는 사람은 복을 받고 지키지 않는 사람은 기록된 대로 저주를 받게 된다는 것입니다. 그리고 그 복의 내용은 신천신지에서 영원한 생명을 누리는 것입니다.

이렇게 신천지의 새 언약은 우리가 아는 새 언약이 아닙니다. 우리가 아는 새 언약과 완전히 다른 의미입니다. 신천지의 어법을 알지 못하면 신천지인들과 대화를 할 수 없는 것이 바로 이런 점 때문입니다.

ⓒ 안식

"만일 여호수아가 그들에게 안식을 주었더라면 그 후에 다른 날을 말씀하지 아니하셨으리라 그런즉 안식할 때가 하나님의 백성에게 남아 있도다 이미 그의 안식에 들어간 자는 하나님이 자기의 일을 쉬심과 같이 그도 자기의 일을 쉬느니라 그러므로 우리가 저 안식에 들어가기를 힘쓸지니 이는 누구든지 저 순종하지 아니하는 본에 빠지지 않게 하려 함이라"(히 4:8-11).

새 언약 이후 노아의 역사에도 안식이 없고 그 다음에 오는 아브라함과 모세 시대에도 안식이 오지 않았습니다. 왜냐하면 시대마다 다시 배도와 멸망의 과정이 반복되었기 때문입니다. 신천지는 완전한 안식은 예수님의 시대에도 없었고 오직 이만희로부터 시작되는 신천지에서 이루어진다고 가르칩니다. 그 안식이 시작되는 것이 바로 신천지의 천년성의 시작의 날인 1984년 3월 14일입니다.

그런데 신천지의 역사를 자세히 보면 안식이 전혀 없습니다. 신천지의 역사에는 배도가 없어야 함에도 불구하고 배도의 역사가 지속적으로 일어났습니다. 그 대표적인 사건이 1997년 12월에 일어난 대구 다대오 지파의 배도사건입니다. 다대오 지파장 측에서 당시 계시록 실상에 대해 이만희 교주에게 공개질의를 했는데 질문에 대답을 하지 못한 이만희 교주가 지파장의 뺨을 때리고 나갔고, 그 후에 지파 소속 신도 500여 명이 신천지를 탈퇴한 사건입니다. 그리고 이만희 교주의 개인 신상에도 김남희 씨와의 온갖 문제로 바람 잘 날이 없습니다. 특히 코로나19 사태로 인하여 신천지의 존립이 위태롭습니다. 그런데도 신천지가 이 땅에 만들어진 하나님의 나라일까요?

신천지의 노정교리의 결정적인 문제점은 또 있습니다. 노정 교리가 통일교의 「원리강론」에서 나왔다는 사실입니다. 그런데 이만희 교주는 「천지창조」의 머리말에서 "이 책 「천지창조」는 유일하신 하나님께서 행하신 창조와 재창조에 관해 요약하여 설명한 것이며 예언이 성취된 것을 보고 들은 것을 기록한 것도 있다"고 합니다. 즉 40일 동안 계시를 받은 것을 요약했다는 말인데 이 모든 것이 거짓이었던 것입니다.

「원리강론」에서 노정을 다음과 같이 소개하고 있습니다.

"이제 아담 이후 오늘에 이르는 전 역사 노정에 있어서의 시대적 단계에 대하여 개관해 보기로 하자. 타락인간으로 하여금 '메시아를 위한 기대'를 세우게 하고, 그 기대 위에서 메시아를 맞게 함으로써 창조목적을 완성하고자 하셨던 하나님의 섭리는 일찍이 아담 가정으로부터 시작되었다. 그러나 가인이 아벨을 살해함으로써 그 섭리의 뜻은 좌절되었고, 그 후 10대를 지나 그 뜻은 다시 노아의 가정으로 옮겨졌던 것이다. 40일 홍수로써 악한 세계를 심판하였던 것은, 노아 가정을 중심하고 '메시아를 위한 가정적인 기대'를 세우게 하고 그 기대 위에 메시아를 보내심으로써 복귀섭리를 완성하시기 위함이었던 것이다. 그러나 노아의 차자 함의 타락행위로 인하여, 노아 노정과 방주를 찾아 세우기 위하여 세웠던 10대와 40일을 사탄에게 내주고 말았다. 그러나 이것들을 다시 하늘 편으로 탕감복귀 하는 기간 즉 4백 년이 지난 후에 뜻은 다시 아브라함에게 옮겨졌던 것이다.

그러므로 만일 아브라함이 '메시아를 위한 가정적인 기대' 를 뜻 맞게 세웠더라면, 이 기대를 중심하고 '메시아를 위한 민족적인 기대' 를 이루어 가지고 그 터 위에서 메시아를 맞았을 것이었다. 그런데 아브라함이 '상징헌제'에 실수함으로써 그 뜻은 또다시 좌절되고 말았다. 이에 메시아를 맞기 위한 믿음의 조상을 찾아 내려왔던 아담 가정으로부터의 2천 년 기간을 일단 사탄에게 내줄 수밖에 없었다.

그러나 아브라함이 노아의 입장과 다른 것은, 비록 아브라함이 '상징헌제'에는 실수하였지만 이삭, 야곱의 3대에 걸쳐 연장하면서 '메시아를 위한 가정적인 기대'를 세움으로써, 이 기대를 중심하고 애굽에서 하나님의 선민을 번식하여 후일 '메시아를 위한 기대'를 민족적으로 넓힐 수 있었다는 사실에 있다. 아브라함을 믿음의 조상이라고 하는 이유는 여기에 있는 것이다. 그렇기 때문에 결과적으로 보면, 아담으로부터 아브라함까지의 2천 년 기간은 믿음의 조상인 아브라함 한 사람을 찾아 세워 장차 복귀섭리를 시작할 수 있는 그 기대를 조성하는 기간이었다고 볼 수 있는 것이다. 복귀섭리의 역사가 아브라함으로부터 시작되었다고 하는 이유는 여기에 있는 것이다.

아브라함의 '상징헌제' 실수로 인하여 아담으로부터 아브라함에 이르기까지의 2천 년 기간을 사탄에게 내주었으므로, 이 기간을 다시 하늘 편으로 탕감복귀 하는 기간이 있어야 할 것이니, 그 기간이 바로 아브라함으로부터 예수님이 오실 때까지의 2천 년 기간이다"(「원리강론」. 통일교 후편 서론 pp.251~252).

이 인용문 뒤에 소개되는 통일교의 복귀섭리노정의 순서 또한 신천지의 노정교리와 같음을 확인할 수 있습니다. 다수의 신천지인들이 이 부분에서 충격을 받습니다. 노정교리가 이만희 교주가 계시 받은 것이 아니라는 것을 발견하게 된 것입니다.

## 3) 계시록 해석 – 고급
### ① 신천지의 계시록 해석 방법
㉠ 신천지는 계시록의 사건을 세계적인 종말의 사건으로 보는 것이 아니라 장막성전과 이방 장로교회 그리고 신천지를 중심으로 한 종교적인 싸움이요 영적인 싸움으로 봅니다. 이런 관점에서 계시록의 모든 부분들을 해석합니다. 그래서 신천지의 계시록 해석을 이해하려면 유재열의 장막성전의 역사와 신천지증거장막성전의 설립의 역사를 알아야 합니다. 이 역사 속에서 배도와 멸망과 구원의 노정이 드러나게 됩니다.

ⓛ 계시록의 역사의 성취는 1980년 3월 14일 한국의 과천 장막성전에서 일어나게 됩니다. 삼손 유재열이 멸망자인 오평호를 장막성전의 당회장으로 세운 것입니다. 신천지는 이것을 '멸망의 아들이 거룩한 곳에 선 것'이라고 해석하고 예수님과 다니엘의 예언의 성취라고 봅니다. "그러므로 너희가 선지자 다니엘이 말한 바 멸망의 가증한 것이 거룩한 곳에 선 것을 보거든 (읽는 자는 깨달을진저)"(마 24:15). "군대는 그의 편에 서서 성소 곧 견고한 곳을 더럽히며 매일 드리는 제사를 폐하며 멸망하게 하는 가증한 것을 세울 것이며"(단 11:31).

그리고 1980년 3월 이만희 교주가 배도한 천사들에게 편지를 썼는데 신천지는 이것을 이만희 교주의 공생애가 시작되었다고 설명합니다. 「신천지 발전사」에 첫 장막성전은 1966년 3월 14일에 시작되어서 1980년 9월 14일에 끝났다고 기록합니다. 그것은 1980년 9월 14일 어린 양 종 유재열을 포함하여 전 제직들이 총사퇴를 했기 때문입니다. 그리고 이날로부터 배도자 심판 멸망의 기간 42달이 시작됩니다.

그리고 1981년 9월 20일 청지기 훈련원의 7목사가 주도하는 이방 교법에 의한 선거로 장로 10명이 선출되는데 이것이 바로 7머리 10뿔의 정체라고 합니다. 그리고 이때로부터 계시록 6장의 역사 즉 일곱 인이 떨어지는 역사와 계시록 8~9장의 일곱 나팔의 역사가 일어나게 됩니다.

신천지의 계시록 해석을 요약하면 다음과 같습니다.

첫 장막은 유재열의 장막성전 안에서 일어난 일인데 (배도 멸망) 계시록 6~13장까지의 역사이고 둘째 장막은 이만희의 신천지증거장막성전에서 일어나는 (구원 완성) 계시록 14~22장까지의 역사가 됩니다.

| 7인 | | 7나팔 | | 7대접 |
|---|---|---|---|---|
| 첫 장막(배도와 멸망) | | | 둘째 장막(구원) | |
| 바다에서 짐승이 올라옴 (멸망자) | 인침의 역사 144,000 | 경고의 나팔이 울림 - 거절 1/3씩 줄어듦 | 시온산 추수 | 심판하는 말씀 |

그리고 드디어 1984년 3월 14일 둘째 장막인 신천지증거장막이 창립됩니다. 그런데 그들의 교리서인 「신탄」에 따르면 그때로부터 42달이 되는 1987년 9월 14일에 계시록이 완성되어야 합니다. 그래야 마지막 한 이레의 역사가 완성되기 때문입니다. 그러나 1987년 9월 14일 종말의 날이 오지 않자 다수의 신천지 사람들이 탈퇴를 합니다.

그렇지만 남은 사람들이 모임을 계속하여 조금씩 성장하게 되고 1993년 3월 14일 수원 실내 체육관에서 보좌를 구성하게 됩니다. 7교육장, 12지파장, 24장로, 4생물들이 세워지게 되었습니다. 그렇지만 아직 완전한 나라가 만들어진 것은 아닙니다. 왜냐하면 아직 144,000명을 채우지 못했기 때문입니다. 그래서 그때부터 신천지의 목표는 144,000이 되었습니다. 그것은 144,000명이 채워지는 순간 계시록의 예언이 완성되기 때문입니다. 그러나 현재 신천지의 신도 수가 30만 명을 넘어가고 있지만 그들이 주장했던 영육합일의 역사는 아직도 일어나지 않고 있습니다. 아무리 기다려도 오지 않을 것입니다. 왜냐하면 하나님의 나라는 신천지와 상관없이 주님의 정하신 때에 임하실 것이기 때문입니다.

센터 교육에서 가장 많은 탈락자가 생기는 구간이 바로 계시록의 실상을 다루는 부분입니다. 그 이유는 계시록 실상이라고 하는 것이 100% 거짓에서 나온 것이기 때문입니다. 실상은 장막성전과 신천지 증거장막성전의 역사에 계시록을 맞춘 것인데 아무리 각색해도 완벽하게 맞추어질 수가 없기 때문입니다. 그래서 신천지는 자신들의 계시록 실상 해석을 받아들이지 못하는 사람은 자신들의 방법으로는 완벽하게 설명할 수가 없기 때문에 온전한 열매가 되지 못할 사람으로 여기고 포기한다고 합니다.

여기서 계시록 공부의 중요성을 발견하게 됩니다. 평소에 계시록을 바르게만 가르치면 그들의 올무에서 벗어날 수 있는 기회를 얻게 된다는 것입니다.

신천지의 요한계시록 해석의 약점을 파고들 수 있는 성경이 있습니다. 바로 구약의 다니엘서입니다. 구약의 다니엘서와 계시록은 많은 부분 상징적으로나 내용적으로 겹치는 부분들이 있습니다. 바로 이 부분에 대한 실상을 요구하면 그들은 대답을 하지 못합니다. 왜냐하면 신천지에서 배우지 않았기 때문입니다. 따라서 다니엘서를 깊이 공부해두면 신천지의 요한계시록 해석을 무너뜨리는 좋은 도구가 될 것입니다.

신천지의 요한계시록과 관련한 좀 더 구체적이고 깊이 있는 내용을 알고 싶은 분은 신천지의 요한계시록만 분석한 별도의 책으로 공부하시길 부탁드립니다(추천도서,「신천지 요한계시록의 실상 대해부」,「이만희 실상교리의 허구」이상 기독교포털뉴스,「신천지백신」두란노).

# 5부

## 탈세뇌의 방법

# 5부

## 탈세뇌의 방법

일본의 탈세뇌 전문가인 오카다 다카시는 심리조작의 비밀에서 탈세뇌의 핵심을 의존과 자립의 문제로 설명했습니다. 마찬가지로 신천지에서의 탈세뇌도 의존과 자립의 문제로 보고 접근을 시작해야 합니다.

"'세뇌된 것이 아니라 제가 원해서 옴진리교에 들어갔습니다.' 이것은 옴진리교를 탈퇴한 한 여성 신도가 리프턴과의 인터뷰에서 한 말이다. 심리 조작은 조작하는 사람이 일방적으로 조작하거나 지배했기 때문에 일어나는 문제가 아니다. 이 점을 잊어서는 안된다. 이미 그것을 원하는 마음을 갖고 있기 때문에 심리 조작을 당하는 것이다. 강하고 흔들림 없는 존재와 동일시되고 싶은 마음이 심리조작 기술에 걸리게 만든다. … 따라서 심리조작을 해체시키기 위해서는 심리 조작을 거는 사람의 잘못이나 죄를 밝히는 것만으로는 불충분하다. 심리조작에 걸린 사람이 자신보다 강력한 존재에게 의존하고 싶어하고 그렇게 하지 않으면 자신을 지탱해 나갈 수 없다는 생각을 바꾸지 않는한 실패로 끝나고 만다. 결국 의존과 자립의 문제다. 스스로 자신을 지탱해 가는 일이 당장은 어려울지 몰라도 신뢰할 수 있는 가까운 사람의 도움을 받으면서 자립해 나가는 것이 심리 조작에서 벗어나는 가장 올바른 길이다"(오카다 다카시. 「심리조작의 비밀」, 어크로스. 2016, pp.257~258).

　어떻게 신천지를 의존하는 것에서 벗어나서 스스로 자립을 하게 할 것인가에 대한 이해나 준비 없이 신천지 신도에게 탈세뇌를 시도하면 그 대상은 신천지에서 나올 수는 있겠지만 다른 문제들에 붙들리게 됩니다. 그래서 유사한 사이비로 가거나 여러 가지 심리적인 문제를 가진 채로 무기력한 삶을 살아갈 수도 있게 될 것입니다. 신천지에서 나오게 하는 것만이 탈세뇌가 아님을 알아야 합니다. 어떻게 스스로 인생을 살아나갈 수 있게 하느냐를 폭넓게 살펴보아야 하는 것입니다. 교리 논쟁에서 우리는 신천지의 잘못된 교리를 파쇄하는 것에서 한걸음 더 나아가야 합니다. 바른 구원관을 심어주는 것입니다.

　신천지에 빠진 사람들은 이만희 교주를 구원자로 섬긴 우상숭배자들입니다. 그리고 구원론에 있어서 그의 말을 믿고 듣고 행하면 구원을 얻는다는 '율법주의적 구원관'이 기저에 깔려 있습니다. 이런 그들에게 신천지의 거짓 교리를 깨뜨리는 것과 동시에 바른 구원론을 가르쳐야 한다는 점을 잊어서는 안됩니다. 바른 구원론은 신천지에 빠진 사람들을 회심으로 이끌며 결국 참 자유를 주게 됩니다. 바른 복음만이 그들의 뇌리에 심겨진 저주 의식을 깨뜨릴 수 있습니다. 신천지는 구원을 올무로 하여 신도들을 묶어놓습니다. 왜곡된 구원관에 세뇌된 그들의 잘못된 교리를 깨뜨리고 그 공허한 빈틈에 은혜의 복음을 들려 주고 확신을 갖도록 가르쳐야 합니다. 이 과정을 무시하면 이단자들은 다시 이단으로 돌아가거나, 다른 이단에 빠지거나, 그것도 아니면 아예 신앙생활을 포기하게 됩니다. 5부 탈세뇌의 장에서 저는 신천지의 거짓 교리에 대한 문제 지적까지만 합니다. 그러나 반드시 구원론으로 마무리해야 한다는 점을 잊어서는 안됩니다.

# 1장.
## 디베이팅Debating
## – 교리 논쟁

"우리의 싸우는 무기는 육신에 속한 것이 아니요 오직 어떤 견고한 진도 무너뜨리는 하나님의 능력이라 모든 이론을 무너뜨리며 하나님 아는 것을 대적하여 높아진 것을 다 무너뜨리고 모든 생각을 사로잡아 그리스도에게 복종하게 하니"(고후 10:4-5).

모든 탈세뇌는 먼저 세뇌의 영향권에서 멀어지게 하는 것으로 시작합니다. 즉 먼저 신천지와 관계된 모든 것을 단절해야 합니다. 그렇지 않으면 아무리 탈세뇌를 해도 세뇌의 현장으로 돌아가는 순간 원상태로 돌아가게 됩니다. 신천지 안으로 들어가는 순간 세뇌의 리셋 버튼이 눌러지게 되기 때문입니다.

그 다음에 해야 하는 일은 세뇌의 견고한 진을 깨뜨리는 것입니다. 신천지의 경우에 복음방과 센터의 성경공부를 통해서 세뇌가 되었기 때문에 성경 논쟁을 통해서 세뇌를 깨뜨려나가야 합니다.

## 1. 논쟁을 위한 준비

교리 논쟁은 이성적으로 세뇌된 영역을 깨뜨리는 목적으로 하는 것입니다. 이것은 신천지 세뇌의 견고한 방어막을 깨뜨리는 핵심적인 작업이기도 합니다. 그런데 이 교리 논쟁에서 승리하기 위해서는 신천지의 교리에 대해서 정확하게 파악을 하고 있어야 할 뿐만 아니라 교리의 약점을 꿰고 있어야 합니다.

신천지인들은 대부분 자신의 교리로 거의 완벽하게 무장을 하고 있습니다. 그래서 어설프게 신천지의 교리를 알고 논쟁을 시작하면 이길 수 없을 뿐만 아니라 오히려 반격을 당하게 됩니다. 왜냐하면 그들도 반증에 대한 훈련을 받기 때문입니다.

따라서 그들의 기본 교리서들을 파악해야 하는데 신천지와 논쟁을 하기 위해서 읽어야 하는 필수적인 서적은 신천지에서 나온 「신탄」과 「천지창조」 그리고 「예수 그리스도의 행전」, 「요한계시록의 실상」 등이 있고 이런 책들을 반증한 책도 공부해야 합니다. 신천지 비판 전문 서적을 출판한 기독교포털뉴스의 「신천지 대해부」와 「이만희 실상교리의 허구」 그리고 「요한계시록의 실상 대해부」 등을 참조하면 도움이 됩니다.

저는 신천지의 책들을 공부하다가 문득 내가 왜 이런 거짓말을 읽어야 하는가 하는 생각이 들었습니다. 그리고 한동안 설명하지 못할 감정에 붙들려 있었습니다. 그러나 거짓에 빠진 사람을 건지기 위해 치러야 하는 대가라고 생각하면서 마음을 추스를 수가 있었습니다. 아니 한 생명을 위한 것이라면 이것보다 더한 일도 할 수 있습니다. 그리고 제대로 준비만 되면 많은 사람들을 건질수가 있을 것입니다.


## 2. 논쟁의 시작

1) 신천지인과의 상담은 일반인의 상담과는 완전히 다릅니다.

대부분의 신천지인들은 자발적으로 상담을 받으러 오는 것이 아니라 가족에게 강제적으로 끌려옵니다. 그래서 이들은 상담할 마음이 전혀 없습니다. 그리고 이들은 이미 신천지에서 "이단상담소에 가면 영이 죽는다"고 사전 교육을 받았고 그곳에 가면 어떻게 해야 할지에 대해서 훈련받은 상태로 옵니다. 그래서 처음부터 귀를 막고 아예 들으려고 하지 않습니다. 몸을 흔들거나 노래를 하거나 욕을 하거나 해서 상담 자체가 시작되지 못하게 합니다.

그래서 이들과의 만남은 시작에서부터 일반적인 상담과는 다른 자세를 취해야 합니다. 일반적인 상담은 첫 상담에서 상담자가 내담자와 라포(Rapport: '마음의 유대'란 뜻으로 서로의 마음이 연결된 상태, 즉 서로 마음이 통하는 상태를 뜻한다. 두 사람 혹은 그 이상의 사람들 사이에 존재하는 상호신뢰의 편안한 관계라고 정의할 수 있다)를 어떻게 형성하는가에 초점을 맞추지만 이들과의 상담은 그들이 전혀 생각하지 못한 방법으로 흔들기를 해야 합니다.

그뿐만 아니라 신천지인들은 '상담소에 가면 감금·폭행을 당한다'고 배우기 때문에 상담소의 분위기를 도저히 감금·폭행이 일어날 수 없는 분위기로 꾸미는 것도 한 가지 방법입니다. '신뢰하는 가족들과 함께하기', '카페같이 편안한 상담소'와 같은 느낌을 주는 인테리어도 필요합니다. 그리고 첫 상담을 맡은 사람도 중요한데 우락부락하고 인상이 강한 사람보다는 부드럽고 평범해 보이는 상담가를 첫 대면에 포진하는 게 좋습니다. 그래야 신천지 신도들이 '저런 사람이 상담을 해? 내가 말씀으로 이겨보겠다'며 들이대는 경우가 생깁니다. 실제로 한 상담소는 평범해 보이는(그러나 신천지를 경험한 전문가입니다) 여자 집사님을 1차 상담가로 내세웁니다. 속된 말로 아주머니 한 분이 신천지 상담을 한다고 들어옵니다. 첫 대면에 신천지 신도는 속으로 '뭐야, 저런 분이 어떻게 감금·폭행을 한다는 거야!'라며 마음을 놓게 되는 것이죠. 야구로 말하면 긴 호흡으로 이닝을 끌고 가는 선발 투수가 부드럽게 투입된 셈이지요. 그 후 신천지를 경험한 또 다른 연배의 상담가를 불펜 투수 격으로 내세우다가 최고의 전문가가 마무리 투수처럼 경기를 클로징하는 방법으로 만들어 갑니다. 부드러움이 강함을 이긴다는 점을 명심해야 합니다.

2) 논쟁의 순서를 전략적으로 준비하고 있어야 합니다.

신천지와의 논쟁을 마구잡이로 해서는 어떤 결과도 얻을 수가 없습니다. 논쟁의 목적은 상대방을 논리적으로 이기기 위한 것이 아니라 탈세뇌를 시키기 위한 것입니다. 그래서 전략적으로 공략을 해야 합니다.

신천지와의 논쟁의 순서는 비유풀이와 짝풀이 그리고 배멸구 교리, 계시록 순으로 나가는 것이 좋습니다. 이렇게 하는 이유는 그들이 신천지에서 공부한 순서와 같기 때문입니다. 그 다음에는 신천지의 핵심교리들의 순으로 나가는 겁니다. 그런데 신천지와의 논쟁의 핵심은 실상교리가 되어야 합니다. 실상교리는 계시록이 실제로 이루어진 사건들이고 이 교리가 그것들과 연결이 되어있기 때문입니다. 그리고 이 실상이라는 그 자체가 가짜이기 때문에 실상의 맹점을 알면 그들이 변명하거나 도망갈 길이 없습니다. 그래서 실상의 문제점을 계속해서 제기하고 그들의 논리를 두들기면 신천지의 교리가 무너지지 않을 수 없게 됩니다.

진용식 목사(한국기독교이단상담소협회)는 자신의 경험에서 보면 신천지에서 이제 막 공부를 시작한 사람들일수록 논쟁 중에 자신들이 대답할 수 없는 상황에 몰려도 잘 승복하려고 하지 않는다고 합니다. 왜냐하면 자신은 아직 신천지 교리를 다 배우지 않아서 대답을 할 수가 없지만 자신을 가르치는 강사는 답을 가지고 있을 것이라고 생각하고 버틴다는 것입니다. 반면에 10여 년 이상 신천지에서 교리를 배워서 더 이상 배울 것이 없는 사람들일수록 실상교리 반증을 통해서 잘 깨뜨려지더라는 것입니다. 왜냐하면 실상 교리를 알고 더 이상 피할 길이 없다는 사실을 알기 때문입니다.

여기서 신천지에 대한 오해의 한 면을 발견하게 됩니다. 그것은 초보자들은 쉽게 깨뜨려지는데 오래된 사람은 어렵다는 생각 말입니다. 그것은 그들의 약점을 제대로 알지 못해서 그런 것입니다. 1~2년 된 사람보다 오히려 10~15년 된 사람이 쉽게 깨지는 경우가 적지 않습니다. 신천지와의 상담에서 그들의 급소를 알고 그것을 쳐야 하지만, 상담의 실제 상황에서는 이들이 언제 어느 지점에서 깨질지 알 수 없습니다. 사람마다 깨지는 지점이 동일하지 않기 때문입니다. 그래서 바른 전략과 인내심을 갖고 그들과 씨름을 해야 합니다. 그렇게 하다 보면 전혀 생각하지 않았던 지점에서 그들이 무너지는 것을 보게 됩니다.

"다만 이뿐 아니라 우리가 환난 중에도 즐거워하나니 이는 환난은 인내를, 인내는 연단을, 연단은 소망을 이루는 줄 앎이로다"(롬 5:3-4).

3) 신천지와의 논쟁에서 중요한 점은 논쟁이 시작되면 끝까지 가야 한다는 것입니다.

논쟁을 중간에 멈추고 그만두면 다시는 기회가 없을 수도 있음을 알아야 합니다. 여성들의 경우에는 논쟁 중간에 울면서 못하겠다고 애원하기도 하는데 잘못된 연민으로 대하다가는 오히려 그들의 전략에 빠질 수도 있습니다. 울면서 논쟁을 거절하는 것이 그들의 전략 중의 하나이기 때문입니다. 어찌되었든 논쟁은 인공호흡과 같습니다. 호흡이 제대로 돌아올 때까지 멈추지 말아야 합니다. 상대가 무너질 때까지, 항복할 때까지 싸워야 합니다.

〈사례〉

"전설적인 디프로그래머 중 한사람인 포드 그린은 …뼈아픈 실패를 경험한 적이 있다. 자신의 여동생인 캐서린을 어느 교단에서 납치해 와 디프로그래밍을 할 때였다. 그린은 두 명의 사립 탐정과 부모를 포함한 대규모 팀을 만들어서 납치한 후에 캐서린을 숙부의 농장 지하실에 감금했다. 하지만 디프로그래밍에 대한 방어법을 교육받은 캐서린은 예상외로 상대하기가 만만치 않았다. 처음에는 어떤 말도 들으려고 하지 않았기에 결말이 나지 않는 지루한 상황이 이어졌다. 그러던 중에 그린이 더 이상 참지 못하고 격렬하게 분노를 폭발시키자 형세는 일시적으로 그린에게 기우는 듯이 보였다. 하지만 캐서린이 훌쩍거리는 소리를 들은 가족이 더 이상 견디지 못하고 둘 사이에 끼어들어, 그린은 일단 공격을 늦출 수밖에 없었다. 이것이 결국 치명적인 실패로 이어졌다. 장기전에 들어가자 캐서린은 빈틈을 노렸다. 누군가가 부주의하게 들고 온 주스 병을 보자 캐서린은 순식간에 그것을 쥐고 바닥에 던져 깨버린 뒤 유리 조각으로 손목을 그으려고 했다. 간신히 막았지만 또 다른 손으로 파편을 쥐는 것은 막을 수가 없었다. 엄지손가락의 혈관과 인대가 끊어지고 피가 대량으로 흘러나와 바닥에 퍼졌다. 그린이 뛰어 들어갔을 때 캐서린은 승리의 웃음을 띠고 있었다.

그들은 캐서린을 병원에 데리고 갈 수밖에 없었다. 얌전하게 치료를 받을 것처럼 보이던 캐서린은 응급실로 들어가자마자 갑자기 돌변해서 자신이 납치되어 감금되었다고 소동을 피웠다. 캐서린은 전화기를 요구해서 교단의 동료에게 자신이 있는 곳을 가르쳐주었다. 그린은 경찰에 신고했지만 캐서린이 교단으로 돌아가는 것을 막을 수는 없었다. 그 뒤 캐서린은 개명을 하고 더욱 주의 깊게 자신이 있는 곳을 숨긴 채로 두 번 다시 가족 앞에 나타나지 않았다"(오카다 다카시. 「심리조작의 비밀」. 어크로스, 2016, p.270~272).

이런 상황은 이단 상담의 과정에서 일어날 법한 상황입니다. 그래서 이단 상담은 항상 가족이 참석한 상태에서 실시되어야 합니다. 그리고 상담의 상황을 녹화하고 있어야 합니다. 그렇지 않았을 경우에 탈세뇌가 되지 않은 신천지인이 돌아가서 고소를 하면 법정에 서야 할 수도 있기 때문입니다. 이 사역은 어려운 사역이지만 생명을 살리는 사역입니다. 모두가 할 수 있는 것은 아니지만 앞으로 목회자들은 이 사역을 하지 않으면 안 되는 시대가 올 수도 있음을 알아야 합니다.

## 3. 논쟁의 방법

1) 신천지와의 교리 논쟁의 목적은 그들의 잘못된 교리의 모순점을 드러내는 것입니다. 그래서 그들로 하여금 그것을 보게 하고 그 묶임에서 벗어나게 하는 것입니다. 그런데 그들의 교리와 정통 교리를 비교하는 방식으로 논쟁을 해서는 안 됩니다. 그것으로는 그들을 절대로 넘어뜨릴 수 없습니다. 그것은 두 가지 이유 때문입니다. 한 가지는 이런 식의 논쟁이 그들을 더욱더 자신들의 교리에 집착하게 만들기 때문입니다. 즉 교리를 깨려고 하는데 오히려 집착하게 하는 역효과가 나는 것입니다. 두 번째는 그들이 정통 교리가 마귀적이며 바벨론적이라고 세뇌가 되어있어서 우리의 교리를 받아들일 마음이 전혀 없기 때문입니다.

그래서 그들과의 논쟁은 그들의 교리의 문제점과 약점 안에서 이루어져야 합니다. 그러기 위해서는 그들의 교리와 맹점에 대해서 전략적으로 준비가 되어있어야 합니다.

"끝으로 너희가 주 안에서와 그 힘의 능력으로 강건하여지고 마귀의 간계를 능히 대적하기 위하여 하나님의 전신 갑주를 입으라"(엡 6:10-11).

2) 논쟁은 두 가지의 방식으로 하게 됩니다.

① 첫 번째 방법은 상담자가 신천지 교리에 대해서 질문하고 청취하는 것입니다. 이 방법은 내담자가 쉽게 입을 여는 경우에 가능합니다. 상담자는 듣고자 하는 질문을 합니다. 그리고 그가 무슨 말을 어떻게 하든지 그것에 대해서는 반박을 하지 않습니다. 그의 말과 설명을 듣고 그것에 대해서 확인 질문을 합니다. "당신의 말은 ~라는 뜻이지요?" 라고 확인한 후에 그가 말한 교리의 원리대로라면 왜 이런 문제가 있는지 다시 질문합니다. 즉 신천지의 교리의 모순을 지적하는 것입니다. 그렇게 하면 스스로 설명할 수 없는 지점에 도달하게 됩니다. 이런 방식으로 신천지 교리를 하나씩 무너뜨리는 것입니다.

② 두 번째 방법은 강의입니다. 이것은 아예 상담자와 말을 하지 않으려는 사람들에게 사용하는 방법입니다. 그리고 대화식의 방식은 너무나 시간이 많이 들기 때문에 상담의 시간을 줄이기 위한 방법이기도 합니다. 상담자가 신천지의 교리의 내용을 요약하여 설명하고 이것이 맞느냐고 확인한 이후에 바로 반증을 하는 것입니다.

　　대부분의 신천지인은 처음에는 전혀 듣지 않는 것처럼 관심이 없는 것처럼 대하지만 강의의 내용이 세뇌된 내용이기 때문에 귀가 열리지 않을 수 없습니다. 그래서 그들은 상담자가 그 교리를 제대로 설명하는지를 확인하기 위해서 듣게 됩니다. 그런데 그들이 배운 대로 설명하고 그 교리의 문제점들을 지적하기 시작하면 그들은 혼란스러워 합니다. 왜냐하면 신천지 안에서 배울 때는 완벽하고 문제가 없었는데 그것이 사실이 아니라는 것이 드러나기 때문입니다. 그래서 이들은 반박하기도 하고 자신들은 그렇게 배운 적이 없다고 억지를 부리기도 하지만 점차 그들의 마음이 열리게 됩니다. 그리고 계속해서 강의를 이어가게 되면 어느 순간 그들 안에 무너지는 조짐이 나타납니다. 그 징조는 상담자에게 질문을 하기 시작하는 것입니다. 신천지에서 배운 것이 잘못되었다면 정답이 무엇이냐고 말입니다. 그래서 상담자는 바로 이들의 질문에 성경적으로 대답할 준비가 되어있어야 합니다.

"너희 마음에 그리스도를 주로 삼아 거룩하게 하고 너희 속에 있는 소망에 관한 이유를 묻는 자에게는 대답할 것을 항상 준비하되 온유와 두려움으로 하고"(벧전 3:15). "진리를 알지니 진리가 너희를 자유롭게 하리라"(요 8:32).

## 4. 논쟁의 주제

　　신천지인들과 논쟁을 하려면 최소한 아래의 핵심 주제들은 꿰고 있어야 합니다. 신천지의 핵심 교리는 세 가지이고 이만희 교주와 연관된 교리는 다섯 가지입니다. 도합 여덟 가지 핵심 교리로 무장된 사람을 변화시키기 위해서는 이들 교리의 내용이 무엇인지 그리고 교리의 근본적인 약점이 어디인지를 알고 바로 그 부분을 찔러 들어가야 합니다. 이 논쟁의 주제와 순서들은 진용식 목사님의 「이만희 실상 교리의 허구」에서 참조하고 가져온 것임을 밝힙니다.

## 1) 신천신지

### ① 신천신지 교리의 내용

신천지는 이 교리를 "또 내가 새 하늘과 새 땅을 보니 처음 하늘과 처음 땅이 없어졌고 바다도 다시 있지 않더라"(계 21:1)에서 따온 것입니다. 새 하늘과 새 땅의 한자어 표현인데 신천지에서 사용하는 새 하늘과 새 땅은 우리가 이해하는 것과는 다른 의미로 사용됩니다. 이 단어를 이해하려면 처음 하늘과 땅이 무엇을 의미하는지를 알아야 합니다. 이 처음 하늘과 땅은 우리가 보는 그 하늘과 땅이 아니라 유재열의 장막성전과 그 세상을 의미합니다. 그리고 새 하늘과 새 땅은 지금의 신천지증거장막성전을 의미합니다.

그들의 책 「신탄」에 이렇게 기록되어있습니다.

"새 창조란 새 하늘(새 언약의 사자)을 중심한 새 하늘나라의 창조를 가리키는 말이다. 처음 하늘나라는 가는 세대요 새 하늘나라는 오는 세대다. 첫 언약의 제단이 세상의 이방 교단에 속하여 가는 세대로서 종말을 맞이하게 된다. 새 하늘의 역사는 종말이 없다. 새 하늘 인간에게는 사망이 없다. 자유와 행복이 동시에 신장하는, 영원한 생명의 신천지다."(김건남·김병희. 「신탄」. 신천지, p.117).

정통 교인들은 예수 믿고 죽으면 영적 세계인 천국에 간다고 믿지만 신천지 신도들은 천국이 땅에서 이뤄진다고 믿습니다. 그리고 신천지 집단에 들어가는 것이 곧 천국에 들어가는 것이라고 믿습니다.

"거룩한 성이 하늘로부터 이 땅의 천국 곧 새 하늘과 새 땅 즉 신천지에 내려온다고 하였다. 이 성구들을 종합해 보면, 영적 새 이스라엘이 곧 시온산이며 신천지이다. 그러므로 성도는 영계 하나님의 장막이 내려와 영원히 함께하는 신천지를 찾아야 한다."(이만희, 「천지창조」, p.53).

따라서 그들의 교리에 따르면 1984년 3월 14일에 대한민국 경기도 과천에서 이미 신천신지가 시작되었다고 합니다. 그래서 신천지는 1984년을 신천기력 1년으로 삼고 연도를 계산하고 있습니다. 2020년은 신천기력 37년입니다.

## ② 신천신지 교리의 문제점

㉠ 신천지가 계시록에 말한 새 하늘과 새 땅이라면 신천지에는 사망과 질병이 없어야 합니다.

"내가 들으니 보좌에서 큰 음성이 나서 이르되 보라 하나님의 장막이 사람들과 함께 있으매 하나님이 그들과 함께 계시리니 그들은 하나님의 백성이 되고 하나님은 친히 그들과 함께 계셔서 모든 눈물을 그 눈에서 닦아 주시니 다시는 사망이 없고 애통하는 것이나 곡하는 것이나 아픈 것이 다시 있지 아니하리니 처음 것들이 다 지나갔음이러라"(계 21:3-4).

이 본문은 하늘에서 거룩한 성 새 예루살렘이 내려온 이후에 하나님께서 하신 말씀입니다. 신천지는 이미 그것이 자신들에게 임했다고 했으니 말씀의 증거들이 나타나야 합니다. 그런데 신천지 교인들 중에 많은 숫자가 병들고 죽었습니다. 지파장도 죽었고 강사들도 죽었습니다. 이만희 총회장도 병들어서 병원에서 휠체어를 타고 이동하던 장면이 언론에 노출되기도 했습니다. 그의 나이 90세인데 그도 곧 죽을 것입니다. 그래서 신천지는 천국이 아닌 것입니다.

㉡ 지금 신천지 안에서 다음과 같은 일들이 일어나는지를 확인해야 합니

다. "이리와 어린 양이 함께 먹을 것이며 사자가 소처럼 짚을 먹을 것이며 뱀은 흙을 양식으로 삼을 것이니 나의 성산에서는 해함도 없겠고 상함도 없으리라 여호와께서 말씀하시니라"(사 65:25).

이 말씀은 "보라 내가 새 하늘과 새 땅을 창조하나니 이전 것은 기억되거나 마음에 생각나지 아니할 것이라"(사 65:17) 이후에 나타난 말씀이기 때문에 신천지 안에 바로 이런 일이 있어야 합니다. 그런데 신천지의 방법대로 만약 이 말씀을 비유로 해석하면 어떻게 해석해야 할까요? 이리는 마귀이고 어린 양은 예수님인데 신천지 안에서 함께 행복하게 지낸다고 해야 할까요? 또한 사자가 소처럼 짚을 먹는다는 것을 어떻게 해석해야 할까요? 사자를 비유로 유다의 사자이신 예수님으로 해석을 하면 그분이 진리의 알곡의 말씀이 아닌 비진리를 먹는다는 뜻일까요? 그리고 그곳이 신천지라면 그 안에 있는 뱀은 누구를 말하는 것일까요? 에덴동산에 있던 뱀일까요? 신천지는 이런 질문에 대해서 어떻게 대답할까요? 대답할 수가 없습니다.

ⓒ 신천지가 말씀대로 이루어진 곳이라면 지금의 하늘과 땅이 과거가 기억나지 않을 만큼 혁신적으로 변화되어야 합니다. "보라 내가 새 하늘과 새 땅을 창조하나니 이전 것은 기억되거나 마음에 생각나지 아니할 것이라 너희는 내가 창조하는 것으로 말미암아 영원히 기뻐하며 즐거워할지니라 보라 내가 예루살렘을 즐거운 성으로 창조하며 그 백성을 기쁨으로 삼고 내가 예루살렘을 즐거워하며 나의 백성을 기뻐하리니 우는 소리와 부르짖는 소리가 그 가운데에서 다시는 들리지 아니할 것이며"(사 65:17-19).

신천지의 본부가 있는 과천의 하늘과 땅은 이만희 교주가 오기 전이나 온 이후에나 변화된 것이 없습니다. 과천시의 도시계획으로 변화된 것 이외에 말입니다. 오히려 신천지가 과천에 오게 됨으로써 과천시에 신천지로 인한 민원만 몇 배로 늘어났다고 합니다. 신천지 때문에 장사가 안 된다고 말입니다. 그리고 현재 신천지가 과천의 뉴코아 건물에서 쫓겨나게 되었는데 이것은 계시록의 어떤 실상과 연결되는 걸까요?

ⓓ 신천지가 말하는 신천신지는 불심판 이후에 나타나야 합니다. "그러나 주의 날이 도둑 같이 오리니 그 날에는 하늘이 큰 소리로 떠나가고 물질이 뜨거운 불에 풀어지고 땅과 그 중에 있는 모든 일이 드러나리로다 이 모든 것이 이렇게 풀어지리니 너희가 어떠한 사람이 되어야 마땅하냐 거룩한 행실과 경건함으로 하나님의 날이 임하기를 바라보고 간절히 사모하라 그 날에 하늘이 불에 타서 풀어지고 물질이 뜨거운 불에 녹아지려니와 우리는 그의 약속대로 의가 있는 곳인 새 하늘과 새 땅을 바라보도다."(벧후 3:10-13).

아직도 주님의 날은 오지 않았고 불심판도 나타나지 않았습니다. 그런데 어떻게 새 하늘과 새 땅이 나타날 수가 있습니까? 과천 전체에 불이라도 난 일이 있습니까?


## 2) 육체영생

### ① 육체영생 교리의 내용

신천지가 육체영생을 주장하는 두 가지 중요 구절이 있습니다. 하나는 "예수께서 이르시되 나는 부활이요 생명이니, 나를 믿는 자는 죽어도 살겠고 무릇 살아서 나를 믿는 자는 영원히 죽지 아니하리니 이것을 네가 믿느냐"(요 11:25-26)입니다. 신천지에서는 예수께서 영으로 이만희 교주의 육체 속에 들어왔으니, 재림 예수인 이만희를 믿고 따르면 살아서 영원히 죽지 않는다고 해석합니다.

그리고 다른 구절은 "또 내가 보좌들을 보니 거기에 앉은 자들이 있어 심판하는 권세를 받았더라 또 내가 보니 예수를 증언함과 하나님의 말씀 때문에 목 베임을 당한 자들의 영혼들과 또 짐승과 그의 우상에게 경배하지 아니하고 그들의 이마와 손에 그의 표를 받지 아니한 자들이 살아서 그리스도와 더불어 천 년 동안 왕 노릇 하니"(계 20:4)입니다.

신천지의 육체영생은 신천지 신도들의 육체에 순교한 영혼들의 영이 들어와 하나가 되면 영생한다는 것입니다. 신천지는 이를 영적 혼인이라고 하며 신인합일되어 육체영생이 시작되는 것을 '첫째 부활'이라고 합니다. 그리고 첫째 부활 즉 신인합일을 한 자들은 천년성에서 육체영생을 하며 왕 노릇을 하게 된다고 합니다.

"육체가 없는 순교한 영들은 육체가 있는 이긴 자들을 덧입고 이긴 자들은 순교한 영들을 덧입어 신랑과 신부처럼 하나가 되어 산다. 이것이 바로 영과 육에 한 몸을 이루는 결혼이요 첫째 부활이다. 이들은 하나님과 그리스도의 제사장 곧 목자가 되어 천 년 동안 주와 함께 말씀을 가르치며 성도를 다스리는 왕 노릇을 한다. 십사만 사천 명의 제사장이 완성된 이후에 셀 수 없이 몰려오는 흰옷 입은 무리들은(계 7:9-14) 백성으로서 첫째 부활에 참여하여 천년성에서 함께 살게 된다. 그리고 이들 첫째 부활자들은 둘째 사망의 해를 받지 아니한다고 한다"(이만희, 「요한계시록의 실상」, 신천지, 2017, p.409).

이 교리의 핵심은 이긴 자의 증거의 인을 맞고 신천지에 소속되어 144,000명의 명단에 포함되면 육체가 죽지 않고 영생한다는 것입니다. 그리고 이들은 곧 천년왕국이 되면 세상을 다스릴 제사장의 권세를 갖게 된다고 합니다.

## ② 육체영생 교리의 문제점

㉠ 신천지에서 말하는 첫째 부활과 육체영생은 '천년왕국'에 들어가는 조건인데 신천지 신도들이 첫째 부활을 하여 육체영생을 하며 왕 노릇하는 그 시작점을 이렇게 말하고 있습니다.

"본문에 기록한 천 년은 사단이 쇠사슬에 결박되어 무저갱에 갇혀 있는 기간이요, 첫째 부활자들이 그리스도와 더불어 왕 노릇하는 기간이다. 이 천년왕국은 하나님의 뜻이 하늘 영계에서 이루어진 것 같이 영적 새 이스라엘 열두 지파가 이 땅에 창조된 날(1984년 3월 14일)로부터 시작되었다."(위의 책, p.412).

즉 그들의 교리에 따르면 1984년 3월 14일부터 첫째 부활자들의 왕 노릇이 시작되었고 육체영생이 시작되었다는 것입니다. 그래서 신천지의 교리가 맞다면 첫째 부활자들이 1984년 3월 14일부터 육체영생하면서 왕 노릇을 하고 있어야 하는 것입니다. 그리고 신천지에서는 사망하는 자가 없어야 하는데 많은 사람들이 죽어나갔습니다. 실상의 인물 중 한 사람인 일곱 사자 중 한 사람 윤○○ 교육장도 병으로 죽었습니다. 다른 사람은 몰라도 실상의 인물이 병으로 죽었다는 사실은 이 교리가 거짓임을 증명합니다.

또한 신천지는 신도들이 천 년이 아니라 왜 100세도 되지 못해서 죽는지 답변해야 합니다. 그리고 교주 이만희가 죽어가는 것도 사실인데 죽은 이후에 신천지가 육체영생 교리에 대해서 어떻게 답변을 할지도 궁금합니다.

ⓒ 육체영생 교리가 사실이라면 천 년 동안 마귀가 결박되어 역사를 못해야 합니다. 왜냐하면 육체영생 교리의 시작은 천년성의 시작과 같기 때문입니다. "용을 잡으니 곧 옛 뱀이요 마귀요 사탄이라 잡아서 천 년 동안 결박하여 무저갱에 던져 넣어 잠그고 그 위에 인봉하여 천 년이 차도록 다시는 만국을 미혹하지 못하게 하였는데 그 후에는 반드시 잠깐 놓이리라"(계 20:2-3).

신천신지가 되면 마귀가 결박됐다고 하는데 신천지의 배도자들의 단체인 새천지는 누가 조종해서 일어나게 되었는지를 그들은 설명해야 합니다. 그리고 이만희는 코로나19가 마귀의 역사라고 말했는데 그 마귀는 도대체 어떻게 결박을 끊고 역사한 것인지에 대해서도 대답을 해야 합니다.

ⓒ 신천지에서는 '영은 반드시 육을 들어서 역사한다'는 말을 자주 사용합니다. 신천지에서는 영과 육의 관계를 '기계적'인 측면에서 다룹니다. 영은 운전기사로, 육은 자동차로 설명하여 운전기사가 자동차에 올라타 핸들을 오른쪽으로 돌리면 우회전을 하고 왼쪽으로 돌리면 좌회전하듯이 영이 육체 속에 들어가 영이 주관하는 대로 육체가 움직인다는 것입니다. 따라서 신천지의 '영은 반드시 육을 들어서 역사한다'는 말은 마치 무당이 접신하는 것과 같다고 볼 수 있습니다. 이 말은 '영이신 하나님께서는 육체인 우리를 통해서 일하신다'는 말과는 사뭇 다른 의미입니다. 정통 교회에서 말하는 하나님과 우리와의 관계는 '인격적'이란 말이 배제될 수 없기 때문입니다. 따라서 육체영생 교리와 연결된 영육합일 교리에서 영육합일을 한 이후에 누가 육체의 주인이 되는가 하는 문제가 생깁니다. 신천지인이 주인인가 아니면 하늘에서 내려온 순교자의 영이 주인이 되는가 하는 것입니다. 신천지는 여기서 분명한 답을 주어야 합니다.

ⓓ 한 신천지인이 육체영생 교리에 대해서 사도신경 마지막 구절에 '몸이 다시 사는 것과 영원히 사는 것을 믿사옵나이다'라고 외우면서 신천지의 육체영생 교리를 비난하는 것은 모순이라고 인터넷에 올렸습니다. 그런데 신천지는 몸이 다시 사는 것이 아니라 그냥 지금과 같은 몸이 순교자의 영을 받아서 영생한다는 것인데 같은 뜻으로 오해한 것일까요? 아니면 일부러 그런 걸까요? 부활과 접신을 오해해서 나타난 실수로 보이지 않습니까?

## 3) 십사만 사천

### ① 십사만 사천 교리의 내용

계시록 7장과 14장에 나오는 144,000이라는 숫자를 신천지에서는 구원받은 자의 숫자이고 제사장이 되어 왕 노릇하는 자들의 숫자라고 설명합니다. "내가 인침을 받은 자의 수를 들으니 이스라엘 자손의 각 지파 중에서 인침을 받은 자들이 십사만 사천이니"(계 7:4). "또 내가 보니 보라 어린 양이 시온 산에 섰고 그와 함께 십사만 사천이 서 있는데 그들의 이마에는 어린 양의 이름과 그 아버지의 이름을 쓴 것이 있더라"(계 14:1).

그런데 신천지는 이 144,000이 되려면 조건이 필요하다고 말합니다. "영적 새 이스라엘 열두 지파의 십사만 사천 명은 아무나 되는 것이 아니다. 오직 '새 언약의 말씀'으로 하나님의 인을 맞은 자라야 한다. 초림 때 하나님을 믿는다고 해서 모두 하나님의 자녀가 된 것이 아니며 예수님을 영접하는 자만이 참 자녀가 되었듯이, 계시록 성취 때에도 예수님을 믿는다고 해서 모두 하나님의 자녀가 되는 것이 아니라 예수님께서 세우신 새 언약을 지키는 자만이 '영적 새 이스라엘 열두 지파'에 속하는 참 선민이 된다"(이만희, 「요한계시록의 실상」, 신천지, 2017, pp.136~137).

신천지는 새 언약의 말씀으로 인을 맞아야 십사만 사천 인에 들어갈 수 있다고 하는데 새 언약의 말씀은 다음의 말씀을 의미합니다. "첫 장막의 배도와 멸망에 관한 모든 증거의 말씀을 듣고 그의 참된 증거를 마음에 받아들인다. 하나님의 말씀이 실상으로 나타난 사실을 시인하여 역사 이래 최초로 인침을 받게 된다"(김건남·김병희, 「신탄」, 신천지, p.367). 즉 144,000은 이만희 교주의 증거의 말씀을 듣고 마음에 받아들인 자들을 의미합니다.

신천지는 처음에는 신도가 144,000명이 되면 자신들이 말한 대로 하늘의 영들이 내려와 몸이 변화되는 첫째 부활의 역사가 있을 것이라고 했는데 자신들의 예상보다 빨리 144,000명이 넘어버리자 급하게 흰무리 교리를 추가하고 변명을 하게 됩니다. 144,000명은 제사장들이 되고 나머지는 흰무리, 즉 구원받은 자들이 된다고 합니다.

그리고 다른 변명들도 동원합니다. 하나는 144,000의 전제는 모든 지파가 12,000명이 되고 그것이 모여서 144,000명이 되어야 하는데 아직 12,000명이 되지 못한 지파들이 있기 때문에 영육합일이 되지 않았다고 합니다. 그리고 다른 하나는 144,000은 하나님의 마음에 맞는 사람의 숫자라는 것입니다. 그러니까 신천지에 들어왔다고 해서 자동적으로 144,000에 들어가는 게 아니라 하나님의 마음에 합한 144,000명이 되어야 한다는 겁니다. 그리고 그 기준은 얼마나 많은 열매를 맺었느냐 즉 전도를 했느냐로 결정이 됩니다. 그래서 신천지는 지금도 144,000에 들기 위해서 무한 경쟁을 하는 중입니다.

② **십사만 사천 교리의 문제점**

　㉠ 신천지인들에게 "당신은 144,000에 들어있는 것을 확신하는가?"라고 질문하면 대답하지 못합니다. 왜냐하면 그 어느 누구도 144,000에 들었다고 이만희로부터 약속을 받은 사람이 없기 때문입니다. "그러면 증거의 말씀으로 인하여 인을 맞은 것이 아닌가?"하고 질문하면 그들은 "맞았다"고 대답을 합니다. "인을 맞았는데 144,000에 들어갈 것을 확신하지 못하는 것은 어떻게 된 것인가"하고 물으면 대부분은 "144,000에 들려고 노력하고 있다"고 대답할 것입니다. 신천지가 조건부 구원론으로 사람들을 미혹하는 바로 이 부분을 공략해야 합니다.

　　지금도 그렇지만 신천지는 절대로 144,000에 들었다는 표를 주지 않을 것입니다. 아니 줄 수도 없습니다. 사실 이만희 교주도 자기의 병으로 죽는다면 144,000에 들지 못한 사람이 됩니다. 그렇다면 자신도 구원을 얻지 못하는 자가 어떻게 다른 사람을 구원하겠습니까?

　㉡ "계시록의 144,000명에는 신천지인들만 포함이 되는가"라는 질문도 해야 합니다. 그들은 "그렇다"고 대답할 것입니다. 그러면 "144,000을 계시록에는 왜 첫 열매라고 부르는가"하고 질문을 하고 "이 사람들은 여자와 더불어 더럽히지 아니하고 순결한 자라 어린 양이 어디로

인도하든지 따라가는 자며 사람 가운데에서 속량함을 받아 처음 익은 열매로 하나님과 어린 양에게 속한 자들이니"(계 14:4)를 찾아서 읽게 합니다. 그리고 '속량함을 받아 처음 익은 열매'가 무엇인지를 질문하는 겁니다. 그러면 아마도 대답을 하지 못할 것입니다. 그 이유는 배우지 않았기 때문입니다. 그러면 이 첫 열매에 대한 답을 성경에서 찾아서 확인시켜 줘야 합니다. "그뿐 아니라 또한 우리 곧 성령의 처음 익은 열매를 받은 우리까지도 속으로 탄식하여 양자될 것 곧 우리 몸의 속량을 기다리느니라"(롬 8:23).

그런데 중요한 것은 여기 등장하는 '우리'는 누구를 말하는지 확인해야 합니다. 최소한 바울이 포함 될 것입니다. 그래서 신천지에게 "바울도 신천지인인가 그도 신천지의 교적부에 기록이 되어있는가?"를 물어야 합니다. 그리고 다음의 구절도 찾아서 확인합니다. "또 저의 집에 있는 교회에도 문안하라 내가 사랑하는 에배네도에게 문안하라 그는 아시아에서 그리스도께 처음 맺은 열매니라"(롬 16:5). 에배네도도 포함이 되어있는지를, 그리고 "형제들아 스데바나의 집은 곧 아가야의 첫 열매요 또 성도 섬기기로 작정한 줄을 너희가 아는지라 내가 너희를 권하노니"(고전 16:15). 즉 스데바나의 모든 가족들은 포함이 되어있는지를 확인해야 합니다. 이들 모두가 신천지의 144,000명에 포함되어 있는가? 이 질문의 핵심은 신천지가 세워지기 전에는 이 땅에 구원을 받은 사람이 하나도 없었는가 하는 것입니다. 그리고 그들은 144,000에 들지 못하는가 하는 것입니다.

ⓒ 장막성전의 유재열교주도 144,000명을 말하고 하나님의 교회도 144,000명을 말하고 여호와의 증인도 144,000명을 말하는데 그들이 말하는 144,000명과 신천지의 144,000명의 다른 점이 무엇이냐고 질문하고 그들이 진짜일 수 있는데 그것을 확인해 봤냐고 물어보아야 합니다. 진짜면 어떻게 하느냐고 말입니다.

## 4) 이긴 자

신천지에서 이만희 교주를 신격화할 목적으로 만든 교리들도 세뇌의 중심적인 부분에 속합니다. 그래서 반드시 이 부분은 깨뜨려야 합니다. 세뇌의 특성으로 볼 때 이 교리 반증은 아주 중요합니다. 이 부분에서 무너지면 다른 부분들은 저절로 알아서 무너지기 때문입니다.

### ① 이긴 자 교리의 내용

신천지는 이만희 교주가 이긴 자라고 합니다. 신천지는 구약에서는 야곱(이스라엘)이 이긴 자이고 신약에서는 예수님이 이긴 자이듯 실상시대에는 이만희 교주가 이긴 자라는 겁니다.

그런데 신천지가 이렇게 말하는 이유와 근거는 어디에 있는 걸까요? 신천지는 계시록의 7교회에 이긴 자에게 주신 약속이 있고 7교회의 이긴 자의 실상은 첫 장막에서 이긴 자를 가리키는데 첫 장막에서 이긴 자가 이만희 교주이기 때문이라고 합니다. 이만희 교주가 '니골라당'인 청지기 교육원과 싸워서 이기고 계시록의 실상을 이룸으로써 진정한 이긴 자가 되었다고 합니다.

"이상은 대적 니골라당과 싸워 이긴 자가 받는 권세와 축복이며 이 축복을 받은 자만이 계시록에 약속한 치리자가 될 수 있다. 그리고 하나님과 예수님과 천사들도 이긴 자와 함께 하시며 영생과 구원 천국과 진리도 이긴 자를 통해서 있게 되는 것이다. 그러므로 천국과 영생에 소망을 둔 모든 성도는 계시록에서 이긴 자를 찾아야만 구원에 이르게 된다" (이만희. 「계시」. 신천지, p.84).

### ② 이긴 자 교리의 문제점

㉠ 이긴 자 교리는 모든 이단 교주들이 자신을 신격화할 때 사용하는 단골 교리입니다. 전도관 교주 박태선도 자신을 '이긴 자'라고 하였고, 영생

교 교주 조희성도 자신을 '이긴 자'라고 하였으며 에덴성회 교주 이영수도 자신을 '이긴 자'라고 합니다. 그렇다면 이만희 교주는 이들과 싸워 이겨서 '이긴 자'라고 말하는 것인가요? 아니면 이들과 싸워보지도 않고 혼자서만 '이긴 자'라고 하는 것인가요?

ⓛ 이만희 교주가 장막성전에서 니골라당이라는 청지기 교육원과 싸워 이겼다고 하는데 그것이 사실일까요? 이만희 교주는 장막성전에서 청지기 교육원과 싸운 적도 없고 이긴 적도 없습니다. 왜냐하면 청지기 교육원은 장막성전에 들어간 적이 없기 때문입니다. 들어간 적이 없는 단체와 어떻게 싸우며 어떻게 이깁니까? 그냥 혼자서 이긴 걸로 한 겁니다. 그리고 그와 한편인 사람들이 이긴 게 사실이라고 동조해버린 겁니다. 이것이 이긴 자의 진실입니다.

ⓒ 버가모 교회의 이긴 자에게 주신 약속에 보면 "귀 있는 자는 성령이 교회들에게 하시는 말씀을 들을지어다 이기는 그에게는 내가 감추었던 만나를 주고 또 흰 돌을 줄 터인데 그 돌 위에 새 이름을 기록한 것이 있나니 받는 자 밖에는 그 이름을 알 사람이 없느니라"(계 2:17).

　버가모 교회에 주는 상인 감추었던 흰 돌은 계시록 실상에서 이만희 교주를 의미합니다. 그런데 이 편지들은 이만희 교주가 7사자들에게 보낸 것입니다. 그런데 편지를 보낸 자가 이만희 교주라면 받는 사람도 자신이 되는 것입니다. 그뿐만 아니라 자기가 자기에게 이겼으니 이제 상을 준다는 것이 말이 되나요? 논리적으로 맞지 않습니다.

ⓔ 계시록에는 편지를 보낸 자는 사도 요한이고 편지를 받는 자는 7교회입니다. 실상에서는 편지를 보낸 자는 이만희 교주이고 편지를 받는 자가 7사자라면 이긴 자는 받는 자 중에서 나와야 합니다. 즉 장막성전의 7사자 중에서 이긴 자가 나와야 하는 것입니다. 그런데 편지를 보낸 이만희 교주가 스스로 이긴 자라고 하는 것은 말이 되지 않습니다.

ⓜ 계시록에 등장하는 진정한 이긴 자에 대한 직접적인 표현은 다음의 구

절에만 나옵니다.

"그들이 어린 양과 더불어 싸우려니와 어린 양은 만주의 주시요 만왕의 왕이시므로 그들을 이기실 터이요 또 그와 함께 있는 자들 곧 부르심을 받고 택하심을 받은 진실한 자들도 이기리로다"(계 17:14). 따라서 계시록에서 이긴 자는 어린 양이신 예수님밖에 다른 인물이 없습니다. 이만희 교주는 자신은 어린 양이 아니라고 법정에서 진술한 적이 있습니다(공개토론, p.52). 따라서 그는 이긴 자라고 말할 수 없습니다.

ⓗ 신천지에서 아시아의 7교회의 실상이 첫 장막의 7사자라고 주장한다면, 이만희 교주가 싸워 이기는 기간이 1980년 9월~1984년 3월까지여야 합니다(「신천지발전사」, p.30). 그런데 이만희 교주가 싸워 이겼다고 하기 이전인 1969년에 미리 배도하고 나간 사람들이 있습니다. 그들이 바로 솔로몬, 모세, 여호수아입니다. 그렇다면 이들과는 언제 어떻게 싸워 이겼는지를 설명해야 합니다(참조: 장막성전의 7사자들 – 유재열 ; 삼손, 김창도 ; 미카엘, 백만봉 ; 솔로몬, 정창례 ; 사무엘, 신광일 ; 여호수아, 김영애 ; 디라, 신종환 ; 모세).

ⓢ 구약의 야곱은 천사를 이겨 이긴 자라는 이름을 가지게 되었지만 그럼에도 약속의 목자라고 불리지 않습니다. 그런데 왜 이만희 교주만 약속의 목자가 되어야 할까요? 이 부분에 대해서도 신천지는 답을 해야 합니다.

## 5) 보혜사

### ① 보혜사 교리의 내용

신천지는 "빌립이 이르되 주여 아버지를 우리에게 보여 주옵소서 그리하면 족하겠나이다 예수께서 이르시되 빌립아 내가 이렇게 오래 너희와 함께 있으되 네가 나를 알지 못하느냐 나를 본 자는 아버지를 보았거늘 어찌하여 아버지를 보이라 하느냐?"(요 14:8-9)는 말씀에서 볼 때 하나님은 영으로 예수님에게 임하셨고 그때 예수님은 하나님의 대언자가 되었다고 합니다. 그리고 "나의 자녀들아 내가 이것을 너희에게 씀은 너희로 죄를 범하지 않게 하려 함이라 만일 누가 죄를 범하여도 아버지 앞에서 우리에게 대언자가 있으니 곧 의로우신 예수 그리스도시라"(요일 2:1)라는 말씀에서 확인이 된다는 것입니다.

그리고 예수님은 다른 보혜사가 오실 것을 말씀하셨습니다. "내가 아버지께 구하겠으니 그가 또 다른 보혜사를 너희에게 주사 영원토록 너희와 함께 있게 하리니 그는 진리의 영이라 세상은 능히 그를 받지 못하나니 이는 그를 보지도 못하고 알지도 못함이라 그러나 너희는 그를 아나니 그는 너희와 함께 거하심이요 또 너희 속에 계시겠음이라"(요 14:16-17).

바로 이 다른 보혜사는 예수님의 이름으로 오며 예수님의 말씀을 가지고 와서 생각나게 하고 가르쳐 주고 진리 가운데로 인도하실 것입니다. "보혜사 곧 아버지께서 내 이름으로 보내실 성령 그가 너희에게 모든 것을 가르치고 내가 너희에게 말한 모든 것을 생각나게 하리라"(요 14:26). "그러나 진리의 성령이 오시면 그가 너희를 모든 진리 가운데로 인도하시리니 그가 스스로 말하지 않고 오직 들은 것을 말하며 장래 일을 너희에게 알리시리라"(요 16:13).

그런데 계시록에 말씀을 가지고 온 천사는 진리의 영인데 예수님께서는 대언의 영을 통해 요한(이만희)에게 증거의 말씀을 주셨습니다. "'예수 그리스도의 계시라 이는 하나님이 그에게 주사 반드시 속히 일어날 일들을 그 종들에게 보이시려고 그의 천사를 그 종 요한에게 보내어 알게 하신 것이라'(계 1:1). '내가 그 발 앞에 엎드려 경배하려 하니 그가 나에게 말하기를 나는 너와 및 예수의 증언을 받은 네 형제들과 같이 된 종이니 삼가 그리하지 말고 오직 하나님께 경배하라 예수의 증언은 예언의 영이라 하더라'(계 19:10)"(충신과 진실, 초중고 강의안, 시온신학원, p.107).

그래서 요한(이만희)은 진리의 영(천사)을 통해 증거를 받고 나팔을 불어 증거하게 됩니다. 이것이 대언이고 이만희 교주가 대언자 곧 보혜사가 된다는 교리입니다. 그래서 이만희 교주는 자신이 쓴 책에 저자의 이름으로 "보혜사 · 이만희"라고 쓴 것입니다.

## ② 보혜사 교리의 문제점

㉠ 이만희 교주는 처음에는 자신이 보혜사 성령이라고 주장했습니다.

"이 아이는 해를 입은 여자의 소생이다. 그가 주의 이름으로 와서 주의 뜻을 이루실 보혜사 성령임을 부인할 수 없을 것이다. 그는 성부이신 하나님의 위와, 성자이신 예수 그리스도 위를 하나로 묶어 자신의 위에 앉으실 삼위일체의 성신이다." (『계시록의 진상』, 1985년, p.184).

"예수와 보혜사는 분명히 다른 인물인 것처럼 말씀하셨으나 실상은 같은 인물인 것이다." (『신탄』, p.329).

그런데 어떻게 인간이 보혜사 성령이 되고 삼위일체가 되겠느냐는 공격을 받자 교리를 살짝 수정해서 최근에는 이만희에게 임한 영 즉 천사가 보혜사라고 말합니다. "이로 보건대, 본문의 천사는 예수님께서 보내시는 보혜사 성령이 분명하다. 이 천사가 보혜사 성령이면 그가 함께하는(요14:17) 새 요한도 보혜사라 부를 수 있을 것이다."(『요한계시록의 실상』, 2017년, p.186).

여기에서 '새 요한'은 이만희 교주를 가리키는 말인데 이만희 교주에게 임한 천사(영)가 보혜사 성령이라면 이만희 교주는 '보혜사 성령이 함께하시는 자'이기 때문에 보혜사라고 할 수 있다는 것입니다.

그러나 이만희 교주가 처음에 『계시록의 진상』에서 자신이 '삼위일체 성신'이라고 한 말과 '보혜사 성령이 함께하는 자'라는 주장은 상반되기 때문에 '이만희 교주가 보혜사 성령'인지 '보혜사 성령이 함께하시는 자'인지 신천지는 확인해줘야 합니다. 즉 이만희 교주가 처음 받은 계시를 맞다고 할 것인지 나중에 받은 계시를 맞다고 할 것인지를 확인해달라는 것입니다(진용식. 「이만희 실상교리의 허구」. 기독교포털뉴스. 2019, p.24).

ⓛ 이만희 교주가 보혜사 성령을 받아서 보혜사가 되었다면 초대교회의 진리의 성령을 받은 제자들도 보혜사라고 불러야 합니다. 그런데 성경을 보면 예수님의 제자들은 자신을 보혜사라고 하지 않고 오히려 자신을 예수그리스도의 종이라고 증거하고 있습니다.

"그리스도 예수의 종 바울과 디모데는 그리스도 예수 안에서 빌립보에 사는 모든 성도와 또한 감독들과 집사들에게 편지하노니"(빌 1:1). "예수 그리스도의 종이며 사도인 시몬 베드로는 우리 하나님과 구주 예수 그리스도의 의를 힘입어 동일하게 보배로운 믿음을 우리와 함께 받은 자들에게 편지하노니"(벧후 1:1).

따라서 이만희 교주가 진짜 보혜사 성령을 받았다면 보혜사의 자리에서 내려와 예수 그리스도의 종이라고 하고 예수님의 사역을 이어가야 합니다.

ⓒ 예수님이 다른 보혜사를 보내겠다고 하신 것은 2,000년 후에 이만희 교주에게만 주신 약속인가 아니면 그 당시 제자들에게 보내주신다는 약속인가요? 신천지는 예수님의 제자들이 그때 받은 성령을 보통 성령이라고 하는데 그렇다면 어떻게 제자들이 복음을 바로 깨닫고 담대히 복음을 전하게 된 것인지를 설명해야 합니다. "두 사도가 주의 말씀을 증언하여 말한 후 예루살렘으로 돌아갈 새 사마리아인의 여러 마을에서 복음을 전하니라"(행 8:25).

ⓔ "나의 자녀들아 내가 이것을 너희에게 씀은 너희로 죄를 범하지 않게 하려 함이라 만일 누가 죄를 범하여도 아버지 앞에서 우리에게 대언자가 있으니 곧 의로우신 예수 그리스도시라"(요일 2:1).

이 구절에서 예수님이 대언자의 일을 행하신 것은 살아계실 때가 아니라 승천 후의 일입니다. 만약 이만희 교주가 대언자의 노릇을 하려면 부활하여 하늘에 승천한 이후에나 해야 할 것입니다.

ⓜ "그러나 진리의 성령이 오시면 그가 너희를 모든 진리 가운데로 인도하시리니 그가 스스로 말하지 않고 오직 들은 것을 말하며 장래 일을 너희에게 알리시리라"(요 16:13).

진리의 성령을 받은 사도들은 장래 일을 말했습니다. 바울과 베드로도 종말에 있을 일들을 예언했습니다. 그런데 이만희 교주는 자신 앞에 다가오는 일도 알지 못했습니다. 코로나19로 인하여 신천지 교회가 세상에 낱낱이 까발려지는 것도 예언하지 못했습니다. 그리고 연인이던 김남희 씨가 배신할 것도 예언하지 못했습니다. 그는 자신이 죽는 날도 예언하지 못하고 죽을 겁니다. 선지자라 하면서도 그 증험이 없으면 거짓 선지자인 것입니다.

"만일 선지자가 있어 여호와의 이름으로 말한 일에 증험도 없고 성취함도 없으면 이는 여호와께서 말씀하신 것이 아니요 그 선지자가 제 마음대로 한 말이니 너는 그를 두려워하지 말지니라"(신 18:22).

ⓑ 우리나라 이단자들 중에 자신을 보혜사라고 주장하는 자들이 많습니다. 안상홍 (「성도발표」, p.44,p.46), 김풍일 (「새벽을 깨우리로다」, p.56), 정명석 등등. 이만희 교주는 자기가 진짜 보혜사라면 이들이 가짜 보혜사라는 사실을 밝혀야 할 것입니다.


6) 구원자

① **구원자 교리의 내용**

신천지에서 이만희 교주를 구원자로 가르치기 위해 사용하는 교리가 시대별 구원자론입니다. 예수님 한 분만이 구원자라고 믿는 개신교의 구원관을 깨뜨리고 예수님 이외에도 시대마다 구원자가 있었다는 논리를 가르칩니다. 노아의 홍수 때는 노아가 구원자였고, 초림 때는 예수님이 구원자였고 이 시대에는 이만희가 구원자라는 것입니다. "이처럼 범죄 한 아담의 세계에 보낸 구원자는 노아였고, 범죄 한 모세의 세계에 보낸 구원자는 예수님이었다"(이만희. 「성도와 천국」. 도서출판 신천지. 1995, p.18).

그런데 그들이 이렇게 설명하려는 이유는 무엇일까요? 그것은 예수님은 초림 당시의 구원자였지 오늘 우리에게는 구원자가 될 수 없다는 말을 하려는 것입니다. 그러면 이 시대의 구원자를 찾아서 믿어야 하는데 이 시대의 구원자가 바로 이만희 교주라는 것이 신천지의 구원자 교리입니다. "구원을 받으려는 자는 오직 배도자 멸망자 구원자의 실체를 알고 믿어 구원을 얻어야 한다. 이것이 곧 시대를 분별하는 일이다"(이만희. 「천지창조」. 신천지, p.385).

"성도가 본문에서 꼭 알아야 할 것은 도망간 여자 배도자와 용의 무리 멸망자들과 여자가 낳은 아이 구원자이며 이 세 존재는 금 촛대 장막이라는 한 장소에 출현한다는 것이다. ~ 이 아이가 인류를 구원할 자이기 때문에 누구든지 이 아이를 이단이라 하면 구원받지 못한다"(이만희, 「계시」, 신천지, p.223).

그뿐만 아니라 신천지인들의 신앙고백을 보면 그들이 이만희 교주를 어떻게 생각하는지 여실히 알게 됩니다. "구약성경에서 약속대로 하나님이 보내신 자는 예수님이었고 그 예수님이 구약의 사자요 주이십니다. 이와 같이 신약성경에 약속대로 하나님이 예수님의 이름으로 보내신 자는 이긴 자, 다른 보혜사요 그 이긴 자가 신약의 언약의 사자요 주이십니다. 오늘날 이긴 자가 주 곧 그리스도요 하나님의 아들이심을 마음으로 믿어 의에 이르고 입으로 시인하여 구원을 얻게 되니 이것이 신천지 예수교 시대에 모든 성도들의 신앙고백이 되어야 하겠습니다"(신천지 구역운영지침 및 구역공과 - 베드로 지파 교육부).

여기에 이만희 교주의 이름은 등장하지 않습니다. 그렇지만 누가 봐도 누구를 말하는지 알 수 있습니다. 그는 바로 이만희 교주입니다.

## ② 구원자 교리의 문제점

㉠ "다른 이로서는 구원을 받을 수 없나니 천하사람 중에 구원을 받을 만한 다른 이름을 우리에게 주신 일이 없음이라 하였더라"(행 4:12). 신천지가 이만희 교주를 구원자로 믿는다면 신천지는 기독교가 아닙니다. 이만희 교주를 구원자로 믿는 곳은 예수교가 아니라 [만희교]라고 해야 합니다.

"그가 아들이시면서도 받으신 고난으로 순종함을 배워서 온전하게 되셨은 즉 자기에게 순종하는 모든 자에게 영원한 구원의 근원이 되시고"(히 5:8-9). 성경에서 증언하는 오직 유일한 구원자는 예수님뿐이십니다.

㉡ "모든 사람이 죄를 범하였으매 하나님의 영광에 이르지 못하더니"(롬 3:23). 인간으로 태어난 사람은 구원자가 될 수 없습니다. 왜냐하면 그 스스로를 구원할 수 없는 죄인이기 때문입니다. 이만희 교주는 자신 하나도 구원할 수 없는 인간입니다. 이만희 교주는 그가 구원자가 아니라고 양심 고백한 김남희 씨의 말이 사실이 아님을 증명해야 합니다.

㉢ 이만희 교주는 시대별 구원자론에서 노아가 그 시대의 구원자라고 했지만 그는 구원자가 될 수 없습니다. 왜냐하면 "비록 노아, 다니엘, 욥이 거기에 있을지라도 나의 삶을 두고 맹세하노니 그들도 자녀는 건지지 못하고 자기의 공의로 자기의 생명만 건지리라 주 여호와의 말씀이니라"(겔 14:20)에서 나타난 것과 같이 노아는 자신 하나만 겨우 건질 수 있는 사람이기 때문입니다. 따라서 시대별 구원자는 거짓 교리이고 그 교리를 바탕으로 한 이만희 교주의 구원자론도 거짓입니다.

㉣ "만일 누가 가서 우리가 전파하지 아니한 다른 예수를 전파하거나 혹은 너희가 받지 아니한 다른 영을 받게 하거나 혹은 너희가 받지 아니한 다른 복음을 받게 할 때에는 너희가 잘 용납하는구나"(고후 11:4). 바울의 말씀을 따르면 신천지와 이만희 교주는 다른 예수를 전파

하고 다른 영을 받게 하고  다른 복음을 전하고 있음을 확실하게 알게 됩니다. 따라서 그는 구원자가 아니라 그들이 자주 사용하는 단어인 멸망자인 것입니다.

## 7) 재림 주

### ① 재림 주 교리의 내용

이만희 교주가 재림 주로 오셨다고 가르치는 신천지의 재림 교리의 핵심은 영육합일 교리에서 시작됩니다. 신천지는 예수님의 육체에 하나님의 영이 임하여 초림이 되었다고 주장하는 것과 마찬가지로 예수님이 영으로 이만희 교주의 육체에 임하는 것이 바로 재림이라고 합니다.

"구름 타고 오신 예수님은 (계 1:1-8) 한 육체에게 오신다(계 1:12-20). 이 사람도 초림 때와 같이 영적 말구유에서 탄생된다(계 12:1-11). 즉 주님은 교권 전쟁으로 멸망자가 거룩한 곳에 서게 되고 이로 인해 해, 달, 별 같은 영적 이스라엘이 멸망을 받은 후 구름타고 와서 때를 따라 양식을 나누어 주는 자에게 임한다(마 24:52). 그가 예수님의 것을 가지고 우리를 양육하게 된다"(이만희, 「성도와 천국」, pp.77~78).

"이는 하나님이 구름타고 오사 예수님에게 임한 것 같이 구름타고 오시는 예수님은 택한 한 사람에게 임하여 동서남북 사방에서 알곡(말씀 지킨 자)을 추수하여(마 13:39 ;계 14:14-16) 새 이스라엘을 창조하신다"(이만희, 「성도와 천국」, 신천지, p.78).

여기서 신천지는 예수님의 재림이 구름을 타고 오신다는 말씀에서 구름을 영으로 해석합니다. "이로 보건대 구름은 영을 의미하거나(사 5:6) 성령의 강림하심을 뜻하며 또한 구름은 가리워 보이지 않게 하는 역할을 하는 것이다(마 17:5, 눅 9:34, 행 1:9). 본 장 7절에서 주께서 구름을 타고 오신다는 것은 눈(육안)으로 보이지 않게 영으로 오신다는 뜻이다"(이만희, 「요한계시록의 실상」, 신천지, 2017년, p.35).

그러니까 예수님이 구름 타고 오신다는 것은 영으로 보이지 않게 이만희 교주에게 들어갔다는 뜻이고 결국 이만희 교주가 재림 주라는 것이 재림 주 교리입니다.

## ② 재림 주 교리의 문제점

㉠ 예수님이 오실 때 타고 오신 구름이 영이라면 이 구절은 어떻게 해석을 해야 할까요?

"주께서 호령과 천사장의 소리와 하나님의 나팔 소리로 친히 하늘로부터 강림하시리니 그리스도 안에서 죽은 자들이 먼저 일어나고 그 후에 우리 살아남은 자들도 그들과 함께 구름 속으로 끌어 올려 공중에서 주를 영접하게 하시리니 그리하여 우리가 항상 주와 함께 있으리라"(살전 4:16-17).

만약 구름이 영이라면 부활한 사람이나 살아있는 자들이 성령 안으로 들어가게 되고 즉 성령을 받아서 재림 예수가 된다는 걸까요? 왜냐하면 그 구름은 예수님과 함께 임한 구름이기 때문입니다. 신천지식으로 해석하면 예수님과 한 영을 받았다는 의미가 되기 때문입니다.

그런데 이 구절에서 구름이 영이라고 하더라도 예수님의 재림 시에 죽은 자들이 먼저 일어난다고 했는데 예수의 영이 이만희 교주에게 임했을 때 신천지 안에 죽은 자들이 일어난 일이 있었는가를 묻고 싶습니다. 만약 그런 일이 없었다면 그는 거짓말을 하는 것입니다.

㉡ "말할 때에 홀연히 빛난 구름이 그들을 덮으며 구름 속에서 소리가 나서 이르시되 이는 내 사랑하는 아들이요 내 기뻐하는 자니 너희는 그의 말을 들으라 하시는지라"(마 17:5).

이 구절은 변화산상에서 구름이 예수님과 제자들을 덮은 장면을 기록한 것입니다. 그런데 여기서 구름이 영이라면 예수님의 제자들도 예수님과 동일한 영을 받았다는 말이 됩니다. 그렇다면 예수님의 제자들은 제자가 아니라 동일한 구원자여야 하는 게 아닙니까? 신천지는 이 것을 설명해야 합니다.

ⓒ "그 때에 인자의 징조가 하늘에서 보이겠고 그 때에 땅의 모든 족속들이 통곡하며 그들이 인자가 구름을 타고 능력과 큰 영광으로 오는 것을 보리라"(마 24:30).

인자가 구름을 타고 오는 것이 주님의 영이 이만희 교주에게 임하는 것이라고 했을 때 인자의 징조가 하늘에 나타났고 모든 민족이 통곡했나요? 신천지는 주님의 재림 때 왜 울어야 하는지를 모르는 집단임에 틀림이 없습니다. 이 우는 자들 가운데는 적그리스도를 그리스도로 잘못 알고 따른 자들이 포함되어 있기 때문입니다.

## 8) 계시 받은 자

### ① 계시 받은 자에 대한 내용

이만희 교주는 자신이 하나님의 대언자 보혜사이며 하나님으로부터 직접 계시를 받았다고 주장합니다. "필자가 하늘의 하나님을 찾아 나선 배움의 길에서 하나님의 계시를 직접 보고 듣고 깨달은 하나님의 말씀(요 6:45)을 본 책「성도와 천국」에 실어 모든 형제들에게 편지로 전하는 것"이라고 하였습니다. 그래서 직통 계시가 아닌 사람이 연구한 주석은 생명이 없으며 주석은 사이비요, 이단의 교리라고 비난했습니다. 그런데 그가 계시를 받아서 썼다고 한 책의 대부분이 그가 모셨던 선배 이단들의 교리와 같거나 비슷합니다. 신천지는 이것을 어떻게 설명할 수 있을까요?

### ② 계시 받은 자 교리의 문제점

이만희 교주의 교리는 어떻게 하여 다른 이단 교주의 교리와 비슷한가를 설명해야 합니다. 신천지에서 그토록 자랑스럽게 여기며 배운 말씀이 이만희 교주만의 특별한 계시인줄 알았던 사람들은 다른 이단 교주의 교리와 같거나 비슷하다는 부분에서 상당한 충격을 받게 됩니다. 그것도 이만희 교주보다 먼저 이 세상을 살다간 사람들의 교리들이기 때문에 변명의 여지가 없습니다. 그래서 신천지 교리가 허상인 것을 깨닫고 돌이키기도 합니다. 따라서 이만희 교주가 추종한 그의 스승과 그 사상들을 살펴보는 건 매우 중요합니다.

㉠ 김백문 – 한국의 이단의 역사에서 김백문은 중요한 인물입니다. 이단의 사상들을 종합적으로 정리한 사람이기 때문입니다. 김백문의 신학은 새주파 김성도에게서 시작이 됩니다. 김성도는 창세기의 선악과 사건을 뱀과 하와 그리고 아담 사이에서 벌어진 성적 행위로 해석한 최초의 사람입니다. 이런 신학적인 사조는 김성도의 영향을 받은 황국주와 정득은으로 이어지면서 '목가름, 피가름' 사상으로 나타나게 됩니다. 이런 신령파 선배들의 다양한 체험과 사상을 김백문은 교리로 체계화시켰습니다. 그것이 그의 대표적인 저서 「성신신학」, 「기독교 근본원리」, 「신앙인격론」에 나타나 있습니다. 한국의 신종교 창시자들이 자신을 '동방의 의인', '이긴 자', '감람나무', '두 증인' 등이라고 주장하는 것은 바로 이 책에서 영향을 받은 것입니다.

　김백문에게서 영향을 받은 특별한 사람들이 있는데 문용명(문선명)과 박태선입니다. 이후 이 세 사람은 한국 이단사이비들에게 지대한 영향을 미치게 됩니다. 지금 존재하는 이단의 대부분이 이들의 제자이거나 이들의 영향을 받은 자들입니다. 이 셋 중에서 김백문의 사상을 가장 많이 이어받은 사람은 문선명입니다. 그의 「원리강론」은 김백문의 「기독교 근본원리」에서 나온 것이라고 볼 수 있습니다.

　그리고 신천지 교리의 뿌리가 되는 「신탄」은 통일교 출신의 김건남·김병희가 쓴 것인데 「신탄」과 「원리강론」을 비교하면 거의 같은 내용과 순서로 되어있음을 발견하게 됩니다. 즉 신천지의 교리는 통일교의 간접적인 영향을 받았던 것입니다.

ⓛ 박태선 – 이만희 교주의 사상에 가장 많은 영향력을 미친 사람은 박태선이라고 볼 수 있습니다. 왜냐하면 이만희 교주 스스로가 말하기를 1957년 신앙촌에 들어가 10년 동안 박태선을 추종하며 그의 교리를 배웠다고 했기 때문입니다. 따라서 이만희 교주의 신앙의 근저에는 박태선 교주의 가르침과 사역 방법이 깔려있습니다. 전도관의 교리는 신도였던 조성기가 "격암유록"의 사상과 김백문으로부터 모방한 교리들을 혼합하여 만들었습니다. 박태선을 '마지막 시대의 구원자', '감람나무', '이긴 자', '동방의 의인'으로 묘사할 분만 아니라 지금이 말세이며 계시록을 알지 못하면 구원을 받지 못한다고 말하고 육체영생 사상을 강조했습니다. 이런 전도관의 교리는 신천지의 교리들에 빠짐없이 등장하고 있습니다. 이만희가 계시를 받았다고 한다면 그것은 하나님이 아닌 박태선에게서 계시를 받은 것입니다.

ⓒ 유재열 – 이만희 교주가 전도관에서 탈퇴하고 1967년 '장막성전'에 입교하게 된 것은 이만희 교주의 신앙역사에서 아주 중요한 전환점이 됩니다. 이만희 교주는 자신이 하나님의 계시로 장막성전에 들어가서 어린 양인 유재열을 따랐다고 스스로 증언했습니다.

이만희 교주에게 유재열은 영적 어머니와 같습니다. 왜냐하면 신천지는 장막성전을 모체로 해서 탄생했기 때문입니다. 신천지의 조직과 교리 및 교육 방법은 대부분 장막성전에서 가져온 것입니다. 신천지에서 말하는 보좌구성 조직인 일곱 천사와 24장로, 14만 4천 명의 신도 모집을 통해 하나님의 왕국을 건설하여 육신이 영생하는 것, 성경이 비유로 감추어져 있기 때문에 말씀의 짝을 찾아 풀이해야 한다는 것과 비유풀이를 통한 계시록 해석은 유재열 장막성전의 교리를 그대로 인용한 것이나 다를 바가 없습니다.

ⓔ 목영득과 백만봉 – 장막성전에서 나온 이후 이만희 교주는 통일교 강사

출신으로 실로라고 자칭하던 목영득을 얼마 동안 추종하다가 그 다음에는 장막성전에서 이탈하여 재창조교회를 설립한 백만봉의 부름을 받고 그의 사자가 되어 따르게 됩니다. 그런데 백만봉이 1980년 3월 13일을 종말의 날이라고 주장했지만 그날 아무런 일이 일어나지 않자, 이만희 교주는 백만봉에게서 이탈하고 자신의 집에서 소수의 사람들과 모여 예배를 보기 시작했는데 이것이 신천지의 시작이었습니다.

이만희 교주는 천부교의 박태선을 시작으로 장막성전의 유재열, 통일교 출신 목영득, 재창조교회의 백만봉 등으로부터 성경을 배우거나 영향을 받았습니다. 즉 신천지의 교리는 바로 이들 이단의 사상이 혼합되어 만들어진 것입니다. 따라서 이만희 교주는 계시를 받아서 책을 쓴 것이 아니라 선배들의 것을 짜깁기하여 사용한 것입니다.

### ③ 계시 받은 날짜가 왜 자꾸 바뀌는가?

이만희 교주는 하나님이 자신에게 직접 찾아와 안수를 하시며 장막성전으로 가라는 계시를 주셨다고 했습니다. 그런데 이 사건이 중요한 것은 그때가 바로 그의 사명이 시작되는 때이기 때문입니다.

"예수님께서 오른손을 요한에게 얹은 것은 성령의 기름을 부어 직접 택한 목자로 삼으셨다는 의미이다. 이때부터 요한은 예수님의 대언자와 대행자가 된다"(이만희. 「천국비밀 요한 계시록의 실상」. 신천지, p.61).

신천지는 이만희 교주가 이것을 경험한 날을 신현욱 교리반증 책자에 "기준도 없이 날짜를 계산하는 것이 말이 안 된다. 선생님은 1977년 가을, 구름을 입고 오시는 예수님께 안수와 지시를 받고 과천에 다시 왔으며 1979년에 장막성전에 편지했다"고 증언하고 있습니다. 즉 1977년에 안수와 지시를 받고 과천에 왔다고 했습니다. 그리고 이런 사실은 이만희가 쓴 「천지창조」에서 "이 책에서 필자 이만희는 1977년 가을 요한계시록 1장과 같은 계시를 받고 경기도 과천 첫 장막으로 왔고, 1979년도에 첫 장막 일곱 사자에게 편지를 했다고 한다"(「천지창조」. p.219) 라고 동일하게 기록하고 있습니다. 그런데 이만희 총회장의 과거 회상의 육성녹음에는 그가 1979년에 안수와 지시를 받고 고향 청도에서 상경을 하였다고 몇 번이고 1979년을 강조하고 있습니다. 즉 안수를 받고 사명이 시작된 날의 연도가 바뀐 것입니다.

　그 분만 아니라「계시록 완전해설」머리말에서는 '1980년 봄 구름을 입고 오시는 성령체에게 안수 받았고 성령의 지시에 따라 책을 기록했기에 이 책의 해설은 참'이라고 이만희 교주는 주장하고 있습니다. 그러니까 이만희 교주는 동일한 사건을 1977년, 1979년, 1980년이라고 번복하고 있는 것입니다. 이렇게 계시를 받은 날짜가 변하는 것은 이만희 교주가 계시를 받았다는 주장이 사실이 아니라는 걸 의미합니다. 진짜 경험한 것이라면 날짜가 변할 수 없기 때문입니다. 그런데 왜 이 부분을 확실히 해야 하는 걸까요? 그것은 이 계시 받은 날짜가 매우 중요하기 때문입니다. 이만희 교주가 계시록의 실상을 받은 날이 그날이라고 말하기 때문인데 만약 그가 그것을 받은 사실이 없다면 계시록 실상은 1장부터 거짓말이 되는 것입니다. 그리고 이만희 교주의 계시록의 실상이 처음부터 끝까지 거짓으로 만들어진 것임이 증명되는 것입니다.


## 9) 비유풀이 반증

### ① 비유풀이에 대한 주장

　신천지의 비유풀이를 반증하려면 신천지인들이 비유에 대해서 어떻게 교육을 받았는지를 알아야 합니다. 제일 쉬운 방법은 그들의 강의안을 보는 것입니다. 그것은 센터의 강의안에서 잘 드러납니다. 그런데 이것은 너무나 많은 양이어서 이 작은 책에서는 다룰 수 없습니다. 대신에 신천지의 비유를 간략하게 이해하려면 신천지에서 비유를 배운 사람들이 그것을 어떻게 받아들였는가를 살펴보면 됩니다. 신천지에서 배운 비유에 대해서 소상하게 설명한 블로그의 기사를 소개합니다.

"비유풀이를 해야만 하나님의 속마음과 비밀을 알 수 있습니다. 비유풀이는 천국을 들어가는 열쇠와 같습니다. 어떤 기성교단에서는 비유풀이를 하면 이단이라고 하는데 정말 그럴까요? 2,000년 전 예수님께서 이 땅에 오셔서 여러 가지 비유를 말씀하셨지만 그중에서도 특히, 천국에 관한 말씀은 비유가 아니면 아무것도 말씀하지 아니하셨습니다. '예수께서 이 모든 것을 무리에게 비유로 말씀하시고 비유가 아니면 아무 것도 말씀하지 아니하셨으니'(마 13:34). '비유가 아니면 말씀하지 아니하시고 다만 혼자 계실 때에 그 제자들에게 모든 것을 해석하시더라'(막 4:34). 우리가 신앙하는 목적이 무엇입니까? 바로 천국가기 위해, 영생을 얻기 위해 신앙하는 것 아니겠습니까? 그런데 막상 우리의 목적지 천국을 알지 못하면 어떻게 갈 수 있겠습니까?

예수님께서는 너희와 저희를 구분하셔서 너희(제자와 함께한 사람들)에게는 하나님의 비밀을 알려주셨으나 외인에게는 비유로 말씀하셔서 보아도 알지 못하고 들어도 깨닫지 못하게 하여 죄 사함을 얻지 못하게 하려 하셨습니다. '이르시되 하나님 나라의 비밀을 너희에게는 주었으나 외인에게는 모든 것을 비유로 하나니 이는 그들로 보기는 보아도 알지 못하며 듣기는 들어도 깨닫지 못하게 하여 돌이켜 죄 사함을 얻지 못하게 하려 함이라 하시고'(막 4:11-12) 즉, 비유를 깨닫지 못하면 예수님의 외인이 된다는 말씀이죠, 그럼 최초로 비유풀이를 하신 분은 예수님이시네요, 예수님 이단 아니시죠?

제자들에게 비유풀이하고 계신 예수님, 구약에서 비유로 말씀하실 것을 예언하시고 '내가 입을 열어 비유로 말하며 예로부터 감추어졌던 것을 드러내려 하니'(시 78:2) 그 말씀대로 예수님께서 오셔서 비유로 말씀하시고 '예수께서 이 모든 것을 무리에게 비유로 말씀하시고 비유가 아니면 아무 것도 말씀하지 아니하셨으니'(마 13:34) 이 비유는 정한 때가 되면 정녕 응한다 하셨습니다. '이 묵시는 정한 때가 있나니 그 종 말이 속히 이르겠고 결코 거짓되지 아니하리라 비록 더딜지라도 기다리라 지체되지 않고 반드시 응하리라'(합 2:3).

예수님께서 최후의 만찬 후 제자들에게 때가 이르면 다시 비사로 이르지 않고 밝히 일러 주신다 하셨는데 '이것을 비유로 너희에게 일렀거니와 때가 이르면 다시는 비유로 너희에게 이르지 않고 아버지에 대한 것을 밝히 이르리라'(요 16:25) 지금 신천지에서는 비유풀이를 하고 있으니 그 정하신 때가 된 것일까요?

신천지에서는 어떻게 비유풀이를 할 수 있을까요? 계시록을 보니 하나님 손에 있던 봉한 책을 (계 5장) 예수님께서 취하셔서 그 책을 열어 (계 6~8장) 계시록 10장에서는 천사를 통해 요한에게 먹으라 하시고 요한에게 다시 전하라 하셨습니다. 신천지 비유풀이는 그렇게 하늘에서 온 천사의 손에 있던 책을 받아먹은 한 목자를 통해서 시작되었습니다.

이제 왜 비유풀이를 해야 하는지 이해하셨나요? 비유풀이를 통해서 하나님이 감춰놓으신 비밀을 보여주시고 또, 하나님이 끊임없이 우리에게 말하고 계신 음성을 들을 수 있습니다. 비유풀이는 천국을 들어가는 열쇠와 같습니다. 신천지에서 비유풀이를 배우시면 정말 놀라우신 하나님의 비밀을 깨닫게 되며, 하나님의 사랑에 감사와 찬양을 올리게 됩니다"(http://blog.daum.net/sionsan144000/15 2011.12.09.).

## ② 비유 반증

㉠ 천국의 비유에서 말하고자 하는 천국의 비밀은 신천지가 말하는 이 땅에 임한 천국 즉 신천지증거장막성전를 말하는 것이 아닙니다. 천국의 비밀은 창세로부터 감추인 복음을 말하는 것입니다.

"나의 복음과 예수 그리스도를 전파함은 영세 전부터 감추어졌다가 이제는 나타내신 바 되었으며 영원하신 하나님의 명을 따라 선지자들의 글로 말미암아 모든 민족이 믿어 순종하게 하시려고 알게 하신 바 그 신비의 계시를 따라 된 것이니 이 복음으로 너희를 능히 견고하게 하실"(롬 16:25-26).

"이 비밀은 만세와 만대로부터 감추어졌던 것인데 이제는 그의 성도들에게 나타났고 하나님이 그들로 하여금 이 비밀의 영광이 이방인 가운데 얼마나 풍성한지를 알게 하려 하심이라 이 비밀은 너희 안에 계신 그리스도시니 곧 영광의 소망이니라"(골 1:26-27).

"이는 그들로 마음에 위안을 받고 사랑 안에서 연합하여 확실한 이해의 모든 풍성함과 하나님의 비밀인 그리스도를 깨닫게 하려 함이니"(골 2:2).

예수님을 알고 그분을 받아들임으로써 천국의 시민이 되는 것이 바로 천국의 비밀입니다. 그런데 이 신천지는 천국이라는 말에 붙들려 예수님을 보지 못했습니다. 그래서 그들의 천국은 예수님이 없는 천국이요 예수님을 빙자한 이만희가 구원자로 있는 가짜 천국입니다.

ⓛ 신천지는 천국의 비밀을 알지 못하면 죄 사함을 얻지 못한다고 하는데 이 말은 비유를 모르면 죄 사함을 얻지 못한다는 말이 아니라 복음의 비밀 되신 예수님을 알지 못하면 죄 사함을 얻지 못한다는 말입니다. "우리는 그리스도 안에서 그의 은혜의 풍성함을 따라 그의 피로 말미암아 속량 곧 죄 사함을 받았느니라"(엡 1:7). "자녀들아 내가 너희에게 쓰는 것은 너희 죄가 그의 이름으로 말미암아 사함을 받았음이요"(요일 2:12).

죄 사함을 예수님의 구속사역을 믿음으로 받아들이는 것이 아니고 깨달음과 연관해서 설명하려고 한다면 그것은 고대의 이단인 영지주의의 입장이며 또한 현대의 이단 구원파의 입장이 됩니다.

ⓒ 비유는 계시를 봉함하는 도구가 아니라 오히려 드러내는 도구입니다. "내가 입을 열어 비유로 말하며 예로부터 감추어졌던 것을 드러내려

하니 이는 우리가 들어서 아는 바요 우리의 조상들이 우리에게 전한 바라 우리가 이를 그들의 자손에게 숨기지 아니하고 여호와의 영예와 그의 능력과 그가 행하신 기이한 사적을 후대에 전하리로다"(시 78:2-4).

"이는 선지자를 통하여 말씀하신 바 내가 입을 열어 비유로 말하고 창세부터 감추인 것들을 드러내리라 함을 이루려 하심이라"(마 13:35).

이 성경구절을 보면 너무나 선명하게 비유는 드러내는 용도로 사용한다고 하는데 어떻게 그들의 눈에는 이 구절이 보이지 않는지 의문입니다. 신천지인들에게 이 구절을 보여주고 읽게 하면 자꾸만 숨겨둔 것으로 해석하는 것을 보게 됩니다. 왜냐하면 그렇게 배웠기 때문입니다. 그래서 반복적으로 다시 읽게 하면 그제야 고개를 갸우뚱하게 됩니다. 그러니까 신천지는 자신들에게 필요한 부분만 절취를 하여 사람을 속인 것입니다.

ⓔ 신천지는 비유를 모르는 목자는 거짓 목자요 짖지 못하는 개와 같다고 비난합니다. 그러나 거짓 목자는 비유를 모르는 자가 아니라 다른 복음을 전하는 자입니다.

"그리스도의 은혜로 너희를 부르신 이를 이같이 속히 떠나 다른 복음을 따르는 것을 내가 이상하게 여기노라 다른 복음은 없나니 다만 어떤 사람들이 너희를 교란하여 그리스도의 복음을 변하게 하려 함이라 그러나 우리나 혹은 하늘로부터 온 천사라도 우리가 너희에게 전한 복음 외에 다른 복음을 전하면 저주를 받을지어다 우리가 전에 말하였거니와 내가 지금 다시 말하노니 만일 누구든지 너희가 받은 것 외에 다른 복음을 전하면 저주를 받을지어다"(갈 1:6-9).

다른 복음은 예수를 믿어 구원을 얻는 것을 부인하거나 아니면 그 위에 새 언약을 지켜야 한다거나 율법적인 행위를 더해야 한다는 것을 말합니다. 신천지는 예수 믿고 새 언약을 지켜야 한다고 말하니 다른 복음이 틀림없습니다. 그래서 신천지의 교리를 전하는 자는 더러운 개구리입니다.

"또 내가 보매 개구리 같은 세 더러운 영이 용의 입과 짐승의 입과 거짓 선지자의 입에서 나오니"(계 16:13).

ⓓ 신천지는 이만희 교주가 하나님의 손에 있는 책을 먹고 비유를 풀어준 것이라고 하는데 실상은 그게 아니라 선배 이단인 박태선과 유재열과 구인회 등의 책에서 배워서 사기를 친 것입니다. 따라서 그가 먹었다는 책은 이단 선배들의 교안에 지나지 않습니다.

## 10) 실상교리

### ① 신천지의 주장

신천지의 실상교리를 반증하기 위해서는 이만희 교주가 썼다는「요한계시록의 실상」을 읽고 그 내용들을 알아야 합니다. 그런데 그것은 너무나 방대한 작업입니다. 그래서 비유풀이 때와 같이 신천지인들이 계시록의 실상을 어떻게 이해하고 있는지를 살펴보고 반증을 하도록 하겠습니다.

"하나님께서는 약속하신 예언은 반드시 그대로 이루신다고 하셨습니다. 그리고 예언이 성취되어 실상으로 이루어질 때 믿으라고 성경에 미리 기록해 주셨습니다. 그래서 예언을 깨닫지 못하면 실상이 이루어진 것을 보고 들어도 알지 못하고 믿지 못하지요. 신천지 실상은 성경대로 이루어졌습니다. 말씀을 깨닫는다면 신천지 교리비판을 절대 못합니다. 하나님께서는 장래에 이루실 것을 먼저 선지자들에게 보이고 알려 주셨습니다. 예를 들면 아브라함에게 약속하신 것을 모세 때 이루신 것입니다. 또한 예수님도 성경대로 오셔서 그대로 행하셨지만, 믿지도 영접하지도 않았습니다. 예언은 그 뜻을 알아야 믿고 지킬 수 있으며 성취된 실상을 알아볼 수 있습니다. 신천지 교리비판을 하기 전에 자기들의 교리와 비교를 해보고 확인을 해야 하겠지요.

신천지 실상은 가감 없이 성경대로 이루어진 것을 온 지구촌에 알리고 있습니다. 예수님의 재림을 알리는 신천지 실상의 나팔 소리가 날 때 천국의 소망을 가지고 신앙을 한다면 나팔 소리가 나는 곳을 찾아서 가야 합니다. 하나님께서 구약에 약속한 목자 예수님에게 오셔서 약속을 이루었듯이, 예수님께서 천사와 함께 신약에 약속하신 목자에게 와서 이루어진 것을 보고 믿어야만 구원과 천국백성이 될 수 있습니다. 신천지 교리비판을 하지 말고 성경 말씀을 길과 등불 삼아 이루어진 신천지 실상을 보고 믿고 지키어 하나님의 실상의 자녀들이 되시기 바랍니다"(https://cafe.naver.com/7thtrumpetscj/2244, 2014.04.16).

## ② 실상교리 반증

신천지의 실상계시는 허구요 거짓말입니다. 그런데 신천지인들은 이것을 믿고 있습니다. 더 정확하게 말하면 믿도록 세뇌가 되었습니다. 그래서 옆에서 아무리 그것이 거짓말이라고 해도 그들은 귀를 기울이지 않습니다. 오히려 반박합니다. 그러나 그 실상계시가 어떤 구조 위에 세워졌는지를 안다면, 그리고 실상교리 안에 있는 약점들을 하나만 보고 건드리기만 해도 그 교리는 무너지게 되어있습니다. 그 이유는 실상이 현실 속에 나타났다는 것은 이만희 교주가 이단 선배들에게 배운 것이요 지어낸 말이기 때문입니다. 어느 신천지 강사는 성경의 실상인 이만희 교주가 나타났기 때문에 다른 실상이 조금 틀려도 문제가 되지 않는다고 말합니다. 그것은 그들이 계시록과 실상이 서로 맞지 않다는 것을 알고 있다는 겁니다.

### ㉠ 환상계시와 실상계시 반증

신천지는 요한 계시록을 환상계시와 실상계시로 해석을 합니다. 환상계시는 요한 사도가 환상으로 본 계시를 말합니다.

"환상계시는 약 이천 년 전 사도 요한이 밧모섬에서 본 예수 그리스도의 계시를 말한다. 당시 요한은 성령에 감동되어 환상으로 예수님의 계시를 받아 기록했지만 그 예언이 언제 이루어지는지, 실체가 무엇인지는 몰랐다. 다만, 예수님께서 환상으로 보여주신 계시를 기록했을 뿐이다. 그러나 정한 때가 되면 비유로 비사로 감추어둔 예언 속의 인물과 사건이 이 땅에 실상으로 나타나는데 그때 예수님께서는 예언대로 나타난 실상을 보여주시고 들려주시니 이것이 바로 실상계시이다. 이와 같이 실상계시는 예언이 응할 때 나타난다. 그러므로 계시록이 응할 때에는 이미 죽은 지 오래인 사도 요한이 이 땅에 살아나서 자신이 기록한 말씀과 그 실상을 전하는 것이 아니라 '사도 요한과 같은 입장의 목자'가 나타나서 실상계시를 보고 듣고 증거하게 된다"(이만희, 「요한계시록의 실상」, 신천지, p.21).

실상계시는 사도 요한이 받은 환상계시가 실제로 이루어지는 것에 대한 계시를 말하는데, 이 계시를 이만희 교주가 책을 먹고 받았다는 것입니다.

"하늘에서 말씀의 책을 가지고 온 천사는 대언의 영, 진리의 영(요 17:17)으로 이 영이 책을 받은 사도 요한 격인 목자와 하나 되어 역사하니, 진리의 영이 함께한 사도 요한 격인 목자를 보혜사라 한다. 이 천사는 예수님의 대언자요 요한도 천사의 말을 듣고 나라와 백성과 방언과 임금에게 전하게 되니 곧 예수님의 대언자요 목자인 것이다. 하나님의 봉해진 책의 비밀을 천상천하에 아는 자가 없는 이때에 오직 책 받은 요한만이 성경을 통달하여 그 입에서 하나님의 비밀이 나오게 되는 것이다. 만민은 책을 받아먹은 사도 요한 격인 오늘날의 목자에게 가서 배워 믿고 행해야만 하나님의 뜻대로 하는 자가 되고 구원에 이르게 된다" (이만희, 「계시」, 신천지, p.193).

신천지의 이 두 계시의 연결은 신천지의 입장에서는 엄청난 발견으로 보일 수 있습니다. 그러나 이것이 신천지의 아킬레스건이 되었습니다. 왜냐하면 계시록의 말씀과 장막성전 그리고 신천지의 역사를 억지로 맞추다 보니 서로 맞지 않더라는 겁니다. 그래서 이제 그들은 성경을 바꿀 수도 없고 신천지의 역사를 바꿀 수도 없는 상태에 빠져버렸습니다.

강성호 목사(대전 예안교회 담임, 대전이단상담소장)는 대전에서 신천지 문제를 전문으로 상담하는 기독교한국침례회 소속 목회자입니다. 그는 소위 말하는 신천지 출신인데 그가 신천지로부터 나오게 된 사건이 있었습니다. 신천지 12월 행사에서 실상을 연극으로 만들려고 했던 한 교인, 일명 헵시바라는 닉네임으로 인터넷에서 활동하던 청년의 글을 보고 나서였습니다. 그는 실제에 가깝게 연극을 제작하고자 신천지 내 실상의 인물들을 실제로 만나고 다녔는데, 그들을 만나면 만날수록 자신이 들었던 내용과 실상의 인물들이 주장하는 내용이 전혀 다르다는 것을 알게 되었습니다. 그래서 당시 실상 연극팀 전체가 신천지를 탈퇴했다는 것이었습니다. 그는 적잖이 충격을 받았고 이 사건이 도화선이 되어 낮에는 신천지 강사로 활동하고 밤에는 교리와 실상을 확인하는 작업을 시작하게 됩니다. 그리고 20여 일 동안의 연구로 드디어 강 목사는 알게 됩니다. 6,000년 만에 계시를 받았다고 주장하는 이만희 교주가 약속의 목자가 아니라는 것을. 그리고 그것이 사실과 완전히 다르다는 것을. 새로 계시를 받은 게 아니라 선배 이단들에게 배운 내용을 똑같이 되풀이하는 것뿐이라는 걸 부인할 수 없었습니다. 그래서 그는 신천지에서 나올 수밖에 없었습니다.

ⓒ 계시록 7교회의 실상 반증

신천지는 계시록의 7교회가 각각의 교회를 말하는 것이 아니라고 해석합니다. 대신 신천지는 이 구절에서 교회라는 말보다 '일곱 교회의 사자'라는 말에 초점을 맞춥니다. "네가 본 것은 내 오른손의 일곱 별의 비밀과 또 일곱 금 촛대라 일곱 별은 일곱 교회의 사자요 일곱 촛대는 일곱 교회니라"(계 1:20). 이 말씀의 실상은 유재열의 장막성전이고, 이 장막성전에는 7사자들이 있기 때문에 바로 이곳이 실상의 장소라고 말합니다. 그리고 이곳에서 배도와 멸망과 구원의 일들이 일어나게 되었는데 그것이 바로 계시록의 실상의 사건이라고 합니다. 이 사건은 1980년 9월 14일 ~1984년 3월 14일 즉 3년 6개월, 42달 동안 일어나게 되는데 이때의 사건을 재구성하면, 배도자 유재열이 진리를 버리고 이방교리(장로교리)를 받아들여 배교하고 멸망자 오평호가 니골라당(청지기 교육원)을 끌어들임으로써 장막성전이 망하게 된 것입니다. 그 이후에 구원자 이만희 교주가 멸망자와 싸워 이기고 새 언약 증거장막성전을 회복하게 된다는 것이 스토리의 핵심입니다. 이 역사 때문에 신천지는 유재열을 배도자라고 부릅니다. 그런데 그렇게 되면 다른 실상에서 문제가 생깁니다. 그것은 신천지「종교세계 관심사」에서 유재열과 유인구를 두 증인이라고 말하기 때문입니다. 그렇다면 계시록의 순서에도 문제가 생깁니다. 두 증인은 계시록 11장에 등장하는데 배도자의 등장은 계시록 2~3장에서 7별들과 함께해야 하기 때문입니다. 그리고 논리적으로 배도자가 증인이 되는 것은 말이 되지 않습니다.

문제는 이분만이 아닙니다. 신천지의 실상에서는 이만희와 홍종효가 두 증인으로 등장합니다. 그렇다면 앞에 등장한 장막성전의 두 증인과 신천지의 두 증인 중에 진짜 두 증인이 누구인가를 정리해야 하는 문제가 생깁니다. 그런데 신천지의 두 증인 중의 하나였던 홍종효가 신천지를 나가버려서 이만희 교주만 남게 되었고, 이것은 신천지의 두 증인도 가짜라는 말이 됩니다. 그리고 근래에 등장한 새천지는 이만희 교주가 한 증인이고 새천지의 교주가 남은 한 증인이라고 말하고 있습니다. 그렇다면 이만희 교주는 빨리 새천지 교주와 상면하여 그가 진짜 증인인지를 확인하고 판가름 내야 할 것입니다.

ⓒ 계시록 4장의 하늘 보좌 실상인 신천지 조직 반증

　　신천지는 자신들의 조직 구성이 성경적이고 완전하다고 합니다. 그 이유는 신천지만이 하늘의 조직과 같은 유일한 조직이기 때문이라는 것입니다. 그 근거로 계시록 4장의 말씀을 인용합니다. 그 말씀에는 하나님 나라의 조직이 등장하는데 하나님의 보좌와 7영과 24장로와 4생물로 구성되어있습니다. 그런데 신천지는 하나님 나라의 조직과 같은 조직이 땅에서 이루어지면 하늘의 보좌가 땅으로 임하여 하나가 된다고 누누이 말했습니다. 그래서 신천지는 주기도문의 '하나님의 뜻이 하늘에서 이루어진 것과 같이 땅에서도 이루어지이다'는 구절을 하늘에서 영계의 보좌가 이루어진 것과 같이 땅에서도 보좌가 만들어져서 그 둘이 하나가 되게 해달라는 기도라고 해석합니다. 신천지는 자신의 조직 완성을 보좌 구성이라고 하는데 「신천지 발전사」에 보면 이만희 교주는 1984년 신천지 증거장막성전을 시작한 후 11년이 지난 1995년에 신천지에 하늘보좌가 완성되었다고 선언합니다. 일곱 영에 해당되는 7교육장, 그리고 12지파장, 24장로가 세워진 것입니다.

　　그런데 신천지의 주장대로라면 바로 그날에 신천지에 하나님의 나라가 임해야 하고 하나님의 나라가 임한 증거들이 나타나야 합니다. 그뿐만 아니라 하늘 보좌의 일곱 영이 오늘날 특정인물인 교육장의 실상이라면 그것은 절대 바뀌어서는 안 됩니다. 왜냐하면 7교육장은 하나님의 말씀에 근거하여 출현된 실상이기 때문입니다. 그러나 1984년 신천지 시작 이래 교육장들이 계속 바뀌었습니다. 7교육장 중에 이미 이탈한 신현욱 전 교육장과 박 모 교육장은 신천지를 떠났고 다른 2명도 교체되었습니다. 진짜 기가 막힌 것은 1996년 당시 교육장이던 이 모 현 도마 지파장이 일곱 영에서 일개 지파장으로 강등된 일입니다.

이렇게 실상이 바뀌면 성경을 바꿔야 합니까? 아니면 성경의 해석을 바꿔야 합니까? 이것이 신천지의 실상입니다.

### ③ 실상교리의 선구자

구인회 교주는 생전에 재림예수라고 주장하다가 이미 고인이 된 사람입니다. 그런데 구인회 교주가 쓴「새 하늘과 새 땅 지상천국은 재림예수 교회에서 이루어진다」라는 책에서 구인회는 27세이던 1968년 2월에 "과천에 일곱 천사가 나타났으니 과천으로 들어가라"는 하나님의 음성을 듣고 들어갔다고 하는데, 마치 이만희 교주가 "1967년 성령의 계시에 이끌려 장막성전에 입교했다"고 주장하는 것과 매우 비슷합니다. 구인회의 실상교리를 살펴보면 신천지 실상교리와 크게 다르지 않습니다. 구인회의「새 하늘 새 땅」43쪽과 신천지 측이 발행한「종교세계의 관심사」3쪽을 비교해 보면 '일곱 천사'에 대해서 "구원자(재림예수)가 영으로 재림하실 징조로 먼저 나와서 역사하는 예표의 사람들"이라고 동일하게 설명하고 있습니다. 특히 일곱 천사에 대한 성경 인용구절과 사진 등이 신천지의 실상과 거의 똑같습니다. 다만 다른 것이 있다면 이만희 교주는 유재열 씨를 '배도자'라고 하지만 구인회 교주는 '거짓 선지자(무화과 나무)'라고 말하는 점이 다를 뿐입니다. 구인회도 이만희 교주처럼 책을 받아먹었고 장막성전에서 일어난 말세의 실상들을 다 보고 들었다고 주장합니다. 그렇다면 과연 누가 남의 것을 베꼈을까요?

구인회는 1969년 과천 장막성전의 시한부종말이 거짓으로 드러나자, 1970년경 장막성전을 나와 '천국복음회'를 개업했으며, 이만희 교주가 신천지를 창설하기 거의 10년 전인 1975년에 이미 12사도와 12천사(24보좌) 조직을 구성하고 새 하늘 새 땅을 이루었다고 주장했습니다. 그렇다면「신천지 발전사」에서 신천지의 실상은 "계시록의 예언이 실상으로 응한 것"이 아니라, 사실은 오래전에 죽은 구인회가 만들어 우려먹던 교리를 무단 도용하여 사용한 것입니다. 신천지인들과의 교리 논쟁은 지루한 싸움입니다. 그러나 그들의 교리는 성경이 아니라 거짓의 논리 위에 세워진 것이기에 많은 허점들이 존재합니다. 이것들을 알게 되면 저들의 교리를 충분히 넘어뜨릴 수 있습니다. 문제는 그 허점들을 보고 논리적으로 접근해가는 훈련이 필요합니다. 한 사람의 생명을 구하기 위해서는 이 훈련은 값싸지 않습니다. 연구하고 준비해야 합니다.

# 2장.
## 체험의 중화

교리 논쟁이 세뇌의 이성적인 영역을 깨뜨린다면 체험의 중화는 세뇌의 감정적인 영역을 풀어줍니다. 따라서 이 부분은 논쟁이 아니라 공감하고 이해하는 과정이 필요합니다. 논쟁은 짧은 시간에 결론이 날 수 있지만 체험의 중화는 오랜 시간에 걸쳐서 서서히 결과가 나타나게 됩니다.

## 1. 사랑의 체험 중화

신천지에서 나온 사람들은 일반 교회에 대해 공통적으로 사랑이 부족하다고 말합니다. 이것은 그냥 지나치기에는 너무나 마음 아픈 지적이 아닐 수 없습니다. 그동안 우리가 교회 성장에 붙들려 잃어버린 가장 큰 가치일 수도 있습니다. 그래서 이 부분에서는 변명이 아니라 통렬한 자기반성이 필요합니다. 그래야 그들이 돌아올 수 있습니다. 신천지의 세뇌 즉 심리조작의 핵심은 의존성 증가시키기입니다. 그렇게 하기 위해서 신천지는 자신들의 조직에 들어오는 사람들에게 다른 곳에서는 받아보지 못한 사랑으로 환대합니다. 물론 이것은 큰 그림을 두고 준비된 그루밍 작업이지만 사랑에 굶주린 사람에게는 그것을 분별하여 받아들일 형편이 못됩니다. 그래서 그곳에서 서서히 수동적으로 길들여집니다. 이것이 신천지에서 나오기를 두려워하는 여러 요인들 중의 하나입니다. 신천지에서 나온 사람들의 다수가 자신들이 그 안에서 받은 사랑에 대해서는 언급을 하지 않으려고 합니다. 왜냐하면 그곳이 가짜라고 하면서 그 안에서 함께 나눈 사랑은 진짜라고 하는 것이 어색하기 때문입니다. 그렇다고 해서 그것을 없었던 일로 완전히 부정하기에는 그들의 기억에 너무도 생생하게 남아있기 때문입니다. 그리고 그 속에서의 모든 경험이 거짓이라고 말하는 것으로는 그들의 마음 안에 새겨진 사랑의 경험을 지울 수 없습니다. 그렇다면 진실이 가려지고 왜곡된 사랑에 물든 이들을 돕는 방법은 무엇일까요? 정답은 진실한 대화입니다.

먼저 그들이 신천지에서 받은 사랑의 느낌에 대해서 이야기하게 하고 그것이 본인에게 어떤 영향을 주었는지를 말하게 해야 합니다. 이것은 그가 그곳에서 경험한 사랑을 부정하게 하거나 공격하기 위한 것이 아니라 그가 경험한 일들을 객관적으로 보게 하려는 것입니다. 처음에는 그 안에서 경험한 사랑에 대한 이야기를 하지만 이윽고 다른 이야기로 넘어가게 됩니다. 왜냐하면 신천지 안에서 사랑만 받은 것이 아니라 그 안에서 사랑과 반대되는 다른 감정들도 경험했기 때문입니다. 그리고 그때 발견한 위화감이나 모순점에 대해서 말하게 될 것입니다. 이렇게 함께 대화를 하면 그 마음 안에 감추어진 사랑의 감정에 대해 균형 잡힌 관점이 형성됩니다. 그리고 이런 대화를 할 때 주의해서 봐야 할 부분은 내담자의 내면의 양가감정에 대한 것입니다. 사랑과 불안의 양가감정은 무언가를 마음의 지주로 삼고 의존하는 사람이 거기에서 벗어나려고 할 때 가지게 되는 감정입니다. 의존상태에서 벗어나고자 하는 마음과 의존하지 않고서는 살아갈 수 없다는 불안함이 그것입니다. 그래서 이 양가감정을 명확하게 말로 표현하게 하고 그것을 확실하게 받아들이게 하는 것이 중요합니다. 여기서는 상반되는 마음을 인정하게 하고 그 각각의 마음이 지금은 어느 정도인지를 질문하고 두 마음에 대해 모두 말하게 합니다. 이런 작업을 몇 번 되풀이 하면서 서서히 상반된 마음의 근저에 무엇이 있는지 보도록 해야 합니다.

그렇게 되면 내담자 자신이 무엇에 이끌리고 무엇에 속박되고 있는지 자신이 무엇에 지배되는지를 보게 됩니다. 그리고 표현하다 보면 그것들의 차이가 점점 분명해집니다. 그렇게 되면 점차 그 감정의 지배에서 벗어날 수 있습니다.

## 2. 팀 사역의 경험 극복하기

신천지에서 나온 젊은이들은 그곳에서 경험한 팀 사역의 기억을 잊지 못합니다. 팀으로 참여해 일했던 시간들은 그들에게 함께한다는 즐거움과 가치를 알게 했습니다. 물론 그것이 신천지의 전략에 지나지 않았지만 그 일을 하는 동안만큼은 자신의 모든 것을 걸고 최선을 다했습니다. 모략 전도를 계획하고 작전을 짜고 그런 일에 투입되었을 때 그들은 그 과정에서 자신이 하나님의 일에 쓰임 받고 있다는 사실에 감격했을 것입니다. 그래서 힘이 들어도 고생스러워도 돈이 되지 않아도 참을 수 있었습니다. 그런데 이들이 일반 교회로 돌아오면 할 일이 없어져버립니다. 메달을 따기 위해서 죽을힘을 다해 달리던 선수가 경기장에서 벗어난 그런 느낌이라고 할까요. 그래서 신천지가 분명히 잘못된 곳인지 알지만 탈퇴하고 나서도 그때의 경험들이 생생하게 다가오게 됩니다. 물론 신천지는 전도에 목숨을 걸기 때문이고 일반 교회의 젊은이는 취직과 공부에 매달려야 하는 서로 다른 입장이기는 합니다. 그러나 그렇다고 해서 교회가 여전히 지금과 같은 자세를 가진다면 교회 안에 젊은 용사들은 모두 사라지게 될 것입니다. 신천지의 젊은이들이 심장이 뛰도록 달렸던 그런 일들을 교회 안에서도 하게 해야 합니다. 그래서 교회는 청년들을 위한 팀 사역 플랜을 세워야 합니다. 그들이 기획하고 그들이 할 수 있는 일들을 하도록 교회가 재정적으로 행정적으로 밀어주어야 합니다. 왜냐하면 이들이 신천지와 싸워야 하는 미래의 교회이기 때문입니다.

목회자만 신천지와 싸우고 교인들은 구경을 하는 전쟁이라면 다가오는 미래는 희망이 없습니다. 분명한 사실은 지금의 교회의 방식으로는 신천지의 도전을 막을 수 없습니다. 젊은이들을 깨워야 합니다. 그리고 우리 자신들만의 방식을 개발하고 신천지와 싸우도록 해야 합니다.

"너희가 전에는 어둠이더니 이제는 주 안에서 빛이라 빛의 자녀들처럼 행하라 빛의 열매는 모든 착함과 의로움과 진실함에 있느니라"(엡 5:8-9).

## 3. 신비체험의 중화

### 1) 신비체험을 통한 세뇌 깨뜨리기

이단은 크게 두 부류로 나눌 수 있습니다. 한 부류는 신천지와 같이 교리를 중심으로 가르치는 이단입니다. 이들은 교리 논쟁으로 탈세뇌가 가능합니다. 그런데 다른 부류가 있습니다. 체험을 중심으로 하는 이단이 있습니다. 통일교나 정명석의 집단이나 하나님의 교회의 사람들은 교리적인 디베이팅만으로는 세뇌가 완전히 깨지지 않습니다. 왜냐하면 그들은 교리뿐만이 아니라 체험에 세뇌를 당했기 때문입니다. 신비체험이 가져다주는 효과는 엄청납니다. 그래서 이들의 세뇌를 깨려면 교리 논쟁뿐만 아니라 신비적인 체험의 기억을 깨뜨려야 하는데 그것을 신비체험의 중화라고 합니다. 교주 정명석이 여신도 강간행위로 교도소에 들어가도 그 집단이 무너지지 않은 것은 그곳에서 지속적으로 일어나는 신비적인 경험 때문입니다. 그래서 세상이 아무리 그 집단을 욕해도 그들은 신비체험을 하는 동안에는 자신들이 하나님께 속해 있고 의로운 핍박을 당한다고 생각을 합니다. 왜 그렇습니까? 신비체험이 증거가 되기 때문입니다.

그런데 신비체험의 이면에는 이단의 교주들의 세뇌작업이 있음을 알아야 합니다. 신비체험을 통한 세뇌의 방식은 공포와 쾌락을 한 묶음으로 이용하여 앵커(닻, 언제라도 꺼낼 수 있도록 인간의 뇌 속에 붙여놓는 일종의 심리상태를 의미한다)를 매설하는 것입니다. 즉 교주를 따르고 복종하는 자는 신비체험을 하게 되지만 교주를 배신하거나 떠나려는 자들에게는 지옥의 고통이 따른다는 의식을 심어줍니다. 그들에게 신비체험은 교주의 말에 대한 증거요 확신이 됩니다. 그래서 그 단체에서 떠나려고 하지 않습니다.

2018년 구속된 만민중앙교회 이재록 목사와 관계된 일화입니다. 이재록 목사는 교회 안에서 자신에게 비판적인 사람들을 평소에 보아두었다가 한 번 씩 이들을 바닷가나 한적한 시외로 데리고 갔다고 합니다. 그리고 하늘의 별을 보게 하고 그 별이 어떻게 움직이는지를 보라고 했답니다. 그러면 그들의 눈앞에서 별들이 자리를 옮기고 글씨가 만들어지는데 그 글씨는 '이재록'이라는 이름으로 나타났다고 합니다. 그래서 이런 경험을 한 이후에는 절대로 이재록 목사에게 비판적이거나 적대적인 태도를 취하지 않았다고 합니다. 그렇다면 이단의 교주들은 어떻게 이런 일을 할까요? 여기서부터는 전문가의 영역이지만 이해를 위해서 조금만 소개하겠습니다. 신비체험은 변성의식(일반적이지 않은 약물복용상태부터 임사상태, 명상상태까지 포괄하는 모든 비일상적인 의식상태) 즉 트랜스 상태에서 일어나게 됩니다. 변성의식만 일으킬 수 있다면 이보다 더한 일도 할 수 있습니다. 실제로 별이 움직이는 게 아니라 이미지가 변화되고 마음이 움직이는 것입니다. 이재록 목사는 사람들을 순간적으로 트랜스 상태로 몰아넣는 자신만의 방법을 가지고 있다고 볼 수 있습니다. 그래서 사람들에게 어떤 일도 마음대로 자행할 수가 있었던 겁니다.

그런데 이런 경험에 붙들린 사람들을 어떻게 그런 것에서 벗어나게 할 수 있을까요? 그것은 그들이 경험한 신비체험을 반복시키면 됩니다. 그들에게 신비체험을 하게 할 수만 있다면 신비체험이 교주만의 것이 아니라는 사실과 변성의식의 결과라는 것을 알게 되는 것입니다. 그러면 신비체험으로 인해 세뇌되고 묶인 영역에서 놓여나게 될 기반이 마련됩니다. 그리고 그렇게 할 수 있는 가장 대표적인 방법은 최면을 통해서 신비체험의 트리거(trigger, 기폭제, 사전적 의미는 '방아쇠가 발사되다', '폭발하다' 등인데, 트라우마 경험을 재경험하도록 만드는 자극을 의미한다)를 건드리는 것입니다. 그렇게 하면 자동적으로 신비체험으로 연결됩니다. 그리고 변성의식 속에서 신비적인 체험의 강도를 변화시키는 훈련을 하게 하면 자기 스스로 신비체험을 컨트롤하게 됩니다. 그리고 이런 훈련을 통해서 체험의 세뇌에서 풀려나게 됩니다.

## 2) 의미요법

신비체험의 기억은 쉽게 버릴 수 없습니다. 그래서 이것을 억지로 잊어버리도록 하는 것보다 일상의 삶들에 의미를 두고 살아가는 법을 배우게 해야 합니다. 의미요법이라는 심리치료 기법이 있습니다. 오스트리아의 심리학자이자 홀로코스트 생존자로 유명한 빅터 프랭클이 창안한 기법입니다. 이 치료법을 간단하게 요약하면 '고통이 아무리 크더라도 의미를 찾아낸다면 이겨낼 수 있다'는 것입니다. 빅터 프랭클은 나치의 수용소 생활을 하면서 심리학자로서 사람들의 대처와 반응을 관찰했고, 그 자신 역시 인간다움을 잃지 않기 위해 처절하리만치 노력했습니다. 수용소에서 생의 의미를 찾지 못한 사람들은 생을 쉽게 포기하거나, 짐승과 다를 바 없이 행동하거나, 완전히 폐인이 되어버리곤 했습니다. 그런데 생의 의미를 찾으려고 애썼던 사람들은 일말의 생존의 가능성을 놓지 않았으며, 이것 하나가 그들이 마지막까지 존엄한 인간으로 살아남을 수 있게 만들었던 것입니다. 실제로 수용소에서 그를 비롯한 일부 수용자들은 하루에 한 잔씩 배급되는 가짜 커피 한 잔 중 반 잔은 마시고, 나머지로는 옷깃을 찢어 적셔 고양이 세수 및 목욕을 하고, 유리조각으로 면도를 함으로써 인간 본연의 모습을 유지하려고 노력을 했습니다.

나치 대원들은 그런 사람들보다 생의 의미를 완전히 잃어버리고 그냥 짐승과 같은 몰골로 폐인이 되어가는 수용자들부터 학살했습니다. 나치 대원들은 아무리 유대인이 하등생물이라고 세뇌 당했다지만 그렇게 엉터리 세면이라도 한 사람은 최소한 인간의 존엄성을 지키려 한 인간으로 보였기 때문에 그 인간을 죽임으로써 얻는 심리적 고통을 받기 꺼려했던 것입니다. 이런 배경에서 의미요법은 만들어졌습니다. 신비체험도 중요하지만 자신의 삶에 어떤 의미를 부여하는가가 더 중요하다는 것을 그들로 하여금 인식을 시킬 수만 있다면 신비체험에서 얻지 못하는 삶에 대한 긍정적인 태도를 갖게 할 수 있습니다.

# 3장.
## 앵커의 제거

심리조작 즉 세뇌가 악한 자들에 의해서 의도적으로 사용되었을 때에는 비인간적인 결과를 초래하게 됩니다. 한 사람이 주체적으로 생각할 수 없고 집단이나 리더에게 의존하는 상태를 계속 유지하게 됩니다. 게다가 교주는 조작당한 사람이 의존상태라는 것을 이용해서 다양한 형태로 착취하고 유린합니다. 그리고 신도가 마치 스스로 원해서 하는 것인 양 자기희생이라는 명분을 달아줍니다. 신천지는 바로 이런 원리를 교묘하게 이용하고 있습니다. 이런 생각들을 마음 안에서 제거해야 합니다.

## 1. 세뇌의 방식 이해하기

### 1) 파블로프의 조건형성 이론

사람을 조종하는 여러 가지 방법들이 있습니다. 최면이나 암시를 통해서 무의식에 접근하는 심리조작이 있고 행동에 개입하여 사람을 조종하는 방법이 있습니다. 이것을 행동심리학이라고 부릅니다. 이 행동심리학은 러시아의 생리학자 이반 파블로프에 의해서 세상에 나왔습니다. 유명한 파블로프의 실험은 개에게 먹이를 주기 전에 벨을 울리면 그것만으로 개가 침을 흘리게 된다는 '조건반사'를 증명한 것으로 유명합니다. 그런데 이 실험으로 인해 발견된 더 중요한 원리가 있습니다. 그것은 바로 '조건형성'이라는 개념입니다. 즉 먹이를 주기 전에 벨을 울리는 "조건을 형성하면 원래 생리적으로 관련이 없는 자극(벨소리)에 의해 생리적으로 관련이 있는 자극(먹이)을 대하는 것과 같은 반응을 일으키게 된다. 이것이 오늘날 '고전적 조건형성'이라고 불리는 행동조작기법이다. 조건 형성은 연합학습이라고 할 수 있다. 본래는 관계가 없던 두 가지 현상이 몇 번 같은 시기에 일어나면 관계를 맺게 되고, 원래 관계가 없던 자극에 의해 똑같은 반응이 일어나게 된다. 뇌에 자동적으로 회로가 형성되는 셈이다…조건 자극이 방아쇠가 되어 어떤 반응을 일으키게 되는 것이다. 무엇이 방아쇠인지 알면 나쁜 반응을 방지할 수 있다. 반대로 좋은 반응이 일어나는 방아쇠를 활용하면 좋은 결과를 얻어낼 수 있다"(오카다 다카시. 『심리조작의 비밀』. 어크로스, 2016, p.173~174). 이 원리를 알면 사람들에게 방아쇠를 심고 조종할 수 있게 되는 것입니다.

파블로프는 이 실험에서 더 나아가 다른 실험들을 합니다. 실험자가 벨을 울리면 개가 침을 흘리는 상태를 '등가적 단계'라고 하는데 반대로 벨을 울리고 먹이를 주지 않는 등 일관성 없이 대응하면 개가 침을 흘리는 반응이 불규칙하게 일어나게 될 뿐 아니라 벨 소리에 소리를 치거나 반응하지 않는 '역설적 단계'가 되었다고 합니다. 이것은 조건형성의 규칙성을 흔들어서 개를 혼란상태로 만든 겁니다. 그래서 이전의 규칙이나 틀을 믿을 수 없게 되고 진행해야 할 방향이나 믿어야 할 기준을 잃어버리게 되는 것입니다(오카다 다카시. 176).

이런 원리가 실제의 세뇌에서는 다음과 같이 사용됩니다. 일단 여러 가지 방식으로 의존하게 만든 다음에는 규칙을 바꿔버림으로써 불안감에 휩싸이게 합니다(오카다 다카시. 176). 그리고 일정기간 혼란에 빠진 채로 놔둔 다음 이 불안한 심리를 이용하여 무엇이 마음에 들지 않았는지 넌지시 알려주면 상대는 자신의 불안한 상태를 해소하기 위해서 기꺼이 타협하고 상대가 말하는 대로 따라하게 됩니다(오카다 다카시. 177). 이것이 이단의 교주들이 사람을 조종하는 전형적인 방법입니다.

그런데 파블로프는 우연히 '초역설적 단계'라는 개념을 발견하게 됩니다. 어느 날 실험실이 홍수로 잠기게 되었는데 홍수 속에서 살아난 개들이 벨소리를 들어도 반응을 하지 않더라는 것입니다. 그래서 파블로프는 인위적으로 다시 그런 위기 상황을 만들어 실험을 해서 동일한 결과를 얻었습니다. 생존과 연관된 위기 체험으로 그동안 학습시킨 조건반사가 없어졌을 뿐만 아니라 개의 성격들에 변화가 일어난 것입니다. 즉 생존과 관련된 외상 체험에 의해 그전까지 믿어왔던 행동양식이나 가치관, 반응양식이 완전히 바뀌는 것입니다. 이것이 초역설적 단계입니다. 따라서 세뇌를 목적으로 하는 다양한 기법들에는 사람을 극한 상황으로 몰아세우는 과정이 있습니다. 잠을 재우지 않거나 고독하고 단절된 환경, 불규칙하고 예측할 수 없는 생활과 자존심의 박탈 그리고 폭행을 자행하는 것입니다. 그 목적은 기존의 가치관을 없애고 원하는 대로 세뇌의 작업을 하려는 것입니다(오카다 다카시. 178-179 참고).

## 2) 왓슨과 스키너의 조작적 조건형성

조작적 조건형성의 원리는 바람직한 행동을 하면 칭찬해서 긍정적으로 강화를 시키고 잘못된 행동을 할 때는 벌을 주어 부정적으로 강화시키는 것입니다. 이런 방법을 지속하면 바람직한 행동이 증가하고 잘못된 행동은 감소하게 됩니다. 그런데 조작적 조건형성의 효과는 생각보다도 강합니다.

"왓슨은 …11개월 된 아기에게 익숙한 하얀 쥐를 주고 함께 놀게 했다. 하얀 쥐는 바로 아이의 친구가 되었다. 그런데 친근감을 공포로 바꾸는 작업은 간단했다. 하얀 쥐가 아이 곁으로 올 때마다 불쾌한 소리를 들려주는 조작을 몇 번 되풀이를 했더니 아이는 하얀 쥐를 보기만 해도 울상이 되었다. 좋아하고 싫어하는 기호조차 간단하게 조절할 수 있게 된 것이다"(오카다 다카시. p.182).

이런 작업이 신천지 내에서 활발하게 이루어지고 있습니다. 이단상담소에

갔지만 배도자가 되지 않고 돌아온 사람을 영웅시하고 그의 영웅적인 스토리를 증언하게 함으로써 듣는 사람의 조건형성에 영향을 미치게 조작합니다. 반면에 집단을 배도한 자들에게는 여러 가지 방법으로 지속적으로 비난하고 공격해서 신도들이 배도할 마음을 가지지 못하게 조건형성을 합니다.

세뇌를 국가적으로 연구하고 적용한 나라는 중국이라고 알려져 있습니다. 한국전쟁 당시에 중국군의 포로가 된 미군 병사들이 포로수용소에서 중국군에게 세뇌를 당하여 군사 비밀을 폭로했을 뿐만 아니라 전쟁이 끝나고 나서도 공산주의를 옹호하는 운동에 참여하므로 그 사실이 알려지게 되었습니다. 그렇다면 같은 공산권인 북한도 세뇌에 대해서 많은 연구와 실험을 했을 것입니다. 지금 신천지에서 일어나는 일련의 세뇌의 틀은 이만희 교주에 의해서 기획되고 운영되는 것은 아닐 겁니다. 이만희 교주는 그럴 만한 교육도 받은 적이 없고 그런 조직을 세울 능력도 되지 않기 때문입니다. 신천지 내부에 세뇌와 연관된 전문가가 있을 것이라고 추측이 됩니다. 그래서 전도와 교육이라는 명분으로 세뇌를 지휘하고 있을 것입니다. 따라서 이단을 대비하는 단체에서는 세뇌와 연관된 전문 사역자들이 준비되어야 합니다. 그뿐만 아니라 다음의 시대를 준비하는 교회들에서도 바로 이 부분에 대한 이해와 준비가 되어야 합니다.

## 2. 앵커 제거하기

앵커의 제거는 전문가의 영역이요 사역입니다. 따라서 여기서는 앵커가 무엇인지, 어떻게 작동하는지, 그리고 왜 제거해야 하는지에 대한 이해를 돕는 수준에서만 다루려고 합니다. 그럼에도 불구하고 이 원리를 이해하게 되면 세뇌를 당한 사람들이 왜 그런 행동을 하는지를 이해하고 적절한 반응을 할 수 있게 될 것입니다.

1) 트리거와 앵커

이단의 신자들은 교주를 신과 같이 생각하고, 교주와 악수라도 하면 엄청난 행복감을 느끼며 흐느끼게 됩니다. 반대로 누군가가 교주에 대하여 나쁘게 말하면 화를 참지 못하고 폭력적으로 변하기도 합니다. 그리고 혹여 교주를 의심하는 마음만 먹어도 지옥에 떨어질 것 같은 느낌이 들어서 두려움에 사로잡히게 되는데 어떻게 이런 현상이 생기는 걸까요? 그리고 이단의 단체에서 나왔다가 어느 날 다시 그곳으로 돌아가게 되는 것은 어찌된 일일까요? 이런 것들을 이해하기 위해서는 앵커와 트리거의 관계를 이해해야 합니다.

"앵커란 '닻'이라는 뜻이지만 '기억해둔다'는 의미로 언제라도 꺼낼 수 있도록 인간의 뇌에 붙여놓은 '어떠한 심리상태 또는 체감상태'를 말합니다. 그리고 그런 심리상태를 불러오는 '방아쇠'가 바로 트리거입니다. 이해하기 쉽게 표현하면 트리거가 신관이고 앵커가 폭탄입니다. 트리거는 앵커를 일으키는 조건입니다. 언어와 같이 기호화된 것도 있고 단순한 이미지인 경우도 있습니다"(에릭소니언 NLP공부모임 카페 https://cafe.naver.com/allissstory/8708 2018.01.17. 게시글 참고).

신천지 신자들은 모두 이 앵커와 트리거가 뇌에 매설되어있다고 봐야 합니다. 이단의 교주나 다른 사람들을 조종하려는 자들은 트리거를 일상에서 반드시 반복하는 사건과 연관하여 장착합니다. 예를 들면 신천지를 떠난 자들을 공회 앞에서 배도자의 이름으로 부르고 그들이 공적으로 저주당하는 것을 지속적으로 보게 합니다. 신자들은 그 순간에 만약 자신이 신천지를 떠나면 바로 그런 배척과 저주를 받을 것이라는 연상을 하게 됩니다. 그리고 이런 상황들이 계속해서 반복되면 뇌에 새겨지게 됩니다. 그래서 신천지를 떠나는 것이 트리거이고 신천지에서 배척과 저주를 받는 바로 그 두려운 상황이 앵커가 되는 것입니다. 이것이 심어지면 신천지를 떠나야 하는 상황이 될 때 전혀 생각하지 못한 반응을 일으키게 됩니다. 즉 가족들에 의해 신천지에서 강제적으로 떼어진다고 생각하면 두려움에 사로잡혀서 미친 듯이 행동하게 되는 것입니다.

다른 예를 들어보면 신천지에서는 이단상담소에 가면 영이 죽는다는 트리거를 말을 통해서나 동영상을 통해서 보여줌으로써 집중적으로 심습니다. 또한 이단상담소에서 배도하게 된 사람들의 말로에 대해서 적나라하게 비난하고 저주합니다. 그래서 배도하게 되는 상황을 두려워하게 만듭니다. 이것이 앵커입니다. 그런 이후에 가족들에게 이끌려 이단상담소로 가게 되면 그때 트리거가 작동하게 됩니다. 그래서 그는 마치 자신이 지옥으로 끌려들어가는 것처럼 느끼게 되어 발작하게 됩니다. 부모에게 욕을 하는 것은 보통이고 심지어는 2층에서 창문으로 뛰어내리기도 합니다. 이런 행동들은 바로 트리거와 앵커로 인한 것입니다.

〈사례〉

신천지로 가야겠다며 2층에서 뛰어내려 대퇴부 골절을 당했던 딸. 수술 후 성치 않은 몸으로 가출까지 했다. 한 달 만에 나타난 딸의 상태는 심각했다. 수술 시 박아두었던 핀은 부러졌고 뼈 조직에 괴사가 일어났다. 결국 재수술을 했다. 다행히 수술은 잘되었지만 절뚝거리며 회복 중인 딸의 모습을 바라보는 부모의 가슴은 새까맣게 타들어간다. 아직 18살밖에 되지 않은 딸에게 왜 이런 일이 일어났을까?(조밑음. "신천지로 가겠다며 2층에서 뛰어내린 딸". 현대종교 2015년 10월호).

## 2) 트리거와 앵커 매설하기

앵커를 제거하기 위해서는 먼저 앵커와 트리거가 어떻게 매설되는지에 대한 지식이 있어야 합니다. 앵커와 트리거를 매설하는 두 가지의 방식이 있습니다.

① 한 가지는 무의식에 심는 방식입니다. 최면이나 약물을 통해서 트랜스 상태로 만들어 심는 방식입니다.

"옴진리교는 아사하라 교주를 마음속에 그리거나 아사하라 교주의 사진을 보거나 아사하라 교주의 만트라를 테이프로 듣는 그러한 행위를 트리거로 해서 LSD나 요가의 명상으로 쌓아올린 지복 체험을 앵커 시키고 있었다. ···이처럼 옴진리교는 의념을 대표적인 트리거로 하는 몇 개의 앵커를 불법 약물, 요가, 티베트의 밀교의 명상, 장시간의 비디오 시청, 머리에 전류를 가하는 충격 등을 이용해서 교묘하게 신도의 뇌에 매설해 놓고 있다."(도마베치 이데토, 「세뇌의 법칙」, 진경시대, 2000. pp.44~45).

그래서 신자들은 교주의 목소리나 얼굴을 떠올리면 세뇌로 형성된 신비체험이 즉석에서 떠오르게 되고 그래서 누가 뭐라고 해도 옴진리교를 신뢰하고 떠날 수 없게 됩니다. 신비체험과 반대되는 지옥 체험의 경우도 가능합니다.

"옴진리교에서는 신자에게 '교주에게 의심(트리거)을 가지면 지옥을 체험한다(앵커)'는 세뇌를 하고 있다는 것은 이미 이야기 하였다. 신자는 무서운 비디오를 한번에 몇십시간 계속 보고 그것을 며칠간 반복하여 앵커를 매설하지만 '의심'이라고 하는 트리거는 그 자리에서 직접 연결하는 것은 아니다. 비디오 감상과는 다른 상황에서 '의심은 지옥에 떨어진다'는 교의를 아주 철저하게 가르치는 것이다"(에릭소니언 NLP공부모임 카페 https://cafe.naver.com/allissstory/8725 2018.1.22.)

이렇게 트리거와 앵커가 매설이 되면 교주를 의심하게 되는 상황이 되거나 자신의 마음속에 교주를 의심하게 되면 여지없이 지옥의 경험을 하게 되어 옴진리교를 떠나지 못하게 되는 것입니다.

② 다른 한 가지는 의식에 심는 것입니다. 그 방법은 조건형성의 원리를 이용하는 겁니다. 그런데 그렇게 하기 위해서는 먼저 두 가지 작업을 해두어야 합니다. 한 가지는 교주에 대한 신격화 작업이 미리 되어있어야 하고, 다른 한 가지는 신천지인들 이외의 다른 인간관계를 전부 끊도록 하는 것입니다. 그래서 그 사람을 독점하는 상황을 구축합니다. '교주 이외는 믿을 수 없다'는 생각을 갖도록 해서 교주에게 모든 것을 의지하도록 세팅을 합니다. 신천지뿐만 아니라 대부분의 이단들은 교주와 연관해서 트리거를 두 가지 방향으로 심습니다. 하나는 긍정적인 트리거입니다. 교주의 말에 순복하면 지상천국에서 교주와 함께 왕의 자리에 앉아서 세상을 다스리게 된

다는 환상을 심습니다. 그리고 교주의 사진을 보게 하거나 설교를 듣게 합니다. 그래서 이단들은 교주의 얼굴을 단상 전면에 배치를 하는 것입니다. 교주의 사진을 보면서, 교주의 목소리를 들으면서 교주와 천국에 있을 그 날을 생각합니다.

그리고 동시에 부정적인 트리거를 심습니다. "교주의 가르침을 무시하면 큰 재앙이 닥친다!"는 말을 자주합니다. 그리고 교주의 가르침을 어기고 나간 사람들의 최후를 저주하며 실감나게 설명합니다. 중요한 것은 그것이 사실인지 아닌지가 아닙니다. 그것을 듣는 사람으로 하여금 강렬한 공포를 느끼게 하면 되는 겁니다. 신천지에서 나온 대부분의 사람들이 외상 후 스트레스 장애와 비슷한 증세를 일으키는 것은 세뇌의 정도가 심했다는 의미입니다. 그래서 이들에게 탈세뇌의 과정을 필수적으로 거치게 해야 합니다.

## 3) 앵커의 제거

뇌기능 과학자이자 철학박사인 도마베치 히데토는 사이비종교 신자를 치료할 때 가장 주의를 기울여야 하는 것이 트리거와 앵커의 반응을 제거하는 것이라고 했습니다. 앵커를 제거하기 위한 과정은 지뢰를 찾고 처리를 하는 과정과 같습니다.

영화에 나온 장면들을 상상해 보십시오. 폭발물 처리반이 감지기를 가지고 땅을 수색합니다. 그러다가 쇠나 구리와 같은 것을 나타내는 신호음을 듣게 되면 멈추고 조심스럽게 땅을 파고 지뢰를 드러냅니다. 그리고 그 지뢰는 폭발시켜버리거나 아니면 선을 제거하여 무력화시킵니다. 바로 이것이 앵커를 제거하는 과정과 같습니다.

"자기 해방을 위해 앵커와 트리거의 관계를 끊는 방법의 첫 번째는 앵커의 의식화와 무력화이다. 여기에 더하여 트리거를 다른 앵커로 연결하여 바꾸는 것이 추가 된다. 앵커란 뇌 내에 묻힌 경험적 기억이나 감정

사고의 패턴이다. 이것을 찾아내는 것이 앵커의 의식화이다. 앵커가 효과를 발휘하는 것은 우리가 무의식 아래에서 즉 내적으로 인지하지 못하는 정보로 존재하기 때문이다. 이것을 깨달아 의식으로 올려주는 것만으로 앵커의 효과는 매우 희미해진다.

방법은 간단하다. 우선 조용한 장소에 앉아서 기분을 안정시킨다. 그리고 자신이 '해서는 안 된다' 또는 '해서는 안 되었다'라고 생각되는 것을 가능한 만큼 열거해 본다. 꼭 문자로 쓸 필요는 없다. 하나씩 떠올리는 것으로 충분하다. 떠올리면서 계속해서 그것을 배운 상황을 생각한다. 빨리 생각해내기 어려우면 '왜 해서는 안 되는가?'를 철저하게 생각하는 것도 좋다.

예를 들어 당신이 만약 옴진리교 신자라면 '교주를 의심하는 것은 안 된다'고 배웠다. 그 상황을 생각하면 좋다. 스승의 세미나에서 들었다면 그 상황을 생각한다. 그러면 '의심하면 지옥 간다'는 교의와 비디오로 보았던 지옥의 광경이 떠오를 것이다. 그리고 동시에 공포심이 일어난다. 그 공포심이 앵커다. 앵커를 알게 되면 자신의 의식에서 '교주를 의심하면 안 된다'와 공포심이 연결되어 있음을 인식한다. 이렇게 하면 자신 안의 앵커는 그 효과가 크게 희미해진다. …

연결된 감정이 강해서 변하지 않는다면 그 감정을 강하게 해본다. 예를 들어 '교주를 의심하면 안 된다'는 트리거를 떠올릴 때, 교주를 의심하는 것으로 인한 공포가 약해지지 않는다면 일부러 그 공포를 더 강하게 한다. 약하게 할 수는 없어도 강하게 하는 것은 가능할 것이다. 일단 강화에 성공하면 감정이 컨트롤된다는 인식이 생긴다. 이때 다시 공포를 약하게 하면 아마 성공할 것이다.

그 다음은 앵커의 연결을 바꾸는 법이다. '해서는 안된다'라는 것을 다른 감정이나 사고로 연결하는 것이다. 예를 들어 '교주를 의심하는 것은 안 된다'라면 이를 최근의 맛있는 요리와 연결하거나 친구와 놀고 있을 때의 즐거운 기분과 연결한다. 이것은 충분히 할 수 있을 것이다. 자기 해방에서 중요한 것은 컬트 교주를 의심해서는 안된다는 세뇌적 트리거 뿐 아니라 일상의 모든 '해서는 안된다'를 떠올리는 것이다. 해보면 생각지 않았던 자기 속박의 앵커와 트리거가 많이 숨겨져 있음을 깨닫게 된다.

'해서는 안 된다'를 충분히 하고 나면 이번에는 '하지 않으면 안 된다 (해야만 한다)'에 대한 생각도 똑같이 실시한다. … 이렇게 '하지 않으면 안 된다'는 것에 대해 사색해 보는 것이 좋다. 그리고 '무섭다고 생각한다'는 일에도 해본다. 무섭다고 생각하는 일을 떠올리고 연결된 공포와 그 상황을 모두 생각해 보는 것이다. 이 세 가지를 매일 해본다. 하루 20분이라도 좋다. 계속하면 어느 때를 경계로 놀랄만한 자기 해방감을 얻을 수 있다"(에릭소니언 NLP공부모임 카페 https://cafe.naver.com/allissstory/9023 2018.04.02.).

여기서 앵커를 제거하는 세가지의 단계를 발견할 수가 있습니다. 앵커의 의식화와 앵커의 무력화와 앵커를 전환하는 것입니다. 사실 이러한 작업은 전문가의 가이드가 없이 홀로 할 수 있는 것이 아닙니다. 환자가 자신의 상처나 질병을 수술할 수 없는 것과 같습니다. 만약 스스로 할 수가 있다면 그것은 더 이상 문제가 아닐 것입니다. 그럼에도 불구하고 이러한 과정을 알고 이해하는 것은 탈세뇌에 많은 도움이 됩니다.

신천지에 속한 대다수의 사람들의 마음속에 위험한 앵커들이 숨겨져 있습니다. 이것을 이해하고 그들에게 접근해야 합니다. 그렇지 않고 일반적으로 생각하고 접근하면 언제든지 그들 안의 폭발물을 건드려 감정적으로 문제가 터지게 되고 돌아올 수 없는 관계 단절이 일어나게 되는 것입니다. 이 글을 쓰는 순간 이단상담전문가 분들의 모습이 떠오릅니다. 방호복을 입고 폭탄들을 처리하는 그분들에게 감사와 존경의 마음을 올려드립니다.

# 4장.
## 외상 후 스트레스 장애 처리

## 1. 문제의 증상

### 1) 심리적이고 정서적인 문제의 증상

신천지에서 나온 사람들은 대부분 심리적이고 정서적인 문제들을 나타냅니다. 그것이 바로 세뇌의 후유증입니다. 사람에 따라서 또는 신천지에서 있었던 상황에 따라서 정도는 다르지만 탈신천지 후에 외상 후 스트레스장애(PTSD)의 증상과 유사한 증상들을 발견합니다. 외상 후 스트레스 장애는 생명에 위협이 되는 사건을 경험한 사람들에게서 나타나는 현상입니다. 예를 들면 전쟁 또는 전투에 노출되었거나 아동기의 성적 혹은 신체적 학대 그리고 테러를 당한 사람들에게 나타나는 현상인데 이런 현상이 왜 신천지에서 나온 사람들에게 보이는 걸까요?

〈사례〉 5년을 신천지에 있다가 나온 사람의 간증 (구리 이단상담소)

"나에게 있어 내 목숨과 바꿀 수 있는 내 인생 그 자체였던 신천지를 내가 부인한다는 것은 내 존재 자체를 부인하는 그런 느낌이었거든요. 아니라는 생각이 들었을 때 머리로는 알아도 인정이 안 되었습니다. 인정하고 싶지 않았던 것이죠. 하루아침에 사고로 온 가족을 잃어버린 아픔?

이 정도로 표현이 될 것 같습니다. '틀려도 가겠노라' 속으로 그 말만 되뇌고 있었는데 내가 신천지에서 양육했던 수많은 학생들과 동역자들이 떠오르는 겁니다. 나의 모든 것이 깨지고 마치 환상·꿈이 깨지는 것 같아 '그냥 모르는 채 신천지 안에서 소망을 보며 몸은 힘들어도 행복했던 그 시절 속에서 살았더라면'이라는 생각이 들면서도 거짓으로 하고 있는 이만희 씨를 비롯하여 수뇌부들이 용서가 안 되는 것입니다…."

이 간증에서 신천지를 나온 이들에게 외상 후 스트레스 장애의 증상들이 왜 나타나는지를 짐작하게 됩니다. 그만큼 신천지에서 나온 것이 큰 충격이었다는 방증인 것입니다.

2) 외상을 경험한 사람들에게서 나타나는 일반적 반응
  · 미래에 대해 희망이 없다.
  · 외톨이라는 생각이 들거나 타인에 대한 관심이 없어진다.
  · 집중을 하거나 결정을 내리기 어렵다.
  · 갑작스러운 소리에 예민하거나 쉽게 놀란다.
  · 경계하는 느낌이 들며 과민하다.
  · 괴로운 꿈을 꾸거나, 기억이 떠오른다(플래시백).
  · 직장이나 학교생활에 곤란을 느낀다.

　　신천지에서 나온 사람들에게서 이상의 반응이 나타난다는 것은 이들에게 적절한 심리적인 치료가 필요하다는 뜻입니다. 이런 스트레스 반응은 며칠 또는 몇 주 지속되다가 대부분은 시간이 지나면서 천천히 나아지게 되지만 적절한 목회상담은 이들에게 더 좋은 변화와 회복의 시간을 단축시켜 줄 수 있습니다.

## 2. 목회 상담의 필요성

　　외상 후 스트레스 장애의 경우 대표적인 치료방법으로 인지치료법과 약물

치료법이 있습니다. 그런데 인지치료법은 목회상담과 관련이 깊습니다. 따라서 신천지에서 나온 사람들을 회복시키는 과정에 목회 상담과정을 이수한 목회자들의 손길이 필요합니다.

## 1) 개인을 위한 인지치료

신천지의 세뇌는 의존성을 강화하고 수동적인 사람으로 변화시킵니다. 그래서 이들을 향한 인지치료의 방향은 스스로 생각하고 판단하고 행동하게 하는 방향으로 나아가야 합니다. 단지 드러난 증상만 처리하는 것에 국한해서는 안 됩니다. 그래서 성경적 자아상의 회복이라고 하는 큰 그림을 가지고 인지치료에 임해야 합니다.

① 닐 앤더슨의 「내가 누구인지 이제 알았습니다」와 「이제 자유입니다」는 신천지에서 나온 사람들의 자아상을 회복하는 데 많은 도움을 줍니다. 이 책들에서 가르치는 핵심적인 내용은 우리가 누구인지를 아는 것의 중요성입니다. 특히 그리스도 안에서 내가 누구인지를 보게 하는 것입니다. 그리고 그 안에서 나의 가치를 알고 그 가치에 맞게 생각하고 행동하는 법을 배우는 것입니다.

「이제 시작입니다」의 책의 차례에서는 회복의 과정이 어떻게 진행되는지를 보여줍니다.

1과    내가 누구인지 이제 알았습니다 (연구)

2과    우리의 가치

3과    성령께서 나를 주장하게 하라

4과    믿음대로 사는 삶

5과    마음의 전쟁에서 승리하라

6과    감정에 좌우되지 말고 감정을 지배하라

7과    사람들은 관계 속에서 더 성숙한다

8과    자유할 수 있는데 왜 갇혀있는가?

9과   마귀의 활동을 버려두지 말라

10과  사단과 그의 파괴적인 졸개들을 인식하라

11과  유혹과 비난을 물리치라

12과  사단을 대적하라

13과  그리스도 안의 자유를 위한 단계

(닐 앤더슨, 「이제 시작입니다」, 죠이선교회출판부, 1992).

② 로렌스 크랩의 「성경적 상담학」에서 제시한 성경적 상담의 7단계 모델은 개인 상담에서 좋은 전략으로 쓰입니다. 이 과정들은 기본적으로 인지치료의 과정들을 따르고 있습니다. 이것은 영성훈련의 과정에서 사용되던 부분이기도 합니다. 이것은 꼭 신천지인들을 위한 사역이라기보다는 넓은 의미의 목양의 관점에서 준비되어야 할 부분이기도 합니다. 이 상담법의 핵심은 내담자의 그릇된 사고를 올바른 사고로 변화시키는 겁니다. 그릇된 사고를 확인하고 그것을 성경적 사고로 전환함으로써 당면한 삶의 문제에서 풀려나게 한다는 것입니다.

"너희는 유혹의 욕심을 따라 썩어져 가는 구습을 따르는 옛 사람을 벗어버리고 오직 너희의 심령이 새롭게 되어 하나님을 따라 의와 진리의 거룩함으로 지으심을 받은 새 사람을 입으라"(엡 4:22-24).

㉠ 7단계의 과정

문제 사고를 확인하고 변화시키는 단계들은 다음과 같습니다.

첫 번째 단계는 문제 감정을 확인하는 것입니다. 그래서 상담자는 그 신념을 둘러싸고 있는 부정적인 감정을 표현하도록 해야 합니다. 대부분의 내담자는 어떤 문제들에 붙들려 있는데 그 문제와 연관된 문제 감정들이 있습니다. 일반적으로 나타나는 문제의 감정들은 크게 네 부류로 나눌 수 있습니다. 그것은 자신의 목표 지향적인 행동이 장애물들로 인해 좌절되었을 때 나타나는 분노와 원망, 도달할 수 없는 목표 때문에 가지게 되는 좌절과 자기비하와 무기력, 실패에 대한 두려움, 마지막으로 자신의 목적을 소기 달성한 이후의 공허감이 그것입니다. 이때 상담자는 내담자의 문제 감정들- 불안, 원망, 죄책감, 절망 혹은 막연한 공허감들-을 통해서 그가 어떤 좌절감의 카테고리에 속했는지를 이해해야 합니다.

두 번째 단계는 목표를 향한 문제 행동을 확인하는 것입니다. 이것은 문제 감정이 일어날 때 내담자가 어떤 행동을 하고 있었는지에 대해 물어봄으로써 현재 내담자의 삶에서 어떤 목표 지향적인 행동이 어떻게 나타나는지를 찾으려는 것입니다.

세 번째 단계는 문제 사고를 확인하는 것입니다. 크랩은 권면적 상담의 제이 애덤스가 인간의 행동에 초점을 맞추고 행동을 변화시킴으로써 목적을 달성하려는 문제를 지적하고, 내담자의 문제적 행동을 일으키는 인간 내면의 태도와 신념의 문제를 다뤄야 한다고 주장했습니다. 따라서 이 단계에서는 문제적 행동을 하도록 만든 내담자의 문제적 사고 과정을 파악해야 합니다.

"그러나 너희 마음속에 독한 시기와 다툼이 있으면 자랑하지 말라 진리를 거슬러 거짓말하지 말라 이러한 지혜는 위로부터 내려온 것이 아니요 땅 위의 것이요 정욕의 것이요 귀신의 것이니 시기와 다툼이 있는 곳에는 혼란과 모든 악한 일이 있음이라"(약 3:14-16).

네 번째 단계는 성경적 사고를 분명하게 하는 것인데 인지 상담에서 가장 중요한 부분이기도 합니다. 내담자의 문제적 사고를 드러내고 성경적인 사고로 전환하게 하는 것입니다. 내담자의 문제적 사고를 성경에 비춰 보게 함으로써 내담자 스스로 옛 사고의 오류를 발견하게 하는 것입니다. 로렌스 크랩은 내담자들에게 그의 그릇된 가정을 카드 한 장에 기록하게 하고 다른 한 장에는 성경적 가정을 기록하게 한 뒤에

이 둘을 비교하고 어떤 것을 선택할 것인지를 스스로 선택하게 했다고 합니다. 이 단계에서는 내담자의 그릇된 가정을 성경적 사고로 변화시키고 그것을 분명히 하는 것이 중요합니다.

"오직 위로부터 난 지혜는 첫째 성결하고 다음에 화평하고 관용하고 양순하며 긍휼과 선한 열매가 가득하고 편견과 거짓이 없나니 화평하게 하는 자들은 화평으로 심어 의의 열매를 거두느니라"(약 3:17-18).

다섯 번째는 안전한 결단의 단계입니다. 이 단계는 내담자가 새롭고 올바른 사고에 부합하는 행동을 할 수 있게 스스로 결단하도록 지원하는 과정입니다. 내담자가 당면한 문제를 어떤 관점에서 봐야 하는지 그리고 어떤 선택을 해야 하는지를 결단하고 선택하게 합니다.

여섯 번째는 성경적 행동을 계획하고 수행하는 단계입니다. 이 단계에서 상담자는 내담자가 변화된 생각대로 새로운 행동을 실천할 수 있도록 실행 계획을 세우는 데 지원을 해야 합니다.

일곱 번째는 영적으로 조절된 감정을 확인하는 단계입니다. 이 단계에서 상담자의 역할은 변화된 내담자의 삶 속에서 고요함, 함께함, 그리고 평화로움과 같은 성령의 사역의 증거를 찾을 수 있도록 도와주고, 그를 통해서 삶의 즐거움을 누릴 수 있도록 지원해 주는 것입니다 (로렌스 크랩.「성경적 상담학」. 총신대출판부, p.184).

Ⓛ 7단계 상담의 사례

〈P 여인의 사례〉

30대 중반의 P 여인은 결혼한 지 십여 년이 지났고, 2남 1녀의 자녀들이 있으며 가정에 책임의식이 없이 백수로 살아가는 남편과 함께 살고 있습니다. P 여인은 오늘도 파출부로 나가 힘들게 일을 하다 집에 돌아와 보면 술에 취한 남편은 자고 있고 집안은 엉망진창으로 어질러져 있습니다. 그래서 집으로 돌아와서도 늘어진 빨래며 집안일을 해야만 했습니다. 더구나 자녀들은 초등학교 5학년, 3학년, 1학년에 재학 중이라 그들에게 들어갈 돈이 만만치 않아서 하루도 쉴 수가 없습니다. 요사이 P 여인은 내적으로 갈등이 심해져 갑니다. 남편이 술에 취해 소리를 치거나 폭력을 휘두르면 불현듯 지나간 남자들이 뇌리에 스쳐지나가고 가출하고 싶은 충동을 억제하기 어렵습니다. 남편을 보기만 해도 분통이 터져 견딜 수 없고, 자녀들을 쳐다봐도 화가 나서 때론 심한 징벌과 훈육으로 다스리게 됩니다. 아이들은 무섭고 짜증스런 엄마의 눈치를 늘 보고 있습니다. 이 여인의 유일한 낙이라고는 그래도 주일에 교회에 출석하여 설교 말씀으로 은혜를 받고, 나름대로 가정과 남편을 위해 기도하고 돌아오는 것이 전부입니다. 교회에 출석한지 벌써 3년이 되었으나 여전히 가정은 변화되지 않고 장래가 암담하고 가슴이 답답합니다. 이 공허한 P 여인의 삶의 문제는 무엇이며, 어떻게 하면 여기서 놓여날 수 있을까요?

ⓒ 7단계의 적용

첫째, P 여인의 문제 감정 : 분노와 원망

둘째, P 여인의 문제 행동 : P여인은 화가 나면 두 가지의 행동양식을 나타냈습니다. 한 가지는 자신의 분노를 어린 아이들에게 투사하는 것입니다. 마치 아이들 때문에 자신이 이런 문제를 경험하게 되는 것처럼 말입니다. 실제로 그녀는 아이들이 없었다면 벌써 가출했을 것입니다. 다른 한 가지는 망상의 세계로 빠져 들어가는 것입니다. 현실에서는 맛볼 수 없는 것을 망상의 세계 속에서 얻게 됩니다. 그리고 그것은 대부분 불륜과 연관된 상상들이었습니다.

셋째, P 여인의 문제 사고 : P 여인의 문제 사고를 확인하기 위해서 먼저 점검해야 하는 것은 P 여인이 자신의 중요성과 안전을 채우고자 하는 목표가 무엇인가를 확인하는 것입니다. 여기에 그녀의 잘못된 가치관, 신념의 기본적인 문장들이 포함됩니다. 대부분의 여인들이 그렇듯이 그녀는 행복한 가정을 꿈꾸었습니다. 경제적으로도 가정적으로도 안정된 가정을 말입니다. 그러나 그녀의 현실은 그녀의 꿈과 달랐고, 그것이 그녀의 마음속에 [만약 ~했더라면 ~했을텐데]라는 신념의 문장과 대치가 되고 있었던 것입니다. 그래서 가정에서 도피하고 싶었고 불륜을 통해서라도 사랑의 욕구를 채우고 싶었던 것입니다.

넷째, P 여인의 성경적 사고로의 전환

　　P 여인의 문제 사고의 뿌리는 하나님과 그리스도 안에서 채워야 할 것을 남편과 가정과 자녀들을 통해서 얻으려고 했던 것에 있습니다. 그리고 그것이 좌절되자 화가 나고 가출을 하고 싶었던 것입니다. "너희 안에 이 마음을 품으라 곧 그리스도 예수의 마음이니"(빌 2:5). "내게 능력 주시는 자 안에서 내가 모든 것을 할 수 있느니라"(빌 4:13). 상담자는 내담자에게 이 말씀을 마음에 심고 이 말씀에 복종하도록 요청합니다.

다섯째, P 여인의 회개와 결단

　　자신의 결핍을 채우기 위한 도구로 남편과 아이들을 바라본 것에 대해서 그리고 자신의 생각으로 판단하고 심판한 것에 대해서 회개해야 합니다. 그들의 결핍과 아픔을 이해하기보다는 정죄하고 사랑으로 받아들이지 못한 것에 대해서 회개해야 합니다. 그리고 하나님의 말씀을 마음의 신념으로 삼아서 자신을 드리는 결단을 하게 합니다.

"그러므로 너희는 죄가 너희 죽을 몸을 지배하지 못하게 하여 몸의 사욕에 순종하지 말고 또한 너희 지체를 불의의 무기로 죄에게 내주지 말고 오직 너희 자신을 죽은 자 가운데서 다시 살아난 자 같이 하나님께 드리며 너희 지체를 의의 무기로 하나님께 드리라 죄가 너희를 주장하지 못하리니 이는 너희가 법 아래에 있지 아니하고 은혜

아래에 있음이라"(롬 6:12-14).

여섯째, P 여인의 성경적 행동

남편의 무기력함을 긍휼히 여기고 그의 부족함을 메우는 것이 자신의 할 일임을 받아들이고 그를 사랑으로 대하고 섬기려는 행동들을 합니다. 이것을 위해서 구체적으로 어떤 일들을 할 것인지를 정하게 됩니다. 그리고 부모의 사랑의 부족으로 문제를 일으키는 아이들을 위해서도 기도할 뿐만 아니라 인내와 사랑으로 대하고 함께 할 수 있는 상황들과 여건들을 만들어 나갑니다.

"그러므로 무엇이든지 남에게 대접을 받고자 하는 대로 너희도 남을 대접하라 이것이 율법이요 선지자니라"(마 7:12).

일곱째, P 여인의 성경적인 감정 : P 여인이 자신의 결핍을 채우려는 목적이 아니라 다른 가족들의 결핍을 인식하고 채우기 시작함으로써 긍정의 선순환이 일어나게 됩니다. 그래서 주님께서 주시는 평강이 그녀와 그녀의 가정에 깃들기 시작합니다.

"평안을 너희에게 끼치노니 곧 나의 평안을 너희에게 주노라 내가 너희에게 주는 것은 세상이 주는 것과 같지 아니하니라 너희는 마음에 근심하지도 말고 두려워하지도 말라"(요 14:27).

"오직 성령의 열매는 사랑과 희락과 화평과 오래 참음과 자비와 양선과 충성과 온유와 절제니 이 같은 것을 금지할 법이 없느니라"(갈 5:22-23).

이런 상담의 방식은 그리스도인들의 삶에 대한 근본적인 질문과 그 대답에 대한 것이기도 합니다. 그런데 또한 이것은 신천지인들의 말씀을 대하는 관점을 바르게 잡아주는 데 도움이 됩니다. 신천지인들의 새 언약에 대한 이해와 적용에 깊은 연관이 있기 때문입니다.

"여호와의 말씀이니라 보라 날이 이르리니 내가 이스라엘 집과 유다 집에 새 언약을 맺으리라 이 언약은 내가 그들의 조상들의 손을 잡고 애굽 땅에서 인도하여 내던 날에 맺은 것과 같지 아니할 것은 내가 그들의 남편이 되었어도 그들이 내 언약을 깨뜨렸음이라 여호와의 말씀이니라 그러나 그 날 후에 내가 이스라엘 집과 맺을 언약은 이러하니 곧 내가 나의 법을 그들의 속에 두며 그들의 마음에 기록하여 나는 그들의 하나님이 되고 그들은 내 백성이 될 것이라 여호와의 말씀이니라"(렘 31:31-33).

우리의 마음에 하나님의 말씀을 둔다는 의미를 신천지인들은 어떻게 생각할까요? 그들은 성경을 많이 읽고 외우는 것이라고 생각합니다. 그래서 새 언약 이행 시험을 치르는 것입니다. 그러나 하나님의 말씀을 마음에 둔다는 의미는 말씀을 바탕으로 생각하는 것을 의미합니다. 물론 말씀을 많이 외우는 것은 좋습니다. 그러나 아무리 말씀을 많이 외워도 그 말씀을 바탕으로 살아가는 것이 무엇을 의미하는지를 바르게 이해하지 못하면 말씀을 마음에 두는 것이 아닙니다. 여기서 우리는 신천지 강사들이 성경은 많이 알지만 왜 기독교화되지 못하는가를 알게 됩니다. 말씀을 바탕으로 생각하는 것이 아니기 때문입니다. 신천지인들을 완전히 바꾸기 위해서는 이 훈련이 필수적으로 요구됩니다.

## 2) 가족을 위한 대화 – 가족 치료

신천지에서 나온 사람들에게 빠뜨리지 않아야 하는 것은 가족 치료입니다. 가족 치료가 필요한 이유는 크게 두 가지입니다. 한 가지는 신천지에 들어가기 전에 이미 가정적으로 문제가 있었던 경우입니다. 가정의 문제를 회피하려고 신천지로 들어간 케이스를 말합니다. 다시 집으로 돌아왔는데 여전히 동일한 문제들을 만나게 되면 그는 다시 신천지나 다른 곳으로 가버릴 가능성이 큽니다. 그래서 가족 치료가 필요합니다. 두 번째는 신천지로 들어가는 과정과 나오는 과정 중에 가족들이 입은 심리적인 상처와 관계적인 문제를 다루어야 합니다. 신천지에서 나왔기 때문에 다 괜찮다고 덮어버려서는 안 됩니다. 그것이 나중에 다른 정서적인 문제로 터져 나오기 때문입니다. 가족 치료는 가족 전체가 참여하는 상담형태로 진행합니다. 상담자는 가족이 의사소통하고, 좋은 관계를 유지하며, 서로의 감정에 더 잘 대응할 수 있도록 돕습니다. 가족 치료는 가족 구성원 간의 관계구조와 상호작용을 변화시켜 대인관계 기술과 적응능력을 향상시킴으로써 개인과 가족이 건강하고 기능적인 생활을 하도록 도움을 주는 것입니다.

목회자들이 할 수 있는 가족 치료의 실제적인 방법으로 대화가족치료를 소개해드립니다. 대화가족치료 이론은 그레고리 벳슨에 의해 만들어졌는데 대화의 원리를 이해하고 대화의 역기능적인 부분들을 점검하고 바로잡아 대화로 인해서 무너진 관계들을 회복하는 치료입니다. 대화 치료에서 점검하는 기본적인 질문은 다음과 같습니다.

① 우리 가족에 있어 대화의 태도는 어떤 관계입니까?
　(경직, 수직, 평등, 유연)
② 역기능 대화의 요소를 발견해내고 이야기해 봅시다.
③ 대화의 원천을 부정하는 것
④ 대화의 내용을 부정하는 것
⑤ 대화를 받는 사람을 부정하는 것
⑥ 대화의 맥락을 부정하는 것

- 이것들을 분석하기와 해석하기 그리고 조정하기의 순서로 나아갑니다.
　나의 성장과정과 관련하여 내 안에 각인된 지각체계는 무엇이며, 그로 인한 역기능적인 삶의 내용은 무엇입니까?
- 대화 치료에서 빠질 수 없는 것은 가계도의 분석을 통해서 가정 안에서 어떤 유형의 관계가 형성되었는지를 발견하게 해서 무의식적으로 형성된 인식을 변화시키게 합니다.

### 3) 소그룹 집단 상담

신천지에서 나온 사람들이 공통적으로 경험하는 감정 중의 하나는 외로움입니다. 신천지 안에서는 강한 유대감으로 정신없이 목표를 달성하기 위해서 살았습니다. 그런데 그곳을 나오고 나니 목적지를 잃어버린 사람처럼 마음 한편에 심각한 심리적인 공허감이 있더라는 것입니다. 물론 가족들은 여전히 자신을 사랑하고 잘해주려고 하지만 그럼에도 불구하고 그들이 지금 자신의 느낌을 공감하고 이해하기에는 벽이 너무나 높다고 여겨집니다. 그래서 겉으로는 아무리 괜찮은 것처럼 보이려고 해도 고독감을 떨칠 수가 없습니다.

소그룹 집단 상담은 바로 이런 사람들에게 도움을 줍니다. 왜냐하면 비슷한 문제로 고통 받는 사람들과 서로 이야기를 나눔으로써 많은 위로를 받기 때문입니다. 또한 집단에서 본인이 겪고 있는 것을 이해해 줄 수 있는 다른 사람들과의 새로운 관계를 만들도록 도와줄 뿐만 아니라 분노, 죄의식, 부끄러움, 공포 등의 감정에 어떻게 대처할지를 배우며, 집단과 공유함으로써 자신감과 신뢰를 회복하는 데 도움을 받을 수 있습니다.

여기서는 칼 로저스 계열의 참만남 집단 프로그램을 제안합니다.

"참만남 집단은 인간관계 개선 집단으로, 타인과의 개방적이며 정직한 관계를 경험하는 '지금 – 여기'의 원리를 강조하면서, 개방성과 솔직성, 대인적 직면, 그리고 직접적인 정서적 표현을 격려한다. 인간의 자아인식과 사회에 대한 각성을 증가시키고 행동을 변화시키고자 실시되는 집단 상담을 말한다. 또한 참만남은 인간의 더 나은 기능을 위해 장애물을 제거하는 일에 초점을 맞추는 요법이며 개인이 지니는 능력을 가장 만족스럽게 사용할 수 있도록 하는 조건을 창조하려고 시도하는 것으로써 교육활동이기도 하고 종교 활동이기도 하다."

소그룹 집단 상담 과정을 조금 소개하자면 다음과 같습니다.

(1) 초기단계 Initial stage

    ① 오리엔테이션 및 방법제시

    ② 참여자 소개

    ③ 나는 어떤 사람인가?


(2) 전환단계 Transition stage

    ④ 신뢰감 형성

    ⑤ 죽음의 연습

    ⑥ 말 전하기


(3) 성숙단계 Working stage

    ⑦ 생활 자세

    ⑧ 가치관의 명료화

    ⑨ 자기노출

    ⑩ Feedback 주고받기

    ⑪ 생애 설계

    ⑫ 장점과 단점


(4) 종결단계 final stage

    ⑬ 마무리

# 5장.
## 프레임의 재구축

신천지 교리를 세뇌 받은 사람은 사고 프레임에도 심각한 문제를 가집니다. 이들은 성경을 읽거나 설교를 듣다가도 자꾸만 신천지식으로 생각하고 비교를 하게 됩니다. 그래서 자신이 아직도 변화가 덜 된 것 같은 두려움이 들기도 합니다. 이것은 그 사람들에게 프레임 재구축이 필요하다는 사인입니다. 그런데 신천지에서 교육을 받은 사람은 프레임의 변화에 대한 경험을 가지고 있기 때문에 그렇지 않은 사람들에 비해서 훨씬 빠르게 적응을 하는 장점도 있습니다.

"너희는 유혹의 욕심을 따라 썩어져 가는 구습을 따르는 옛 사람을 벗어 버리고 오직 너희의 심령이 새롭게 되어 하나님을 따라 의와 진리의 거룩함으로 지으심을 받은 새 사람을 입으라"(엡 4:22-24).

### 1. 이니시에이션initiation 의 역전

신천지는 입교하는 것을 유월이라고도 합니다. 그것은 이스라엘 백성들이 애굽에서 벗어날 때 사용된 용어입니다. 그래서 그들은 유월이라는 단어에 특별한 의미를 추가합니다. 이런 의미 두기를 '이니시에이션'이라고 합니다. 이

단어는 '입문, 가입'을 뜻하는데 흔히 '통과제의의 문턱에 들어선다'는 뜻으로 쓰입니다. 사람이 태어나 죽을 때까지 거치게 되는 탄생, 성년, 결혼, 죽음 등에 뒤따르는 의례가 곧 '통과제의'가 됩니다. 이런 과정은 개인이 속한 집단 내에서의 신분 변화와 새로운 역할 획득을 의미합니다. 신천지로 유월할 때에 자기 마음에 이제 자신은 일상 사회에서 분리되어 세뇌집단의 일원이 되었다는 자각이 무의식 내부에 각인됩니다. 그 기억은 차츰 약해져 가지만 그 효과는 영속적으로 나타납니다. 그래서 이런 이니시에이션의 억압된 효과를 무기력화하여 역전시켜야 합니다.

1) 의식 수준에 있는 이니시에이션의 상징적인 의미를 재해석시켜야 합니다. 신천지 교인이 될 때에 마음에 새긴 각오나 맹세들을 다시 드러내게 하고 이것들이 잘못된 각오와 맹세였음을 스스로 인정하고 버리게 해야 합니다. 그 맹세들을 종이에 쓰고 태워버리는 의식도 효과가 있습니다.

2) 무의식적인 수준에서 억압된 이니시에이션의 심적 외상의 효과를 무기력화시켜야 합니다. 신천지에서 치르는 각종 의식이 갖는 의미에 관해 논리적으로 재해석하는 작업을 해야 합니다. 예를 들어서 신천지에서는 세 가지 절기들을 지키는데 유월절과 초막절과 수장절이 그것들입니다. 그런데 여기서 초막절과 수장절은 동일한 절기입니다. 성경사전을 보면 "유월절(무교절)과 칠칠절(오순절, 맥추절, 초실절)과 함께 이스라엘 백성의 3대 축절의 하나로, 최대의 축제. 수장절이라고도 부른다Feast of ingathering. 새 번역의 요 7:2에는 장막절로도 역하고 있다. 이 절기에 관한 규정은, 레 23:34-43, 민 29:12-40에 자세히 기록되어 있다"고 설명하고 있습니다. 이만희 교주가 성경지식이 부족해서 이 둘을 다른 것으로 착각한 것임에도 불구하고 신천지는 이 절기들을 다년간 지켜왔습니다. 그래서 이제는 바꿀 수 없어서 계속 그렇게 지키고 있습니다. 이런 것들을 논리적으로 지적하면 신천지에서 행했던 다른 많은 의식들에 대한 의심이 생기게 되고 그것의 영향권에서 멀어지게 됩니다.

## 2. 의식 아래에 있는 정보의 무력화

이 작업은 무의식 수준에 매설된 룰베이스(관습의 토대)를 무기력화하는 것입니다. 신천지 안에서 만들어진 독특한 습관이나 규율들을 어기게 되면 앵커가 작동을 하게 됩니다. 그런데 그것을 논리적으로 설명하는 것은 그들에게 도움이 되지 않습니다. "신천지를 나왔으니 이제는 그렇게 해도 무방하다" 등의 말이 대표적입니다. 미신에 찌든 사람이 이사하면 좋지 않은 날이라고 해서 이사를 하지 않으려고 하는데 그것을 미신이라고 말한다고 해서 해결되지 않는 것과 같습니다. 앵커를 통해서 드러나는 부정적인 감정이나 느낌을 다른 방향으로 전환하게 해야만 도움이 됩니다.

어떤 룰베이스를 무력화하려고 하면 다른 룰베이스를 만들어 적용하게 해야 합니다. 신천지에서는 이렇게 하였지만 교회의 룰은 어떤 것이며 그것은 어떻게 역사하는지를 가르치고 그것으로 전환하게 합니다. 그런데 이것은 한 번에 이루어지지 않습니다. 우선은 룰의 방향성을 변경하여 무의식 수준에서 조작에 확실히 성공한 다음에 지속적으로 변경을 시도해야 합니다.

## 3. 사회적 어휘화

사회화 어휘의 수법이라는 것은 일반 사회에서 사용하는 용어로 대화하게 함으로써 세뇌되기 이전으로 되돌리는 작업입니다. 이것은 의식 및 무의식 수준에 걸린 세뇌의 작동을 멈추게 하는 방법이기도 합니다. 신천지에는 자신들끼리만 사용하는 독특한 용어와 이름과 행동들이 있습니다. 신천지는 지파에 소속되고 그 지파의 일원으로 소개가 되는데 이것은 그들에게 엘리트 의식이나 우월감을 자각시키려는 것입니다. 또한 이들은 자신들만의 단어를 사용하는데 그것은 일상적인 언어가 갖고 있는 본래의 의미를 잊고 일상 사회의 의미와 상반된 개념을 갖게 하여 일상적인 인간관계의 고리를 약하게 만드는 효과를 노리는 것입니다.

"영적 착취집단들은 독자적인 언어를 개발하여 자신들의 구원론이나 이
념을 규정하거나 표현한다. 무엇보다 핵심적 구원개념을 표현하는 어
휘들을 규정하여 이 개념들을 임의대로 독자적 내용으로 채우고 정의한
다"(위고 슈탐. 「사이비종교」. 홍성사. 1997, p163).

사회화 어휘 수법은 내용적으로 간단합니다. 원래의 단어의 의미로 해석하
게 하는 것입니다. 나무를 나무로, 하늘을 하늘로 이해하게 하는 겁니다. 그래
서 당분간 국어공부를 다시 해야 하고 신천지에서 사용하던 용어를 의도적으
로 버리게 해야 합니다. 예를 들어 지파 의식에서 벗어나게 하기 위해서 예수
님의 제자들의 이름으로 만든 지파를 이스라엘 지파의 이름으로 부르게 하는
것도 한 방법입니다. 베드로 지파에서 있었던 사람이라면 르우벤 지파로 부르
는 것입니다. 그것은 신천지에서 체험했던 기억과 단절하게 하기 위한 것인데
효과가 좋습니다.

〈사례〉 신천지에서 사용하는 용어들

| S, 식구 | 신천지 교인들끼리 신천지를 지칭할 때 부르는 은어. |
|---|---|
| 잎사귀(섬김이) | 전도 어시스트. 바람잡이, 스파이 역할. 센터(신학원)에서 열매와 짝꿍을 하고 처음 듣는 사람인 것처럼 연기를 하며 감시하는 신천지 교인을 말한다. |
| 열매 | 신천지 신도가 아닌 자, 전도 대상자 |
| 이방인 | 신천지 신도가 아닌 자. |
| 바벨교회 | 일반교회. 타 사이비 종교도 포함한다. |
| 바벨(론) 탐방 | 기성교회 예배에 출석해서 설교를 듣고 신천지의 교리와 비교하게 하는 행위 |
| 활동 | 길거리 전도 |
| 시온산 | 신천지 교회 |

| 밥 먹다 / 씻으러 가다 | 매일 신천지 교회에 가서 강사님 말씀을 듣는 것 (말씀=양식/물이라는 신천지 내 교리에 의해 사용되는 은어 개념) |
|---|---|
| 추수 | 지인(잎사귀)을 통해 신천지에 입교하다. |
| 추수밭 | 기성 교회. 여기서 알곡(신자)들을 추수(전도)한다는 개념. 원래는 이런 교리였으나 최근에 추수밭이 세상으로 변개됐다. |
| 영벌 | 신천지에 결국 들어오지 못하면 받는 영원한 벌. |
| 추수꾼 | 추수밭(기성교회)에 잠입하여 신도들을 추수하거나 교회를 뺏어버리는 임무를 담당하는 일종의 공작원. |
| 알곡 | 고 등급 전도 대상자 |
| 가라지 | 하 등급 전도 대상자. 주로 C급 |
| 개, 돼지 | 배도자. 신천지에서 탈퇴한 사람, 기성교회의 목회자 |
| 뱀 | 대적자. 신천지와 적대 관계에 있는 사람을 칭한다. |
| 말씀 도둑 | 신천지에 입교하지 않고 신학원만 수강하고 나간 사람 |
| 산 옮기기 | 기성 교회에 추수꾼들을 침투시켜서 교회를 뺏어버리는 작업 |
| 유월 | 기성교회에서 신천지 교회로 넘어옴 |
| 특전대 | 전도활동만을 위해 결성되는 일종의 특수부대로 전도 특공대라고도 부른다. |
| 모략 | 거짓말, 속임수 |
| 하늘연기자, 천국탤런트 | 모략으로 치부되는 일종의 연기와 콘셉트가 자기들이 보기에도 완벽하다고 생각되어 스스로 자부하는 이름 |
| (승리의) V 손 모양 | 언어는 아니지만 자신들끼리 아군임을 인증하는 일종의 수신호. 보통 V 손 모양을 검지와 중지를 펴서 만드는 게 일반적인데, 신천지 교인들은 엄지와 검지로 V 모양을 만든다. |
| 선악과 | 인터넷, 미디어 매체(주로 신천지의 실체를 폭로하는 자료들), 대적자의 미혹 행위 |

| 침 맞는다 | 선악과라고 불리는 인터넷을 비롯한 미디어매체에서 신천지 비방 글이나 실체 폭로 자료를 봐버림. 또는 포섭 단계에서 열매(전도 대상자)가 신천지인 것을 눈치 채버림 |
|---|---|
| 찾기 | 전도 대상자를 찾고 만나면서 전도에 합당한 사람인지 파악하는 단계 |
| 맺기 | 상부의 결제를 거친 후 전도 승인을 받기까지의 단계 |
| 따기 | 전도 대상자의 자세한 신상정보를 파악하고 복음방으로 유도하는 단계 |
| 은사치기 | 은혜와 사랑을 친다는 뜻으로 전도 대상자가 신천지를 못 떠나게 하는 모든 행위들. |

## 4. 교리 교육 훈련

신천지에 넘어간 사람들의 공통점 중에 하나는 교리 교육을 철저하게 받지 못했다는 것입니다. 일반 교회의 제자훈련과 교리 교육은 비슷한 것 같지만 강조점이 다릅니다. 제자훈련의 핵심은 말씀의 생활화입니다. 그런데 교리 교육은 성경의 핵심 원리를 이해하고 적용하는 것입니다. 이전의 한국교회는 교리를 강조하고 교리 교육을 많이 시켰지만 제자훈련이 들어온 이후에는 많이 가르치지 않습니다. 이렇게 교리가 확실하지 않은 상태에서 신천지의 교리를 접하게 되면 힘없이 무너지게 됩니다.

1) 성경적인 구원론

신천지에서 돌아온 사람들은 행위적인 구원, 조건적인 구원론으로 전환이 되어있기 때문에 이것을 먼저 점검하고 성경적인 구원론으로 전환을 시켜야 합니다. 그런데 성경적인 구원론 즉 예수님께서 십자가에서 이미 이루신 구원을 믿음으로 받아들이는 부분을 바르게 인식하기만 하면 어떤 신천지인이라

해도 진정한 탈세뇌가 됩니다. 바싹 깨진다는 것입니다. 이단 상담 전문가들이 이단 상담은 구원 상담이라고 말하는 것은 이런 이유 때문이기도 합니다.

　　"복음에는 하나님의 의가 나타나서 믿음으로 믿음에 이르게 하나니 기록된 바 오직 의인은 믿음으로 말미암아 살리라 함과 같으니라"(롬 1:17).

　　이 구절은 마틴 루터를 변화시킨 말씀이고 요한 웨슬레를 회심시킨 구절이며 수많은 사람들을 변화시킨 구절입니다. 우리의 구원은 우리의 노력에 있는 것이 아니라 하나님께서 아들이신 예수를 통해서 이루신 그 의를 믿음으로 받아들이는 데 있습니다. 그리고 이 믿음만이 믿음의 대상인 하나님께 이르게 합니다. 문제는 이 구절을 아는 것을 넘어 깨달아야 합니다. 그러기 위해서는 구원론에 대한 선명한 인식이 전제가 됩니다. 그렇게 되면 우리는 육신으로 행하는 삶에서 믿음으로 행하는 삶으로 전환이 되는 것입니다. 그래서 로마서를 중심으로 한 믿음으로 말미암는 의와 구원에 대한 정확한 가르침이 필요합니다. 그러니까 구원론의 영역에서는 신천지의 계시록의 구원론과 개신교의 로마서의 구원론의 싸움이라고 보면 이해가 빠를 것 같습니다.

## 2) 성경적인 교회론

　　신천지는 자신들만 진정한 교회이고 다른 교회는 바벨론 교회라고 정죄합니다. 그렇다면 이들의 교회론을 어떻게 대응해야 할까요? 신천지의 교회론은 계시록을 바탕으로 하고 있습니다. 그런데 개신교의 교회론은 에베소서를 바탕으로 하고 있습니다. 하나님께서 디자인하신 교회가 얼마나 영광스러운지를 에베소서를 바탕으로 그들에게 가르쳐야 합니다. 하나님께서 디자인하신 교회는 과천에 본부를 두고 12지파를 통해서 세워지는 신천지의 교회가 아니라 예수님으로 인하여 시작되고 역사를 따라 이어져온 우주적인 교회인 것입니다. "교회는 그의 몸이니 만물 안에서 만물을 충만하게 하시는 이의 충만함이니라"(엡 1:23).

### 3) 성경적인 종말론 - 계시록 해석

　신천지인들을 재교육함에 있어서 계시록 교육의 중요성은 아무리 강조해도 부족하지 않습니다. 그리고 기존의 성도들에게도 계시록에 대한 반복적인 교육이 필요합니다. 듣고 아는 정도에서 신천지와 논쟁을 할 정도로 수준을 올려야 한다는 것입니다. 신천지의 추수꾼들은 우리나라의 모든 종교에 파고 들어갔습니다. 천주교에도 들어가고 불교에도 중으로 변장을 하고 들어가서 전도합니다. 그런데 이들이 들어가지 못한 3개의 종교단체가 있습니다. 그들은 안식교와 몰몬교와 여호와의 증인입니다. 신천지 교단에서 추수꾼들에게 이 단체들에는 들어가지 말라는 경고를 내렸다고 합니다. 그 이유는 무엇일까요? 들어가서 작업을 해도 추수가 안 되기 때문입니다. 그렇다면 이들에게는 어떤 비결이 있을까요? 그래서 이들의 어떤 면이 신천지를 방어하고 있는지를 살펴보았습니다. 이들 세 단체는 한국교회에서 이단으로 정죄를 받는 단체입니다. 이들은 자신들의 교리에 대한 철저한 공부와 반증 훈련이 되어있습니다. 그래서 추수꾼들의 흔들기에 넘어가지 않았던 것입니다. 여기에 더하여 이 단체들은 계시록에 대한 자신들만의 해석을 가지고 있습니다. 그렇다고 해서 그들의 계시록 해석이 옳다는 말이 아닙니다. 그럼에도 어찌되었든지 신천지의 계시록 해석에 비하면 훨씬 나은 해석을 가지고 있었던 것입니다. 그래서 신천지 추수꾼들이 이들과의 논쟁에서 이기지 못하고 나오게 된 것입니다.

　그러니까 교회들이 이제라도 확실하게 계시록을 가르쳐야 합니다. 이해를 위해서가 아니라 논증을 위해서 가르쳐야 합니다. 그것도 신천지와 싸워서 이길 정도로 말입니다. 그런데 계시록의 교육에 있어서 넘어야 할 난제가 있습니다. 그것은 교단마다 목회자들마다 계시록에 대한 견해가 다르다는 것입니다. 즉 계시록 해석에 통일성이 없다는 점입니다. 그래서 신천지에서는 정통교회가 계시를 문자로 푼다고 오도하고 그 사례로 여러 목회자들의 각각의 해석을 증거로 삼았습니다. 그리고 사람마다 다른 해석이 바로 인학의 증거라고 합니다. 신천지에서 나온 사람들이 가장 많이 질문하는 것은 "신천지에서 말하는 계시록의 짐승 일곱 머리 열 뿔이 잘못되었다는 것은 알겠는데 그렇다면 일곱 머리 열 뿔은 무엇을 말하느냐?"는 것입니다. 최소한 이런 질문에 대한 답은 준비되어있어야 합니다.

종교개혁자들은 계시록에 등장하는 7머리 10뿔 즉 적그리스도가 교황이라고 공통적으로 동의하고 있습니다.

- 존 칼빈 (1509~1564) "나는 교황이 그리스도의 대리자가 됨을 부인한다. 그는 복음을 맹렬히 핍박하는 가운데 자신이 적그리스도라는 것을 그의 행실을 통해 증명한다. 나는 그가 베드로의 후계자가 되는 것을 인정하지 않는다. 나는 그가 교회의 머리가 되는 것을 부정한다."(John Calvin, 「Tracts」, Vol. 1, p.219, John Calvin, Institutes.).

- 존 웨슬리 (1703~1791) "죄의 사람은 그가 지나치게 모든 죄의 방법을 증가시킴에 따라 강력한 상황에 있다. 그는 수많은 사람들, 그의 반대자들과 그의 추종자들 모두의 죽음의 원인이기에 멸망의 아들이라 불리는 것이 매우 적합하다... 교황은 신이라 불리는 모든 것 위로 스스로를 높이고, 가장 큰 능력과 가장 높은 영광, 그리고 오직 하나님에게만 속해있는 특권을 주장하며 스스로를 숭배하는 자이다."( Albert Close, 「Antichrist and His Ten Kingdoms」, London: Thynne and Co., 1917, p.110).

데살로니가후서 2장 3절에 대한 요한 웨슬리의 주석 : "여러 면에서 볼 때, 교황은 그러한 명칭을 가질 만한 자격이 있다. 그는 바로 불법의 사람이며, 모든 죄를 극도의 형태로 발전시켰다. 또한 그는 멸망의 아들이라는 잘 어울리는 이름으로 불린다. 그는 자신의 추종자와 적을 포함하여 수많은 사람을 죽음에 이르게 하였고, 많은 영혼을 파멸시켰으며 자기 자신도 영원히 멸망시킬 것이다. 합법적인 자신의 군주에게 반기를 든 사람이 바로 로마 교황이다. 범사에 일컫는 하나님이나 숭배함을 받는 자 위에 뛰어나 스스로 높아졌다. 성경에서 신으로 불리는 천사들에게 명령하고, 왕들을 굴복시키고, 자신이 최고 권세를 지닌 최고로 존귀한 존재임을 주장하며, 일찍이 자신을 하나님 또는 하나님의 대리자로 부르도록 하였다. 로마 교황을 부르는 일반적인 호칭 -'가장 거룩한 주(Most Holy Lord)', '가장 거룩한 아버지(Most Holy Father)'- 에는 참으로 중요한 의미가 함축되어 있다. 그는 계시록 11장 1절에 예언된 대로 하나님의 성전에 앉아 숭배를 받는다. 그리고 자신이 하나님이라고 선언하며 오직 하나님께만 속한 특권을 자신의 것이라고 주장한다."

- 마틴 루터 (1483~1546) "단지 바벨론 왕국이며 바로 적그리스도의 왕국일 따름이다. 마치 교황은 자신이 하나님인 것처럼 교회 안에 앉아 있으면서 그의 가르침과 의식으로 영혼의 죄와 파멸을 증가시키는데, 누가 죄의 사람이고 누가 멸망의 아들인가? 이러한 모든 상황은 여러 세기 동안 교황의 횡포에 의해 이뤄졌다."( Martin Luther, 「First Principles」, pp.196~197).

"바울이 데살로니가후서 2장 3,4절에서 '하나님이나 숭배 받는 자 위에 뛰어나 자존하여 하나님의 성전에 앉아 자기를 보여 하나님이라 하느니라'고 기록하였던 그 존재가 여기 있다. 적그리스도인 '불법의 사람 곧 멸망의 아들'이 있는데... 그는 하나님의 법을 폐지하였으며, 하나님의 계명 위에 자신이 만든 계명을 높였다. 우리는 여기서 교황권이 진짜 적그리스도의 권좌에 앉아 있다는 사실을 확신한다." (LeRoy Froom, 「The Prophetic Faith of Our Father」, Volume 2, p.281).

- 존 위클리프 (1324~1384) "왜 믿음이 없이 다른 적그리스도를 찾는 것이 필요한가? 다니엘서 7장에서 적그리스도는 4번째 왕국 시대에 생긴 뿔에 의해 강력하게 묘사된다. 이것은 우리의 강력한 뿔 사이에서 더 끔찍하고 잔인하며 탐욕스럽게 자랐다. ... 이 10개의 뿔은 우리의 현세의 지도자 전체이다. 그 뿔은 10개의 뿔에서 생겨났는데, 이것은 눈이 있고 또 입이 있는데, 이 입은 존귀한 자에 대적하여 큰말을 한다. 또한 지극히 높으신 자의 성도를 지치게 하며, 그가 때와 법을 바꿀 수 있다고

생각한다."(다니엘 7:8, 25에서 인용함) … "따라서 불경스러운 말을 하는 8
번째 작은 머리에 대해 말해지는 것처럼 우리들 성직자는 교황을 예견
한다." (Translated from Wyclif's, 「De Veritate Sacrae Scripturae」, vol. 3,
pp.262~263).

- 윌리엄 틴데일 (1484~1536) "교황의 혼인금지와 인간이 사용하도록 하기
위해 하나님이 만드신 고기를 먹는 것을 금하는 것은 바울의 예언에 의
하면 마귀의 교리이다. 그것들은 교황이 틀림없는 적그리스도라는 것을
충분히 보여준다. 그리고 그의 교리는 악에서 싹텄다." (1 Timothy 4:1~3
Tyndale, 「An Answer to Sir Thomas More's Dialogue」, in Works, vol. 3, p.171).

- 멜란히톤 (1497~1560) "교황과 수도사에게는 혼인이 금지되어 있는 것이
확실하기 때문에, 로마 가톨릭 교황이 그의 모든 명령과 왕국과 함께 완
전한 적그리스도라는 것은 가장 명백하고 의심의 여지도 없는 사실이
다. 마찬가지로 데살로니가후서 2장에서 바울은 명백하게 말한다. 죄의
사람은 하나님을 경배하는 것 이상으로 자신을 높이며 교회 안에서 통
치할 것이다." (Translated from Melanchthon, Disputationes, No. 56, "De
Matrimonio", in Opera (Corpus Reformatorum), vol. 12 col. 535).

- 울리히 츠빙글리 (1484~1531) "나는 사탄, 즉 적그리스도의 세력과 권력
이 행해지는 것을 안다… 교황제도는 사라져야만 한다. 다른 수단에 의
해서가 아닌 바로 하나님의 말씀에 의해서만이 교황을 더 완전하게 패
주시킬 수 있다(데살로니가후서 2장). 이는 세상이 올바른 길에서 하나
님의 말씀을 받자마자 강제적이지 않게 교황에게서 떨어져 나올 것이기
때문이다." (「Principle Works of Zwingli」, Vol. 7, p.135).

- 장로교 신앙고백 웨스터민스터 신앙고백 25장 6항: "오직 주 예수 그
리스도만이 교회의 머리이다. 따라서 로마 교황은 결코 교회의 머리
가 될 수 없다. 그는 스스로 높아져 그리스도와 범사에 일컫는 하나님
과 그리스도를 대항할 적그리스도이며, 불법의 사람 곧 멸망의 아들이

다."(https://cafe.naver.com/anyquestion/53996 2015.10.30. https://blog.
naver.com/cjseong123/60067396321(천국보화의 블로그) 2009.5.12.).

그리고 이 7머리 10뿔의 짐승이 로마 황제들이라고 말하는 견해도 있습니다.
"그 짐승이 일곱 머리를 가졌다는 것은 계시록 12장(3절)의 일곱 머리
용과의 관계를 강조한다. 짐승의 능력과 권세는 용으로부터 온다(계
13:4). 요한이 다니엘서의 네 짐승(네 짐승 중 하나가 네 머리를 가졌으
므로 머리는 모두 일곱이다)에 있는 머리를 모두 합하여 일곱이라는 숫
자를 유출한 것 같지는 않다. 묵시록에서 일곱이라는 수는 완전의 개념
을 갖는다. 일곱 머리의 짐승은 믿음이 있는 교회에 대한 궁극적인 적을
적절하게 상징한다. 일곱 머리 위에 기록된 참람된 이름들은 로마 황제
들의 신격을 사칭하는 경향을 나타낸다. 아우구스투스(Augustus)는 그
의 생전에 동방의 신하들이 그를 신으로 공경할 것을 허락한 바 있으며,
그가 죽자 로마인들은 그를 신으로 선포하였다. 네로는 그의 동전에다
세상의 구세주로 명명하였다. 로마의 원로원은 늘 죽은 황제들을 신이
라고 선언하였다. 도미티안(Domitian)은 'Dominus et Deus noster',
곧 '우리 주님이며 하나님'으로 불렸다. 하나님과 그의 주권을 높이 받
드는 모든 사람들에게 그런 교만한 주장은 전적인 신성 모독이었다. '주
너의 하나님께 경배하고 다만 그를 섬기라'(눅 4:8). 인간으로서 신의
칭호를 취하는 것은 오만한 신성 모독이었다.

그런데 요한의 환상에 나오는 짐승은 누구인가? 뒤에 나오는 구절들
에서 우리는 그가 사탄의 권세를 가졌으며(4절), 하나님의 이름을 훼방
하였고(5-6절), 성도들과 싸워 이겼으며(7절), 이방 세계의 경배를 받았
다(4,8절)는 것을 알 수 있다. 요한에게 있어서 그 짐승이 교회를 핍박한
로마 황제였다는 데에는 추호의 의심도 없다. 그와 같은 황제의 권력에
대한 망령이 거대한 불의를 종교적으로 정당화시켰던 것이다. 그러나 그
짐승은 로마 제국 이상의 것이다. 요한의 환상은 그 자신의 역사적 환경

에서 발생하였으나, 그것은 인간 역사의 마지막 대단원에서 완전히 성취된다. 짐승은 과거에도 항상 그랬으며 앞으로도 최종적으로 강력하게 세속적 권세의 신격화로 나타날 것이다"(NIC 신약주석 요한계시록 13:1절 참고).

물론 여기에서도 논쟁의 여지가 없는 것은 아닙니다. 그러나 답이 없는 것보다는 부족한 답이라도 자신있게 제시해야 합니다. 7머리 10뿔을 대충 적그리스도에 대한 상징이라고 말해서는 안 됩니다. 이전에 이렇게 계시록을 가르쳤기 때문에 신천지로 넘어가게 되었다는 사실을 잊지 말아야 합니다.

### 4) 성경적 세계관의 회복

신천지의 교육방식을 연구해 본 결과 신천지의 방식이 입체적이라고 하면 일반교회의 방법은 평면적이라고 할 수 있습니다. 즉 신천지는 배운 것과 살아가는 것이 일치가 된 3차원의 방법이고 우리는 배우는 것과 살아가는 것이 다른 2차원의 방법이라는 것입니다. 그래서 생각을 해봤습니다. 교회에서 훈련을 받은 주일학교 학생과 신천지에서 훈련받은 어린아이가 학교에서 만나서 논쟁을 하면 누가 이길까 하고 말입니다. 가슴 아픈 진단이지만 우리 아이가 이길 수 있는 가망성이 별로 없습니다. 물론 논쟁에서 이기고 지고가 그렇게 중요한 것은 아닙니다. 그렇지만 분명한 사실은 교회 교육의 변화가 필요한 시점에 서 있다는 것입니다. 아는 것과 살아가는 것의 하나 됨에 대한 고민과 어떻게 그것을 실행하는가의 문제에 대해서 교회와 목회자가 성도들에게 답을 주어야 합니다. 그래서 교리 교육은 기독교적 세계관으로 이어져야 합니다. 믿는 자가 어떤 방식으로 생각하고 이해하는가로 나아가야 한다는 것입니다. 그래서 암기식 교육을 넘어서서 생각하는 방식에 대한 연구로 전환이 되어야 합니다. 「예수라면 어떻게 하실까」라는 소설이 있습니다. 이 소설은 독자들에게 우리가 살아가는 세상에서 예수님의 입장에서 바라보고 생각하고 선택하느냐고 질문하고 있습니다. 우리가 진정으로 하나님의 나라를 지향하고 있다면 이런 사고방식을 배워야 하고 훈련을 해야 합니다.

# 6장.
## 이단 상담에서 주의해야 할 문제

## 1. 탈세뇌의 위법성 문제

신천지에 빠진 사람을 탈세뇌하는 것이 신앙의 자유를 제한하는 것이냐 아니면 정당한 것이냐 하는 논쟁이 한창입니다. 이 논쟁은 초기에는 여론이 탈세뇌하는 사람들에게 유리했습니다. 신천지에 세뇌되어 착취를 당하는 자식을 그냥 보지 말고 강제적인 방법을 통해서라도 자식을 찾아와야 하지 않겠느냐는 입장에 많은 사람들이 동조를 했습니다. 그러나 이제는 아무리 부모라도 자녀의 자유의사를 거스르고 납치하여 강제적으로 탈세뇌를 하는 것은 문제가 있다는 여론이 점차 강해지게 되었습니다. 그래서 법원에서도 이전과는 다른 판단을 내리고 있습니다.

1) 광주지법은 2016년 4월 공동존속감금과 공동존속폭행 혐의로 기소된 G씨 가족 5명에 대해 벌금 100만~300만 원을 선고했다. 재판부는 "종전과 같은 가족 관계를 유지하길 원하는 심정에서 비롯된 일이지만, 피해자를 69시간 동안이나 감금한 것은 신체의 자유에 대한 중대한 침해"라고 밝혔다. 그러면서 "신앙의 자유를 침해하고, 이를 존중받으려는 피해자에게 적지 않은 심리적 상처를 줬다"고 덧붙였다. 아무리 가족이라

해도, 도를 넘어선 행위였다는 지적이다.

2) 2017년 5월 신천지 교인 H씨의 부모와 삼촌, 고모는 강제 개종교육을 위해 H씨에 대한 감금을 시도했다. 수면제인 졸피드정 2정을 가루로 만들어 한약에 몰래 타 마시게 한 뒤, 그가 정신을 못 차리는 사이에 펜션으로 끌고 간 것이다. H씨는 "여기 어디예요. 저 나가고 싶어요. 제 의사가 전혀 반영되지 않은 거잖아요"라면서 몸부림을 쳤으나, 오히려 가족은 청테이프와 압박붕대 등으로 그를 결박하며 개종교육 동의서에 서명하라고 요구했다. 해당 펜션과 인근 교회 사택에서 1·2차로 이뤄진 감금은 21일간 계속됐다. 법원은 가족에 대한 H씨의 처벌 불원 의사 등을 감안, 피고인들에게 벌금 50만~100만 원을 각각 선고했다. ("남편이 신천지 반대 팬 폭행 유도·신고" 신도 매뉴얼 있었다. 한국일보 2020년 3월 28일자 기사).

그래서 신천지는 이것을 기회로 보고 강제 개종 목사 처벌을 위한 청와대 청원을 하고 길거리 시위도 하고 있습니다. 청와대 청원사이트에 "강제 개종 목사 구속해주세요"라는 청원이 올라간 적도 있습니다.

"대한민국은 종교의 자유가 있는 나라입니다. 개종 목자의 거짓말로 인권유린을 당하고 죽어가고 있는 국민들이 많습니다. 존경하는 대통령님 부디 법을 준수할 수 있는 나라를 만들어주십시오. 다시는 강제개종으로 인해 인권유린과 죽어가는 국민이 없는 나라가 될 수 있도록 도와주십시오!" 그 결과는 추천 : 594,842 vs 비추천 : 719,401(2018년 1월 18일 청와대 청원. 2018-01-18 16:31:38 작성자 : kakao - ***).

신천지는 수단과 방법을 가리지 않고 여론을 호도하려고 합니다. 문제는 이들의 거짓된 선전에 귀를 기울이는 사람들이 있다는 것입니다. 그래서 앞으로도 이단 상담은 항상 법적인 문제와 연관이 될 수 있다는 사실을 이해하고 접근을 해야 합니다.

## 2. 대안은 무엇인가?

신천지인 스스로가 상담을 하지 않으려고 하는 상황에서 강제적인 방법 외에는 다른 방법이 없는데 대안이 있느냐고 질문하면 선뜻 답을 내놓기가 어렵습니다. 그런데 한 탈퇴자의 고백을 통해서 그 안에서 대안을 찾아야 하겠습니다.

"안녕하세요. 제인입니다. 우리 팩트만 가지고 이야기 할께요. 흔히 개종교육 하면 강제 개종교육을 떠올리죠. 저도 엄청나게 교육을 받았고 학습된 결과물은 개종교육은 강제로 진행된다더라. 개종교육을 진행하는 장소와 목사의 이름까지 다 상세하게 알고 있었습니다. 그래서 신천지라는 곳에서 나오기로 결심했을 때, 또는 그 안에서 혼자 고통을 감내해야 했을 때도 아무에게도 말하지 못했으며 신천지인들과만 상의해야 했습니다. 그러다 보니까 왜곡된 진실을 직접 알아볼 생각을 못했고 그대로 믿었어요.

실제로 검색을 해보면 기사에는 온통 강제 개종교육의 실제 사례, 피해사례에 대해서 상세하게 나와 있었거든요. 그래서 저는 신천지에서 나올 때 개종교육에 끌려가면 '나는 정말 죽어서 나오겠구나'하는 두려움이 컸어요. 사실 저는 지금 누구도 믿지 못합니다. 심지어 가족조차도 믿지 못하겠어요. 아무것에도 의지하지 못하고 있습니다.

개종교육을 알아본 이유는 내가 그곳에서 2년 동안 몸담고 있으면서 받았던 모든 교육들이나 성경 지식적인 부분이 너무 크게 작용하고 있다는 생각이 들어서였습니다. 일상생활에서 너무 크게 자리하고 있더군요. 그래서 몸은 나왔지만 늘 힘들었습니다. 그러나 가족에게 이야기했을 때 돌아왔던 말들은 '지난 일은 잊어라. 잊을 때도 됐지 않느냐'라는 말이었어요.

최근 너무 힘들어서 상담 신청을 해서 교회 전도사님을 만났는데 해소가 안 되더군요. 성경구절 하나만 봐도 나는 여러 가지 것들을 한꺼번에 떠올리곤 했고 전혀 집중을 못했습니다.

　　그러던 와중에 전문적으로 신천지 개종교육 상담하는 곳을 알아봤고 그곳 전도사님과 이야기를 길게 했어요. 솔직하게 저의 불신을 이야기했어요. 내가 들었던 교육의 내용이 그렇고 알고 있는 내용이 그렇다. 그래서 나는 개종교육을 받는 것에 대해서 완전히 믿을 수 없다. 불신하고 있다. 그러면서 이야기를 다 했는데…. 알고 있는 내용과 아주 다릅니다. 그래서 알리고 싶어서 블로그를 씁니다"(강제 개종교육의 진실, https://blog.naver.com/cuty2531/221569057440 2019. 6. 23).

신천지에서는 이단상담소를 실제의 모습과 다르게 왜곡하고 과장해서 설명하고 공격합니다. 이는 신천지 측이 그만큼 이단상담소를 부담스럽게 생각한다는 의미입니다. 그럴 수밖에 없는 것이 절대로 깨뜨리지 못할 것이라고 확신한 세뇌가 깨뜨려지니 곤혹스럽기 때문입니다. 그래서 이들은 이단상담소의 이미지를 훼손함으로써 자신들의 목적을 이루려고 합니다. 그래서 지금 해야 하는 일은 신천지가 왜곡한 이미지들을 바꿔나가는 작업이 필요합니다. 이단상담소가 어떤 곳이고 어떤 일을 하는지에 대해서 언론이나 인터넷의 홍보를 통해서 적극적으로 소개해나갈 필요가 있습니다. 그래서 신천지에서 나오고자 하는 사람들이 스스로 찾아올 수 있는 환경을 만들어나가야 합니다. 그리고 일반목회자들도 신천지 상담이 가능하신 분들은 이 사실들을 주변에 알릴 필요가 있습니다. 그래서 무서워서 이단상담소는 가지 못하지만 자신을 도와줄 일반목회자가 있다는 것을 알게 되면 그들이 도움을 청하게 될 것입니다.

## 3. 상담 시 유의해야 할 문제

　　신천지인과의 상담에서 법적인 문제는 피할 수 없습니다. 아무리 가족들의 안타까운 요청이 있다 해도 국가에서 정한 법의 테두리 내에서 상담을 해야 합니다. 따라서 어렵더라도 내담자의 개인적인 동의를 받고 상담을 해야 합니다.

상담을 거부하는 신천지인들의 특성상 여기서부터 전략적인 준비가 필요합니다. 그리고 상담 시 가족이 함께 동반하여 상담을 해야 하고 모든 상담의 상황들을 녹화해서 혹시 있을 수 있는 상황을 대비해야 합니다. 탈세뇌가 되지 않은 사람들이 다시 신천지로 들어가면 대부분 고소를 하기 때문입니다. 이것은 이단상담자들을 이런 식으로 굴레를 씌워서 사역하지 못하게 하려는 그들의 전략이기도 합니다. 그리고 상담과 관련된 자격증을 따두어야 합니다. 왜 당신이 상담하느냐고 할 때에 우리가 제시할 수 있는 최소한의 근거가 있어야 하기 때문입니다. 이단상담사 자격증이면 좋지만 그것이 아니라도 여러 유형의 심리상담사 자격증이나 복지관련 상담사 자격증이라도 가지고 있어야 합니다.

여러 가지 장애물들이 많음에도 이 사역은 누군가는 해야 할 사역입니다. 우리가 이 사역을 하지 않으면 영원히 돌아올 수 없는 자들이 30만 명이 넘어가고 있고 앞으로도 더 많은 숫자가 생길 것이기 때문입니다.

# 글을 맺으면서

　　'왜 신천지인은 그곳에서 스스로 나오지 못하는가?'라는 질문과 이 질문에 대한 분석으로 글을 맺으려고 합니다. 신천지에서 나오지 않는, 나오지 못하는 사람들의 문제는 크게 네 가지로 요약됩니다(네이버 블로그 푸른하늘 투. 신천지에 빠지면 왜 나오지를 못하는가 참고).

　　첫 번째, 교리에 대한 믿음 때문입니다. 신천지인들은 2~3년만, 아니면 조금만 지나면 (육체)영생 혹은 왕 같은 제사장이 될 수 있다고 믿습니다. 그래서 가족들의 강력한 반대에도 불구하고 신천지를 포기하지 못합니다. 그들은 곧 모든 것이 이루어져서 내가 제사장이 되고 육체영생해서 우리 가족들도 챙길 수 있다는 희망으로 죽을힘을 다해 견디고 있습니다. 가족들을 위해, 내 한 몸 죽을힘을 다해 내 가족을 어떻게 해서든지 신천지로 데려가 같이 제사장이 되어 영생하고 싶은 간절한 마음 때문에 신천지에서 나오지 않습니다.

　　두 번째, 인간관계 때문입니다. 신천지인들은 추수를 하기 위해 모든 것을 섭외 대상자에 맞춰 접근합니다. 모든 걸 챙겨주고, 배려하고, 걱정과 염려를 해주고, 섭외 대상자의 아픔을 자기의 아픔처럼 함께하려고 합니다. 물론 이것은 추수꾼들의 전략이지만 섭외 대상자는 추수꾼의 말과 행동에 마음이 끌리게 됩니다. 그래서 가족이나 그 누구의 말보다 그들의 말이 더 위로가 되며, 그

한마디에 믿음을 주는 단계에 이르게 됩니다. 이렇게 형성된 신천지 신도들 간의 믿음과 신뢰는 다른 어떤 집단들보다 견고합니다. 신천지 안에서의 그런 인간적인 관계가 신천지 교리나 실상이 잘못되었다는 사실을 알게 되어도 쉽게 빠져 나오지 못하는 원인이 됩니다.

세 번째, 돌아갈 교회가 없기 때문입니다. 신천지에는 이미 기존 교회에서 나온 사람들이 대부분입니다. 그래서 교회를 너무 잘 알고 있습니다. 부자 교회에 가면 그 안에서 소외될 것이고, 가난한 교회에 가면 그 무리에 섞여 절망과 무력감만 공유할 것을 알고 있습니다. 그런데 적어도 신천지 안에서는 재산과 학력, 세상 지위에 상관없이 누구나 제사장이 될 수 있다는 희망이 있습니다. 그러나 신천지 밖에는 여전히 변화되지 않은 이전의 교회들만 존재합니다. 그래서 나오려고 하지 않는 것입니다.

네 번째, 이전의 삶으로 돌아갈 수 없기 때문입니다. 신천지가 진리라고 생각해서 학업이나 직업을 전폐하고 전일 사역을 했던 사람들은 신천지인으로 생활한 시간이 길수록 돌아갈 곳이 없게 됩니다. 이미 가정이나 사회와 단절된 상태이기 때문입니다. 즉 모든 것을 원점에서 다시 시작해야 하기 때문에 신천지에 회의를 느껴도 스스로 그만두기가 어렵습니다. 그래서 나오지 못하게 되는 것입니다.

책의 서두에 이 책을 쓰게 된 동기가 신천지 추수꾼 교육 영상 속에서 "교회는 우리의 밥이다!"라고 소리를 지르는 강사와 교육생들을 보면서 한편으로는 어처구니가 없어 황당하고 다른 한편으로는 억제되지 못한 분노로 시작되었다고 말씀드렸습니다. 그때 저의 마음은 다윗과 같았습니다. 신천지를 때려잡아야 하겠다는 마음으로 충만했습니다. 그런데 신천지를 연구해가면서 신천지는 골리앗이 되어갔고 저의 마음은 다윗이 아니라 다윗의 형들처럼 변하고 있었습니다. 적을 알수록 더 용감해져야 하는데 알면 알수록 나와 나의 편들이 얼마나 저들과 싸울 준비가 부족한지를 발견하게 되었습니다. 그래서 맞서 싸워야 한다는 사실을 알면서도 선뜻 싸움터로 나서지 못하고 있습니다.

그런데 분명한 사실은 신천지의 문제가 남의 일이나 남의 문제가 아니라는 점입니다. 주변을 유심히 살펴보십시오. 그러면 그들이 너무나 가까이 와있음을 발견하게 될 것입니다. 지인을 한두 명 건너면 그들을 만날 수가 있습니다. 지금은 신천지가 30만인데 어쩌면 그들이 100만이 되고 200만이 되는 시대가 올 수도 있습니다. 어떤 분은 이만희 교주가 죽으면 신천지도 힘을 잃을 것이라고 말합니다. 물론 그럴 것입니다. 그러나 그들을 연구한 결과 지금의 신천지는 교주가 아니라 시스템이 움직여가고 있습니다. 그래서 이만희 교주가 죽으면 누군가가 이만희 교주를 대신해서 그 자리를 차지하거나 아니면 군소단체로 분산해서 살아남을 것입니다. 어떤 결과가 나오든지 그들은 계속해서 한국교회를 유린할 것입니다. 왜냐하면 교리가 그렇게 생겨먹었기 때문이고 그렇게 훈련하기 때문입니다.

신천지는 저절로 사라지지 않습니다. 세뇌가 깨뜨려지지 않는 한 그들은 그들의 세계 안에서 살아갈 것이고 지속적으로 자신들의 왕국을 넓혀가려고 할 것입니다. 그래서 우리는 기다리기보다는 지금부터라도 전략적으로 싸워나가야 합니다. "반지의 제왕" 2편 "두 개의 탑"의 마지막 장면이 떠오릅니다. 성벽이 무너지고 마지막 밀실 안으로 도피하게 된 아르곤이 로한의 왕에게 말합니다. "왕이여 지금은 문을 열고 싸우러 나갈 때입니다." 서로의 눈빛을 교환한 다음에 이들은 마지막 남은 몇 필의 말을 타고 소수의 군사들과 함께 적진으로 뛰어 들어갑니다. 지금 우리의 자세가 이래야 합니다. 그렇지 않으면 돌이킬 수 없는 미래를 만날 수도 있습니다. 이 책을 읽으시는 분은 용사의 마음으로 교회가 전투하는 교회로 전환되는 일에 참여해주시기를 바랍니다. 그리고 신천지와의 일전을 준비해주시기를 바랍니다.

"모르드개가 그를 시켜 에스더에게 회답하되 너는 왕궁에 있으니 모든 유다인 중에 홀로 목숨을 건지리라 생각하지 말라 이때에 네가 만일 잠잠하여 말이 없으면 유다인은 다른 데로 말미암아 놓임과 구원을 얻으려니와 너와 네 아버지 집은 멸망하리라 네가 왕후의 자리를 얻은 것이 이때를 위함이 아닌지 누가 알겠느냐 하니"(에 4:13-14).

# 참고자료

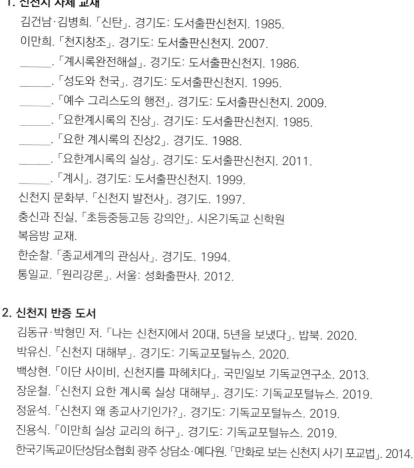

## 1. 신천지 자체 교재

김건남·김병희. 「신탄」. 경기도: 도서출판신천지. 1985.

이만희. 「천지창조」. 경기도: 도서출판신천지. 2007.

_____. 「계시록완전해설」. 경기도: 도서출판신천지. 1986.

_____. 「성도와 천국」. 경기도: 도서출판신천지. 1995.

_____. 「예수 그리스도의 행전」. 경기도: 도서출판신천지. 2009.

_____. 「요한계시록의 진상」. 경기도: 도서출판신천지. 1985.

_____. 「요한 계시록의 진상2」. 경기도. 1988.

_____. 「요한계시록의 실상」. 경기도: 도서출판신천지. 2011.

_____. 「계시」. 경기도: 도서출판신천지. 1999.

신천지 문화부. 「신천지 발전사」. 경기도. 1997.

충신과 진실, 「초등중등고등 강의안」. 시온기독교 신학원
복음방 교재.

한순찰. 「종교세계의 관심사」. 경기도. 1994.

통일교. 「원리강론」. 서울: 성화출판사. 2012.

## 2. 신천지 반증 도서

김동규·박형민 저. 「나는 신천지에서 20대, 5년을 보냈다」. 밥북. 2020.

박유신. 「신천지 대해부」. 경기도: 기독교포털뉴스. 2020.

백상현. 「이단 사이비, 신천지를 파헤치다」. 국민일보 기독교연구소. 2013.

장운철. 「신천지 요한 계시록 실상 대해부」. 경기도: 기독교포털뉴스. 2019.

정윤석. 「신천지 왜 종교사기인가?」. 경기도: 기독교포털뉴스. 2019.

진용식. 「이만희 실상 교리의 허구」. 경기도: 기독교포털뉴스. 2019.

한국기독교이단상담소협회 광주 상담소·예다원. 「만화로 보는 신천지 사기 포교법」. 2014.

## 3. 일반도서

가오더. 「세뇌술」. 서울: 작은 씨앗. 2014.

닐 앤더슨. 「내가 누구인지 이제 알았습니다」. 서울: 죠이 선교회. 1994.

_____. 「이제 자유입니다」. 서울: 죠이 선교회. 1994.

_____. 「이제 시작입니다」. 서울: 죠이 선교회. 1995.

도마베치 히데토. 「세뇌의 법칙」. 서울: 진경시대. 2003.

로렌스 크랩. 「성경적 상담학」. 서울: 총신대학교 출판부. 1997.

마셜 골드스미스. 「트리거」. 경기도: 다산 북스. 2020.

머리 윌리엄. 「외상 후 스트레스 장애 워크북」. 서울: 학지사. 2019.

문동규. 「의식을 여는 마스트키 최면」. 서울: 렛츠. 2016.

_____. 「최면 써드제네레이션」. 서울: 렛츠. 2020.

박한진. 「주술과 세뇌」. 인천: 다크아트. 2018.

설기문. 「에릭슨 최면과 심리치료」. 서울: 학지사. 2019.

스콧 펙. 「거짓의 사람들」. 서울: 두란노. 1991.

스티브 길리건 외. 「치료적 트랜스」. 서울: 더북스. 2012.

스티브 안드레아스. 「기적의 NLP심리학」. 부산: 프로제. 2019.

아치볼드 하트. 「숨겨진 중독」. 서울: 참미디어. 1997.

안토니 R. 「프로파간다 시대의 설득전략」. 서울: 커뮤니케이션북스. 2005.

에드워드 테리. 「마음의 작동법」. 서울: 에코의 서재. 2011.

오카다 다카시. 「심리조작의 비밀」. 서울: 어크로스. 2017.

위고 슈탐. 「사이비 종교」. 서울: 홍성사. 1997.

이명준. 「그들은 어떻게 주사파가 되었는가」. 서울: 바오. 2012.

이소무라 다케시. 「이중세뇌」. 서울: 더숲. 2010.

정귀수. 「밀턴 에릭슨에게 NLP를 묻다」. 서울: 저절로북스. 2018.

_____. 「최면심리수업」. 서울: 저절로북스. 2017.

제랄드메이. 「중독과 은혜」. 서울: IVP. 2002.

하야시 사타토시. 「최면심리술」. 서울:지식여행. 2014.

## 4. 참고 기사 및 인터넷 자료

나무위키, 신천지예수교증거장막성전 편

도비공 자석요 다단계 다녀온 썰. https://blog.naver.com/scaff-eng/221875966694

무엇이든지 물어보세요. https://cafe.naver.com/anyquestion/53996. 2015.10.30

에릭소니언 NLP공부모임 카페 https://cafe.naver.com/allissstory

정윤석, "신분 감추고 수년간 '알곡 고르기'." 국민일보. 2019년 12월 26일

_____. "이단들의 따뜻한 환대에 마음 끌린다" 기독교포털뉴스. 2015년 3월 26일

_____. "찰거머리 포교 한 번 물면 안 놓는다." 교회와신앙. 2006년 7월 3일

_____. "그 땐 내 부모를 사탄의 도구로 여겼다." 교회와신앙. 2007년 3월 13일

조믿음. "그루밍과 사이비종교." 바른미디어. 2019년 6월 7일

_____. "신천지로 가겠다며 2층에서 뛰어내린 딸." 현대종교. 2015년 10월호

차진환. "각서에서 이혼까지…신천지, 가정불화 조장." 데일리 굿뉴스. 2020년 4월 17일

푸른하늘투 블로그 "신천지 입막음" https://blog.naver.com/blueskytwo05292/221366884645

# 부록

## 도형심리상담 (Graphic therapy)

| | | 작성일 | 년 | 월 | 일 |
|---|---|---|---|---|---|
| 성명 | (남, 여) | 생년월일 | 년 | 월 | 일 |
| 주소 | | | | | |
| 직업 | 종교 | 좋아하는 색상 | 혈액형 | | |

· 나는 다른 사람이 이렇게 해줄 때 가장 기분이 좋다 (하나만 표시 하세요)

◯ 인정과 칭찬　　◯ 선물줄 때　　◯ 섬김과 봉사　　◯ 함께하는 것　　◯ 스킨십

· **◯□△S 를 통한 자아 찾기 및 잠재력 개발, 기질, 적성 찾기**

1. 위의 4가지 도형 중 제일 좋아하는 도형 하나를 골라 같은 도형을 세 번 그린다.
   (사각형 안이나 밖이나, 크기나 위치에 관계없이 세 번 그린다)

2. 나머지 도형은 각각 한 번씩 크기에 관계없이 적당한 위치에 자유롭게 그린다.

## 도형심리상담이란

　도형과 기질론을 접목한 심리상담의 한 기법으로, 도형그리기를 통해서 각자의 내면에 내재되어 있는 심리상태를 발견하여 상처를 치유하며, 해당 개인의 선천적, 후천적 기질과 성격, 적성, 심리를 파악하여, 진로상담, 성격의 보완 및 잠재력 개발에 활용할 수 있는 상담기법입니다. 도형상담은 상대의 마음을 쉽게 열게 하는 데 탁월한 도구가 됩니다. 특히 도형그리기는 다른 심리 검사 방법과 달리 설문을 읽고 체크하는 방식이 아니라 4개의 도형을 그리는 것이기에, 자기의 주관적 생각이 개입되지 않는 객관적 성격분석이 용이하며, 유치원생부터 노인까지 누구나 부담 없고 재미있게 접근하기에 용이한 심리, 직관적 방법이라고 할 수 있습니다. 그리고 도형의 선택을 통해 선천적 1차 기질을 파악하고, 후천적 2차 기질을 파악하여 성격, 적성을 알아내는데  그 정확성은 70~80%정도에 이른다고 합니다.

　도형상담이론의 학문적 배경은 히포크라테스의 네 가지 기질론 – 사람의 체내에서 분비되는 체액에 따라 네 가지 기질로 분류하여 다혈질, 점액질, 담즙질, 우울질로 나누었다 – 을 비롯하여 칼 융의 향성론, 아브라함 매슬로우의 욕구단계설, 칼 라이너의 도형이론, 수잔 팰린저의 커뮤니케이션이론, 콜버그의 도덕성 발달이론(가치와 윤리체계) 등에 기인합니다. 기질론은 19C에 들어와 라이프니·문트 심리학 연구소가 만들어진 후 그곳에서 인간에 대한 기질, 인격, 성격과 활동성을 여러 각도로 조사, 분석, 실험하여 심리적 기초로 만드는 계기가 되었고 순수 심리학이 응용 심리학의 발달계기가 되었으며 정신의학, 상담심리 등으로 발달하게 되었습니다. 알렉산더 화이트는 기질론을 기독교적으로 해석하고 연구하는 한편 성서에 나오는 인물들을 기질론에 근거하여 연구하기 시작했고, 헬레스 비는 「기질과 기독교 신앙」이라는 저서를 통해 기독교 신앙과 기질론을 접목하였습니다. 팀 라헤이는 의사이며 목사였습니다. 그는 발달된 응용 심리학을 기독교적 목표로 하여 그 틀 안에 끌어들여서 모두를 성경과 연결시켰으며, 2,000명을 만나서 연구하고 분석한 결과를 통계화하여 기질과 은사를 접목하였습니다. 그 연구 후 인간은 기본적으로 4개의 기질이 있으나 그뿐 아니라 50%를 차지하는 기질론과 50%를 차지하는 합성기질론으로 12형이 있다고 하였습니다(파낙토스 브레인센터).

　　신천지가 도형상담을 사용하는 이유는 두 가지입니다. 첫 번째는 일반적인 심리상담검사는 상담협회에서 인정한 전문상담자만 사용할 수 있도록 제한하기 때문입니다. 그리고 두 번째는 비용적인 면입니다. 일반상담검사는 심리검사를 하는 데 많은 경비가 듭니다. 반면에 도형상담은 상담협회의 허락이나 금전적인 부담 없이 심리검사가 가능합니다. 그리고 무료임에도 불구하고 의미 있는 심리검사 결과를 얻을 수 있기 때문에 신천지가 사용하게 된 것입니다. 바로 이런 면에서 교회가 중고등학생들에게 도형상담을 할 필요가 있습니다. 도형상담을 해야 하는 두 가지 이유가 있는데, 첫 번째 이유는 교회에서 미리 도형상담을 함으로써 신천지인들이 이것을 사용하지 못하게 하려는 것입니다. 미리 예방주사를 놓는다고 생각하시면 됩니다. 두 번째는 우리 아이들을 더 잘 이해하기 위한 것입니다. 그들이 어떤 특성을 가지고 있는지 그리고 어떤 목적으로 살아가는지를 서로 나눌 수 있기 때문입니다. 시중에 도형상담에 대한 책들이 있고 유튜브에 들어가시면 강의 내용들이 있습니다. 공부하시고 좋은 도구로 사용하시기를 바랍니다.

## 엘먼 유도법

최면의 유도법은 수많은 방법들이 있습니다. 최면가들마다 각기 독특한 방법으로 최면을 걸게 됩니다. 어찌되었든지 최면가들의 목표는 내담자를 트랜스 상태로 들어가게 하는 것입니다. 여기서 엘먼의 유도 방법을 소개하는 것은 어떤 과정을 통해서 트랜스의 상태로 들어가는가를 이해하게 하려는 것입니다. 자기 최면을 통해서 스스로를 트랜스할 수 없는 분들이 다른 사람을 트랜스하면 무면허 운전보다 위험한 일입니다.

### · 1단계 깊은 호흡과 눈 감기기

최면가는 숨을 깊이 들이쉰다는 사실을 제안합니다. 내담자는 이를 듣고 숨을 들이마심으로써 사실이 충족이 되었습니다. 그리고 숨을 내쉬면서 눈을 감는다는 제안이 이루어지고 내담자가 그대로 행동함으로써 다시 사실이 충족되었습니다. 그리고 바로 사실에 의미를 연결합니다. 숨을 들이쉬고 내쉬면서 점점 편안해진다는 의미가 연결되었습니다. 이 말을 듣고 실제로 편안하게 이완된다면 이미 최면이 시작된 것입니다. 현재 의식은 비판력을 놓고 안심하면서 최면가가 연결한 편안함이라는 의미를 체험하고 있기 때문입니다. 사실과 의미가 연결되었습니다.

### · 2단계 눈꺼풀 붙이기

최면가는 눈 주변의 근육에 힘을 완전히 뺄 것을 제안합니다. 그 사실이 충족되면 내담자는 눈이 떠지지 않는 것을 체험합니다. 최면가는 내담자가 자신의 제안을 체험하고 있는지 확인한 후에 (눈을 뜨지 못함을 보고) 이어서 이완감을 온몸으로 퍼뜨리도록 제안합니다. 따로 명시되지 않았지만 최면가는 여기서 내담자의 신체가 편안하게 이완되는 것을 다시 확인합니다. 제안에 대한 체험이 일어나는지, 사실과 의미가 연결되었는지를 체크하는 것입니다. 이 과정에서 내담자가 체험이 일어나지 않는 경우에는 그 의미를 제대로 전달하기 위한 다른 방법을 진행합니다. 인지하기 쉬운 큰 근육을 활용하는 식으로, 의미를 이해하기 쉬운 제안으로 변경합니다. 이 역시도 제안된 사실의 충족과 의미의 연결로 되어있습니다.

### · 3단계 프랙셔네이션

최면가의 지시에 따라 눈을 떴다가 감습니다. 최면가는 제안하고 내담자는 이 사실을 충족합니다. 그리고 열 배 더 이완된다는 의미를 체험합니다. 프랙셔네이션은 보통 3회 이상 반복합니다. 사실과 의미의 연결이 반복되면 맥락이 형성됩니다. 맥락은 강한 힘을 갖습니다. 눈을 뜨고 감는 사실과 열 배 더 깊이 이완되는 의미가 반복되면서 내담자는 더 깊은 이완의 맥락으로 들어갑니다. 최면가는 상대방이 이를 체험하고 있는지 확인합니다. 내담자의 몸이 더 묵직한 느낌으로 의자에 가라앉는 것을 확인합니다.

### · 4단계 팔 떨어뜨리기

네 번째 순서는 테스트를 겸하고 있습니다. 3번까지의 순서를 잘 따라오며 이완되었는지를 실제로 팔을 들어서 확인하는 것입니다. 팔을 들었을 때 충분히 이완되었다면 대단히 묵직하게 늘어집니다. 이 단계는 내담자가 이완되었음을 민감하게 확인하지 못하는 최면가라도 확실하게 이완 여부를 테스트할 수 있도록 구성되어있습니다. 아울러 여기서도 최면가의 제안이 사실이 되었을 때(팔이 떨어졌을 때) 연결된 의미가 체험되었는지를 확인합니다(내담자의 몸이 더 이완됨을 확인). 더불어 팔을 떨어뜨리는 행위는 은유적으로 이완을 더 촉진합니다. 떨어진다, 놓아버린다는 표현과 팔을 떨어뜨리는 행위가 은유적으로 맞닿아있기 때문입니다.

## · 5단계 숫자 망각

마지막 순서는 숫자 망각입니다. 엘먼은 내담자에게 이를 마음의 이완이라고 표현했지만 실제로 진행되는 과정은 제안된 맥락으로의 몰입입니다. 숫자가 사라지는 이미지에 몰입하면서 더 이상 아무런 숫자도 없는 상태에 집중하도록 하는 훈련입니다. 그 결과로 숫자로 떠올리지 못하게 함으로써 최면 망각을 테스트하는 것이기도 합니다. 사실과 의미를 어떻게 연결했는가에 주목하세요. 최면가가 마술처럼 숫자가 사라지는 현상을 일으키는 것이 아니라 사전에 내담자가 무엇을 해야 하는지 충분히 설명합니다. 숫자를 100부터 하나씩 세나가다가 98을 말하면(사실) 모든 숫자가 사라지는 체험(의미)을 하자는 제안을 하고 실제로 내담자가 98을 말하자(사실 충족) 모든 숫자를 내담자가 지워버리도록 합니다. 사실에 연결된 의미를 체험토록 하는 것입니다(https://blog.naver.com/koomh09/90112806135 참고).

제가 이 최면 유도법을 소개하는 이유는 교회에 질문을 던지기 위한 목적 때문입니다. 이단에 빠진 사람을 돕기 위해서 최면이라는 도구를 사용하는 것의 윤리성에 대한 것입니다. 특히 체험적 이단들의 경우에는 다른 방법을 찾을 수가 없습니다. 다윗이 골리앗의 칼을 자신의 도구로 사용하는 것과 같이 이제는 전문 사역자들이 최면이라는 칼을 사용할 수도 있지 않을까 생각합니다. 어떤 분들은 교회 사역자들은 오직 성령의 능력으로만 사역해야 한다고 말합니다. 그런 분들에게 저는 권고합니다. 제발 오셔서 성령의 능력으로 그들을 자유롭게 도와주시기를 바랍니다. 그래서 한시라도 그들이 이단의 구덩이에서 머물지 않도록 도와주시기를 진심으로 바랍니다. 독자분들은 어떻게 생각하십니까? 이 질문에 대한 견해를 저에게 알려주시지 않겠습니까? 겸허한 마음으로 듣겠습니다.

## 신천지 상담 전략 모델

대부분의 탈신천지 상담은 고정된 방식을 사용하고 있습니다. 상담 스케줄을 미리 정해놓고 그 단계들을 밟아갑니다. 상담자가 신천지의 교리를 설명해 주고 반증을 하는 방식으로 진행을 합니다. 이 방식은 속된 말로 깨질 때까지 오랜 인내의 싸움을 하는 것입니다. 그러다 보면 어느 순간에 무너지게 됩니다. 안산상록교회의 상담소에서 신천지 상담을 받는 사람들의 70~80%는 3일 정도면 탈세뇌가 된다고 합니다. 이런 상담 방식은 이단 상담을 하신 분들의 오랜 경험을 통해서 만들어졌습니다. 그리고 그 효과는 이미 검증이 됐습니다. 이 방법을 통해서 수천 명의 사람들이 신천지의 세뇌에서 자유함을 얻고 돌아왔습니다. 그래서 이 방법은 마땅히 존중을 받아야 하고 앞으로도 사용돼야 합니다. 그런데 기독교 상담을 공부한 저의 눈에는 내담자 중심의 상담전략도 필요하다는 생각이 들었습니다. 왜냐하면 신천지 상담뿐만 아니라 모든 상담이 그렇듯이 고정된 틀은 필요하지만 내담자마다 상황과 특성과 자세가 다르기 때문에 그들에게 맞는 전략이 필요한 것입니다. 상담의 사례와 경험을 통해서 만들어진 한 가지 전략을 소개하려고 합니다.

이 사례는 신천지에서 1년 6개월간 활동하다가 상담을 받은 이○○ (28세)의 사례입니다. 이 사례는 내담자에 맞춘 상담 전략에 따라 편집이 됐습니다. 어떤 흐름으로 상담을 이끌어나가는가를 소개하려는 것입니다.

### 1. 방어벽 낮추기

상담을 하지 않으려고 하는 사람과 상담을 하는 것은 가장 어려운 일 중의 하나입니다. 특히 신천지의 섭외부에서 이단상담소에서 어떻게 해야 할지를 배운 사람들은 더 그렇습니다. 그래서 상담을 하려고 하면 이들의 마음의 벽을 낮춰야 합니다.

상담자의 자기소개

1) 나는 바벨론 교회 지영근 목사인데 신천지에서 말하는 것과 같이 벙어리 개는 아니야. 네가 듣고 있는 대로 사람의 말을 하는 사람이야. 너의 음성도 잘 들을 수 있고.

2) 여기는 이단 상담실이 아니니 안심해. 네 영혼을 도둑질당할 염려는 없어. 내가 그 정도 실력이 없거든. 그리고 네가 원하면 언제든지 상담을 그만 둘 수 있어. 그런데 설마 상담을 시작도 하지 않고 그만 두고 돌아가서 목사와 싸워서 이겼다고 말하려는 것은 아니지? 이만희 총회장도 청지기 교육원 목사들하고 싸우지도 않고 이긴 자라고 말하고 다녔는데 너는 나와 싸워보지도 않고 돌아가서 이겼다고 말하려는 것은 아니라고 봐. 기왕 온 김에 네 속에 있는 말이라도 하고 가야 하지 않겠니? 네 안에 있는 진리를 설명할 기회라고 생각하고 말이야!

## 2. 입 열게 하기

대화를 하지 않으려고 하는 신천지인들의 입을 열려면 그들 모두가 아는 주제로 대화를 이끌어나가야 합니다. 그 중에서도 비유풀이로 그들을 공략하는 것이 좋습니다. 왜냐하면 그들의 머릿속에 새겨진 것이고 자동적으로 입을 열게 하는 내용이기 때문입니다. 구원파를 성경적인 구원론으로 깨뜨려야 하는 것과 같은 이치입니다.

1) 나와 '씨밭나무새'에 대해서 이야기해볼까?

내가 봐도 흥미로운 비유인데 네가 얼마나 알고 있는지 궁금하다. 만약 네가 이 비유로 나와 논쟁을 하는데 네가 이기면 상담을 그만 둘 수도 있는데 한번 해보지 않을래? 네가 이 비유의 진리를 정확하게 알고 있는지 한번 보자.

- 내담자의 설명 / 그가 설명하는 도중에는 말을 끊지 않습니다. 그가 설명하는 것을 필기를 해가면서 정확하게 듣고 호응을 합니다. "그게 그런 말

이지? 그리고 그 다음에는?"하고 말을 이어갑니다. 그리고 이 비유에 대한 설명을 다 듣습니다.

2) 그런데 네가 설명한 이 비유의 결론은 무엇이니?
 - 그의 말을 듣고 / 아, 네 말은 씨에 따라 나무의 지체가 두 가지가 되고 어떤 씨로 된 나무냐 하는 것에 따라서 임하는 영이 다르다는 말이구나! 그렇지?

3) 그런데 내가 의문이 드는 것은 이 씨가 심겨진 밭이 일반교회를 말하는 것이니, 아니면 신천지를 말하는 것이니? 성경에는 좋은 씨와 나쁜 씨가 한 밭에 부려진 것이라고 말하거든. 나는 이것이 궁금하더라. 일반교회에 어떻게 좋은 씨가 부려질 수 있는지 말이야.
 - 그리고 좋은 씨는 신천지의 말씀이 맞지? 그리고 나쁜 씨는 정통교회의 말씀이고. 그런데 추수꾼들은 나쁜 씨가 부려진 곳에서 열린 열매를 추수하는데, 왜 그럴까? 정통교회는 나쁜 나무이고 또한 나쁜 열매인데 말이야. 진짜 추수꾼은 신천지에서 추수해야 하는 것이 아닐까? 요즈음 새천지는 자신들의 밭은 신천지라고 하는데 얘들이 진짜 추수꾼 같지 않니?

4) 그리고 너도 알다시피 신천지에서도 배도자가 나오지 않니. 그들은 좋은 씨를 받았는데 어떻게 나쁜 열매를 맺어서 배도자가 된 것일까?
   너도 알잖아. "이와 같이 좋은 나무마다 아름다운 열매를 맺고 못된 나무가 나쁜 열매를 맺나니 좋은 나무가 나쁜 열매를 맺을 수 없고 못된 나무가 아름다운 열매를 맺을 수 없느니라"(마 7:17-18).
 - 그들의 대답을 듣고 / 아, 그렇구나! 좋은 씨를 받았지만 밭이 나빠서, 아 그들이 잘못한 것이구나. 씨의 잘못이 아니라 밭이 잘못된 것이구나. 밭이 나쁘면 아무리 좋은 씨도 소용이 없는 것이구나! 그렇지?
   그런데 성경에서는 다르게 말씀하고 있다는 것을 너는 아니?

"모든 성경은 하나님의 감동으로 된 것으로 교훈과 책망과 바르게 함과 의로 교육하기에 유익하니 이는 하나님의 사람으로 온전하게 하며 모든 선한 일을 행할 능력을 갖추게 하려 함이라"(딤후 3:16-17). 이 말씀은 문제 있는 사람 즉 나쁜 밭이 하나님의 말씀으로 선한 일을 행할 능력 즉 좋은 밭이 되게 한다는 것이거든.

- 내담자 : 그런 것은 일반교회도 마찬가지잖아요.
- 그래 일반교회는 씨가 나빠서 그렇지만 신천지는 하나님의 말씀을 대언한 곳이잖아. 똑같은 결과가 나오면 안 되는 것 아닌가?

## 3. 관점 바꾸기

신천지 교리를 깨뜨리는 것은 많은 시간이 들어가는 일입니다. 그렇지만 신천지 상담에서 빠뜨리지 말아야 하는 일은 내담자가 스스로를 돌아보도록 유도하는 것입니다. 그래서 지금 자신이 서있는 곳이 어디이며 자신의 상태가 어떤지를 발견하게 합니다. 이것을 보기 시작하면 세뇌에서 깨어나기 시작하는 것입니다.

1) 그런데 네 이야기 좀 해보자.

신천지에 들어가기 전과 신천지에 들어간 이후에 네게는 어떤 변화가 있었니?

- 다 듣고 / 그렇구나. 그런 일들이 있었구나. 그 생활이 정말 행복했니? 혹시라도 그 생활 중에 마음에 불편하고 신천지인들의 삶에서 미심쩍은 것이 정말 1도 없었니?
- 듣고 / 네 대답은 그렇다고 믿는 거니, 믿어주는 거니, 믿으려고 노력하는 거니?

2) 신천지의 생활을 하다가 이런 마음이 든 적은 없었니?

집으로 돌아가고 싶지만 지금까지 해온 말과 행동 때문에 돌아가기를 망설이거나 아니면 너무나 멀리 왔기 때문에 이제는 돌아갈 수 없다고 생각한 것 말이야.

– 이런 생각을 정말 한 번도 해본 적이 없었니? 돌아가고 싶은데 신천지를 떠나면 영벌을 받을까 두려워서 그런 마음을 숨긴 것은 아니니?

– 그런데 이 질문은 그냥 물어본 거야. 혹시라도 그런 마음이 잠시라도 한 번이라도 네 마음에 스치고 지나갈 수가 있잖아.

– 지금 너는 이 질문에 솔직하게 대답을 해야 하지 않겠니? 최소한 자신의 마음은 속이지 말아야지. 그렇지 않니?

3) 너는 앞으로 어떤 계획을 가지고 있니? 혹시 미래가 불안하지 않니? 지금부터라도 무언가 다시 시작해야 하지 않겠니? 너는 그것을 충분히 할 수 있을 것 같은데.

## 4. 구원관 확인하기

세뇌 깨뜨리기에서 가장 중요한 작업은 구원에 이르는 지식을 가지게 하는 것입니다. 원래 구원의 확신이 없었기 때문에 신천지로 들어갔습니다. 그래서 신천지의 교리만 깨뜨린다고 해서 자동적으로 돌아오지는 않습니다. 그들이 생각하는 구원을 확인하고 바꾸어 바르게 심어주지 않으면 진정한 탈세뇌가 되지 않은 것입니다.

1) 그런데 너는 구원 받았니?

– 신천지에서는 어떻게 구원을 받는 거니? / 무엇을 어떻게 해야 구원을 받는 거니?

– 대답을 듣고 / 아하, 이만희 총회장의 증거의 말씀을 듣고 믿어서 구원을 받는 것이구나.

- 그렇다면 너는 144,000에 들었니, 아니면 흰무리인가? 그렇다면 네가 알고 있는 신천지인들 중에서 144,000에 확실하게 든 사람은 어떤 사람들이니?
- 그런데 구원의 확증은 누가 해주는 거지? 강사가 되거나 전특이 되면 되는 건가? 이만희 교주가 사인을 해주는 거니 아니면 어떻게 하는 거니?
- 신천지 안에서 144,000명이 확증되는 것은 언제쯤 확실히 정리가 될까?

2) 그런데 144,000에 들면 순교자들의 영을 받고 제사장과 왕이 되는 거잖아. 그런데 그때에는 순교자의 영이 주인이니 아니면 지금 네가 주인인 거니?
- 그것이 귀신 들린 것과 어떤 차이가 있는 거니?

3) 네 말을 들어보니 너는 구원의 확신이 있는 게 아니구나!
   내 생각을 정직하게 말하자면 너는 속은 거야. 신천지에서 구원을 줄 수 있다고 하면 벌써 줘야지. 준다고 하면서 주지 않는 것은 없어서 주지 않는 거야. 그리고 신천지에서는 구원을 받으면, 첫째 부활을 하면 순교의 영을 받아서 몸이 영생한다고 했는데 신천지가 세워진 이후에 죽은 신천지 사람들이 많잖아. 실상의 인물들도 죽었을걸? ○○○지파장도 죽었고 ○○○ 강사도 죽었다고 하던데. 그리고 얼마 지나지 않아 이만희 씨도 죽을 텐데. 그러면 이만희 씨도 구원받은 것이 아니잖아. 구원을 받으면 영생해야 하는데.

4) 너 나에게 구원받았는지 물어봐라!
- 당연히 구원받았지, 믿음으로. "너희는 그 은혜에 의하여 믿음으로 말미암아 구원을 받았으니 이것은 너희에게서 난 것이 아니요 하나님의 선물이라"(엡 2:8).

- 예수님이 나를 위해서 죽으신 그 사실이 진리거든. 그것을 믿음으로 받아들인 거야, 내가.

"네가 만일 네 입으로 예수를 주로 시인하며 또 하나님께서 그를 죽은 자 가운데서 살리신 것을 네 마음에 믿으면 구원을 받으리라 사람이 마음으로 믿어 의에 이르고 입으로 시인하여 구원에 이르느니라"(롬 10:9-10).

어떤 때는 진짜 구원받았는가 하는 생각이 없지 않지만, 이 말씀을 붙드는 것이거든. 말씀이라기보다는 약속을 붙드는 것이지. 그리고 구원받은 자의 관점으로 세상을 보고 살아가는 거야. 그것을 믿음이라고 말하는 거지.

"복음에는 하나님의 의가 나타나서 믿음으로 믿음에 이르게 하나니 기록된 바 오직 의인은 믿음으로 말미암아 살리라 함과 같으니라"(롬 1:17).

5) 너 나에게 신천지의 가짜 성경공부가 아니라 진짜를 배우고 싶지 않니? 계시록도 중요하지만 로마서가 동일하게 중요하다는 사실을, 네가 로마서를 공부를 하게 되면 자연스럽게 알게 될 텐데 말이야. 기독교 신앙의 본질이 무엇인지를 알게 되거든. 물론 계시록도 공부하고 말이야

- 기도하자.

제가 사용하는 방식은 단기 상담의 방식입니다. 이 방법을 사용하는 두 가지 이유가 있습니다. 첫 번째로는 목회의 상황에서 이들에게 투자할 시간의 여유가 많지 않기 때문입니다. 이것이 대부분의 일반 목회자들이 이런 상담의 필요성을 알지만 하지 못하는 이유이기도 합니다. 두 번째로 이 방식은 한 번에 그들을 깨려는 것이 아니라 그들 안에 본질적인 질문을 심으려는 것이기 때문입니다. 그래서 저들 스스로가 그 질문에 대해서 생각하게 하는 것입니다. 만일 질문과 생각이 제대로 그들의 마음에 심겨진다면 그 다음에는 그들 스스로 그 질문에 대한 답을 찾으러 올 것입니다. 왜냐하면 신천지에서는 절대로 답을 얻지 못할 것이기 때문입니다.